帝國憲法正解　全

建野郷三 題字
水野正香 著

明治廿二年出版

帝國憲法正解 全

日本立法資料全集 別巻 1236

信山社

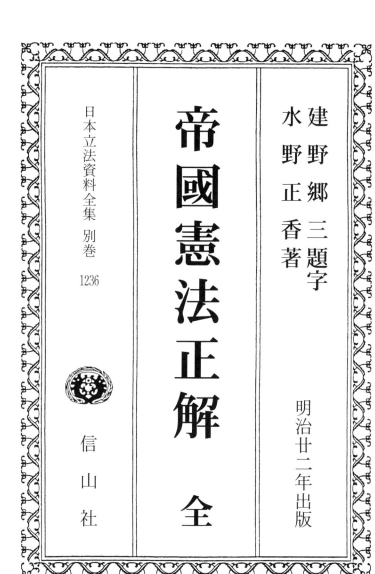

大阪府知事建野鄉三君題字

水野正香君著

帝國憲法正解 全

附

議院法 衆議院議員撰擧法

會計法 貴族院令 皇室典範

光輝

大阪府知事 建野公題字

萬古

序

憲法ハ即チ國ノ大本ニシテ一國政治ノ組織ヲ明カニシ且ツ治者ノ政權ヲ制限シ被治者ニ參政權ヲ得セシムルニアリ故ニ國家ニシテ憲法ナクンハ金科玉條ト稱スベキ百般ノ法律アリト雖モ恰モ人ノ裸體ニシテ玉冠スルガ如ク秩序參差シ禮義嚴レ反テ冠セザルノ倡優レルニ如カザルベシ嗚

呼國家ニシテ憲法無カランヤ言路壅蔽シ政令百出朝令暮改人民何レノ時カ堵ヲ安スルヲ得ン人智ノ發達何レノ時カ期セン今ヤ欧州各國ノ歴史ニ徴スルニ干戈ニ想ヘ熱血ヲ濺キ悲風惨憺千艱万苦ノ間ニ煥乎タル憲法ヲ得以テ社會福祉ヲ増進セシナリト雖モ之ヲ始メニ考フル体ハ其醜状醜態ハ実ニ言フニ忍ヒサルモノアルナリ然ルニ東洋ノ一帝

國皇統連綿二千五百四十九年ノ我大日本國
ハ皇室雲爛然ト和気靡々タル裡ニ此大憲章
ヲ發布セラレントハ實ニ空前絶後ノ盛典ニシテ
千歳ノ一嘉會ナリ之ヲ歐米各國ニ比ス其冠絶
スルヤ遠シ矣之カ臣民タルモノ
聖徳ヲ頌シ誰レカ抃舞セサルモノアランヤ誰レカ
謹讀セサルモノアランヤ須ク莫逆ノ友水野爲正

香之ヲ註シテ憲法正解ト云フ君夙ニ法律ニ通達
シ特ニ各國ノ憲法ニ明カナリ来テ解ヲ請フモノ絶
ヘズ今ヤ稿成ル之ヲ閲スルニ謹嚴ナル筆ヲ以テ一字
苟モセズ其ノ論理ノ明暢ナル註解ノ懇到ナル者
國憲法ニ參照シ精ニ君ノ卓説ヲ以テス之ヲ世
ニ布ク其ノ世人ニ裨益スル豈ニ尠シトセン哉
明治廿二年鶯時　松陰處學人識

帝國憲法正解

緒言

余輩ハ余輩ノ思想ヲ拙筆ニ借リテ大日本帝國憲法正解ヲ編述スルニ當リ玆ニ聊サカ緒言トシテ憲法ノ何者タルベキ乎ヲ開陳セザルヲ得ザルナリ

抑モ憲法ナル者ハ國家ヲ統治スルノ根本律源泉法ナリト云フヲ得ベキハ勿論ノヿナレド尚ホ之ヲ二類ニ分析シ去テ論究スレバ更ニ其詳細ナルヲ知得スルニ至ラン曰ク野蠻半開時

代ノ國ニ行ハルヽノ憲法、曰ク文化開明時代ノ國ニ行ハルヽノ憲法是ナリ、昔時ハ國家ヲ統治スルニ一定ノ規律ナク人民ヲ悦バスモ人民ヲ泣カスモ將タ國家ヲ活カスモ國家ヲ殺スモ君主若クハ二三貴族ノ意衷ニ存シテ自由自在ニ之ヲ左右セラレシナリ故ニ此時代ニ在テハ人民ヤ國家ハ恰カモ奴隷、牛馬、器具、財産等ノ如ク今所謂權利ト云ヘルヿハ毫モ無カリシナリ只君權ノ威大ナルヲ見ル而耳、人民ハ牛馬視セラレ君權ハ威大ナレ𪜈併シ之ヲ以テ國家ヲ統治シ來レル以上ハ此國トテモ絶ヘテ憲法ハ無カリシト云フヲ得ズ不完全ナガラニモ憲法ハ有リシニ相違ナカルベシ何トナレバ國家ヲ統治スルトハ則チ憲法ノ定義ナレバナリ是レ此國ニモ憲法ノ存シ在ル所以ナリトス、昔時ノ歐米諸國ノ如キ今ノ支那國ノ如キ朝鮮國安南國ノ如キハ善キ例證ナリト云フヲ得ベシ前キニ余輩ハ野蠻半開時代ノ國ニ行ハル、憲法ト云ヒシハ卽チ是ナリ、然リ而シテ今時ノ歐米諸國ハ實ニ文化ノ國タルベク開明ノ國タルベキナリ故ニ其憲法ヤ國家ヲ統治スルハ固ヨリ論ナカルベキモ亦タ其文化ニ適シ其開明ニ通スルノ憲法ヲ設立シ居ルモノナルベシ今此等諸國ノ憲法ヲ見ルニ人民ニ充分ノ權利ヲ與ヘテ君權ヲ幾分カ制限シタルヲ以テ彼ノ昔時ノ如ク人民ヲ悦バスモ人民ヲ泣カスモ將タ國家ヲ活カスモ國家ヲ殺スモ君主若クハ二三貴族ノ意衷ニ依テ左右セラルヽ等ノヿハナカルベキナリ前キニ余輩ハ文化開明時代ノ國ニ行ハルヽノ憲法ト云ヒシハ即ナ是ナリ斯ク論シ來レバ野

蠻國ノ憲法ト開明國ノ憲法トノ差異ヲ知ルニ難カラズ野蠻國ノ憲法トハ人民ヲ牛馬視シ君權ヲ威大ニシテ其國家ヲ統治セシモノナレヒ開明國ノ憲法トハ人民ニ充分ノ權利ヲ與ヘテ君權ヲ幾分カ制限シ以テ其國家ヲ統治セルモノナリ之ヲ野蠻國ノ憲法ト開明國ノ憲法トノ差異ナリトス

然ルニ去月即チ明治二十二年二月十一日紀元節ノ日ヲ以テ我叡聖文武ナル明治　天皇陛下ハ東京新皇城ニ於テ大日本帝國憲法ノ發布式

ヲ擧行シ玉ヘリ是實ニ振古未曾有ノ一大盛事ニシテ亦タ我々臣民ガ抃舞雀躍シテ止マサル所ノ者ナリ而シテ此憲法ハ野蠻國ニ行ハルヽト同一憲法ナル乎將タ開明國ニ行ハルヽト同一憲ナル乎謹デ此憲法ヲ按スルニ第一章ハ天皇ガ大日本帝國ヲ統治シ玉ヘルヲ示シ、第二章ハ臣民ニ充分ノ權利ヲ與フベキヲ示シ玉ヘリ第三章ハ帝國議會ヲ開イテ人民ニ政治ヲ參與セシム可キヲ示シ玉ヘリ第一章天皇第二章臣民ノ權利義務第三章帝國議會トアルハ是ナリ於是乎余輩ハ知矣大日本帝國憲法ハ野蠻國ニ行ハルヽト同一ノ憲法ニ非ズシテ即チ開明國ニ行ハルヽト同一ノ憲法ナルヲ我々臣民タルモノ豈ニ夫レ抃舞雀躍之レニ加フルニ祝賀セズシテ可ナランヤ

余輩ハ之ヲ祝スルノ餘遂ニ憲法正解編述ノ擧ニ及ベリ既ニ以上ニ憲法ノ何者タルヤヲ開陳シタルヲ以テ是ヨリ章ヲ趁ヒ條ヲ逐フテ詳述スル所ノ者アランヽ欲スル也

告文

皇朕レ謹ミ畏ミ
皇祖
皇宗ノ神靈ニ誥ケ白サク皇朕レ天壤無窮ノ宏謨ニ循ヒ惟神ノ寶
祚ヲ承繼シ舊圖ヲ保持シテ敢テ失墜スルコト無シ顧ミルニ世局
ノ進運ニ膺リ人文ノ發達ニ隨ヒ宜ク
皇祖
皇宗ノ遺訓ヲ明徴ニシ典憲ヲ成立シ條章ヲ昭示シ內ハ以テ子孫
ノ率由スル所ト爲シ外ハ以テ臣民翼贊ノ道ヲ廣メ永遠ニ遵行セ
シメ益國家ノ丕基ヲ鞏固ニシ八洲民生ノ慶福ヲ增進スヘシ茲ニ
皇室典範及憲法ヲ制定ス惟フニ此レ皆
皇祖

皇宗ノ後裔ニ貽シタマヘル統治ノ洪範ヲ紹述スルニ外ナラス而
シテ朕カ躬ニ逮テ時ト倶ニ擧行スルコトヲ得ルハ洵ニ
皇祖
皇宗及我カ
皇考ノ威靈ニ倚藉スルニ由ラサルハ無シ皇朕レ仰テ
皇祖
皇宗及
皇考ノ神祐ヲ禱リ併セテ朕カ現在及將來ニ臣民ニ率先シ此ノ憲
章ヲ履行シテ愆ラサラムコトヲ誓フ庶幾クハ
神靈此レヲ鑒ミタマヘ

憲法發布勅語

朕國家ノ隆昌ト臣民ノ慶福トヲ以テ中心ノ欣榮トシ朕カ祖宗ニ承クルノ大權ニ依リ現在及將來ノ臣民ニ對シ此ノ不磨ノ大典ヲ宣布ス

惟フニ我カ祖我カ宗ハ我カ臣民祖先ノ協力輔翼ニ倚リ我カ帝國ヲ肇造シ以テ無窮ニ垂レタリ此レ我カ神聖ナル祖宗ノ威德ト並ニ臣民ノ忠實勇武ニシテ國ヲ愛シ公ニ殉ヒ以テ此ノ光輝アル國史ノ成跡ヲ貽シタルナリ朕我カ臣民ハ卽チ祖宗ノ忠良ナル臣民ノ子孫ナルヲ回想シ其ノ朕カ意ヲ奉體シ朕カ事ヲ奬順シ相與ニ和衷協同シ益〻我カ帝國ノ光榮ヲ中外ニ宣揚シ祖宗ノ遺業ヲ永久ニ鞏固ナラシムルノ希望ヲ同クシ此ノ負擔ヲ分ツニ堪フルコトヲ疑ハサルナリ

朕祖宗ノ威烈ヲ承ケ万世一系ノ帝位ヲ履ミ朕カ親愛スル所ノ臣民ハ即チ朕カ祖宗ノ恵撫慈養シタマヒシ所ノ臣民ナルヲ念ヒ其ノ幸福ヲ増進シ其ノ懿徳良能ヲ發達セシメムコトヲ願ヒ又其ノ翼賛ニ依リ與ニ倶ニ國家ノ進運ヲ扶持セムコトヲ望ミ乃チ明治十四年十月十二日ノ詔命ヲ履践シ茲ニ大憲ヲ制定シ朕カ率由スル所ヲ示シ朕カ後嗣及臣民及臣民ノ子孫タル者ヲシテ永遠ニ遵行スル所ヲ知ラシム

國家統治ノ大權ハ朕カ之ヲ祖宗ニ承ケテ之ヲ子孫ニ傳フル所ナリ朕及朕カ子孫ハ將來此ノ憲法ノ條章ニ遵ヒ之ヲ行フコトヲ愆ラサルヘシ

朕ハ我カ臣民ノ權利及財産ノ安全ヲ貴重シ及之ヲ保護シ此ノ憲法及法律ノ範圍内ニ於テ其ノ享有ヲ完全ナラシムヘキコトヲ宣言ス

帝國議會ハ明治二十三年ヲ以テ之ヲ召集シ議會開會ノ時ヲ以テ此ノ憲法ヲシテ有効ナラシムルノ期トスヘシ

將來若此ノ憲法ノ或ル條章ヲ改定スルノ必要ナル時宜ヲ見ルニ至ラハ朕及朕カ繼統ノ子孫ハ發議ノ權ヲ取リ之ヲ議會ニ附シ議會ハ此ノ憲法ニ定メタル要件ニ依リ之ヲ議決スルノ外朕カ子孫及臣民ハ敢テ之カ紛更ヲ試ミルコトヲ得サルヘシ

朕カ在廷ノ大臣ハ朕カ爲ニ此ノ憲法ヲ施行スルノ責ニ任スヘク朕カ現在及將來ノ臣民ハ此ノ憲法ニ對シ永遠ニ從順ノ義務ヲ負フヘシ

御名御璽

明治廿二年二月十一日

内閣總理大臣　伯爵黑田清隆
樞密院議長　伯爵伊藤博文
外務大臣　伯爵大隈重信
海軍大臣　伯爵西鄉從道
農商務大臣　伯爵井上馨
司法大臣　伯爵山田顯義
大藏大臣兼内務大臣　伯爵松方正義
陸軍大臣　伯爵大山巖
文部大臣　子爵森有禮
遞信大臣　子爵榎本武揚

帝國憲法正解

目次

衆議院議員選擧法

會計法

帝國憲法正解目次終

大日本帝國憲法正解

水野正香著

第一章　天皇

我日本憲法ハ七章、七十六條ヲ以テ成立ス、本章ハ其一章ニシテ、天皇ノ部ナリ、故ニ本章第一條ヨリ第十七條迄ニハ重モニ天皇ノコヲ記セリ我日本ノ國柄トシテ本章卽チ天皇ノ部ハ憲法中ニ於テ最モ必要ナル部分トス、然ル所以ノ者ハ、我日本國ノ政体ハ如何ナル種類ノ政体ナルヤ之ヲ知ルハ本章ニ在リ、夫レ政体ニ八種アリ、君主專制アリ寡人政治アリ、立憲政体アリ、共和政治アリ、而ソ本章第四條ニ「天皇ハ國ノ元首ニシテ統治權ヲ總攬シ此憲法ニ據リ之ヲ行フ」トアリ此條ヲ讀マバ以テ日本國ノ政体ハ君主專制ニ非サルヲ知ル可ク寡人政治ニ非サルヲ知ル可ク、共和政治ニ非サルヲ知ル可ク、則チ知ル實ニ我日本國ノ政体ハ立憲君主政治ナルヲ、本章之ヲ明カニスルヲ以テ憲法中ニ本章ヲ必要ナリトスルハ是レアルヲ以ナリ、政体ノコハ他ニ先輩ノ著述書、多分ニ

コレアルガイヘ余輩ハ之ヲ畧シテ述ヘサラントス、以下條ヲ逐ヒ拙筆ニ托シテ讀者諸君ヲ煩ハサント欲ス

第一條　大日本帝國ハ萬世一系ノ天皇之ヲ統治ス

要領

本條ニハ此日本國ハ天皇陛下ガ統治シ玉フ旨ヲ規定セリ

理由

國家ヲ統治スル大權者即チ元首ハ一人ニテ可ナルヤ、將タ數人ヲ必要ナリトスルヤト問フモノアレハ余輩ハ斷然一人即チ單數説ヲ採テ、數人即チ複數説ヲ斥ケサルヲ得ス其理由トスル所ハ若シ數人ノ大權者ヲ置テ國家ヲ統治セシメハ統治スル上ニ付テ互ニ意見ヲ異ニセルトキ之ヲ決シテ一ニ歸セシムルモノナキガイヘニ必要ナル國家ノ一体タル所以ノモノハ其根本ヨリ破ルニ至ル、此レ數人政治ノ非ナル理由ナリ之ヲ知ラハ大權者ハ一人ナラザルベカラザル所以ハ明ナリトス此レ

ハ我國ノミナラス六大洲中ニテ國家トシテ形チ造レルノ所ハ皆ナ然リトス殊ニ我國ハ皇統連綿他國ニ比ヲ見ザルノ國柄ナレバ我天皇陛下御一人ニテ國家ヲ統治シ賜フハ勿論ノコナリ尙ホ詳ニ云ヘハ我天皇陛下ガ我々臣民ヲ愛恤シ賜フハ他國ノ君民ノ間ニ於テハ迚モ比ヲ見ルベカラス又タ我々臣民ガ天皇陛下ヲ尊敬シ奉ルコモ他國ノ君民ノ間ニ於テハ迚モ比ヲ見ルベカラザルナリ故ニ我國君民ノ間ハ父子モ啻ナラサルノ間柄ナリト云フモ敢テ過言ニ非ラルベシ是レ本條ハ我國ニ適當スルノ條目ニシテ天皇陛下ガ我日本國ヲ統治シ賜フハ固ヨリ當然ノコナリ

第二條　皇位ハ皇室典範ノ定ムル處ニ據リ皇男子孫之ヲ繼承ス

要　領

本條ノ要領ハ我日本國ハ世襲君主國タルコヲ明カニ定メ而シテ皇位

ヲ世襲スルニ付テノ方法ハ別ニ皇室典範ト云ヘル法律ニ定メタル旨ヲ記セリ

理由

君主ト雖𪜈人類タル上ハ、自餘ノ人類ト一般•死病ノ變ナシトセズ、其變ニ當テ誰レヲ次君トスベキヤ法律ヲ以テ豫テ之ヲ定メ置カサルトキハ種々ノ爭論ヲ生シテ實ニ大ナル國害ヲ釀生シ來タスナリ、又タ次君定マレル場合ニ於テモ其幼少ニシテ萬機ニ堪ヘザルトキハ誰レヲ攝政ト爲ヘキヤ或ハ幼君ト攝政トノ關係ハ如何ナルヤ豫テ法律ヲ以テ之ヲ定メ置カサレハ種々ノ爭論ヲ生ジテ甚ダ大ナル國害ヲ釀生シ來タスアラントス、又タ天皇ガ皇后ヲ立テ賜フコ並ニ天皇ト皇后トノ關係ハ如何シ豫テ法律ヲ以テ之ヲ定メ置カザレハ同ジク國害ナ來タスアラントス其他皇族ニ關スル事ヲモ定メ置カサルベカラス、蓋シ此等ノ法律定規ヲ定メタルモノヲ皇室典範ト云フ皇室典範ノ重モナル箇條ハ、已上ニ列記セル繼嗣ニ關スル條規・皇后ニ關スル條規、攝政ニ關スル條規、皇族ニ關スル條規等ナリ。父手已上論スル所ニ由テ考フレハ、立憲君主政治ノ國ニ在テハ皇室典範ノナカルヘカラサル所以ハ明カナルコナリ

此ヨリ本條ニ揭ゲアル世襲君主ノコニ付キ聊サヽカ述フ所ノモノアラントス、前條ニ「大日本帝國ハ萬世一系ノ天皇之ヲ統治ス」トアルヲ見ルモ我國ハ世襲君主國タルヲ知リ得ラルヽト雖モ本條ニ「皇男子孫之ヲ繼承ス」トアルニ依テ世襲君主國タルハ愈々明白ナリ、夫レ君位ヲシテ世襲タラシムルノ利益アルハ概子左ノ如シ、曰ク王室ト臣民ト相親附スルコ父子モ啻ナラザルノ關係アリ、曰ク王室ト臣民ノ憂樂利害全ク相異ナラス、億兆ト世々其存亡ヲ共ニスルコ、曰ク世襲制度ノ國ニテハ臣民實祚ヲ覬覦スルノ意ヲ生スルコ少ナシ、世襲君主ノ利益トスル所ノモノ此ノ如シ、故ヲ以テ國家ノ國家タル所以ニ最モ善ク適當シタ

ルノ制度ハ建國ノ時ヨリ功ヲ承ケ統ヲ繼テ連綿今日ニ至レル世襲君位ニ如クモノ無キコ道理上ヨリシテ爭フベカラザルノ一大事實タルナリ是故ニ世襲法ハ必ス憲法ヲ以テ確定スヘシ然ル所以ハ此事殊ニ國家ノ安危ニ關スル甚タ大ナルバナリ是レ本條ノ有ル所以ナリ

第三條　天皇ハ神聖ニシテ侵スヘカラス

要領

本條ノ要領ハ天皇ハ高ノ高上ノ上ニ立チ賜フ所ノ神聖ナルガイヘニ天皇ニ對シ決シテ侵害スベカラサルヲ記セリ

理由

神聖ニシテ侵害スベカラサルノ格ヲ君主ニ歸スルハ羅馬以來ノ舊例ニメ今日ノ歐洲大陸皆之ヲ其國ノ憲法ニ確定セリ普魯士憲法第四十三條ニ「國王ノ身ハ不可害ナリ」和蘭陀憲法第五十三條ニ「國王ハ不可損害ナリ」墺地利憲法第一條ニ「帝王ハ神聖不可損害ニシテ無責任ナリ」ト

アリ、我國憲法ニ本條ノ設ケアルハ當然ノコナリ

第四條　天皇ハ國ノ元首ニシテ統治權ヲ總攬シ此憲法ノ條規ニ依リ之ヲ行フ

要領

本條ノ要領ハ天皇ノ統治權ニ對シ憲法ヲ以テ之ヲ制限セルノ條目ナリトス

理由

專制政治ト立憲政治トノ別ハ本條ニ依テ知リ得ラルヽナリ、若シ國家ノ統治權ヲ君主一人ノ意見ニ放任シ置キテ敢テ之ヲ制限スル所ノモノナクンバ是レ文明國人ノ忌ミ嫌フ所ノ君主專制ト云ヘル政治ナリ是ニ於テ憲法ヲ以テ君權ヲ制限セサルベカラズ之ヲ制限スルノ國ヲ名ケテ立憲君主國トハ云フナリ、立憲君主ノ政治ハ文明國人ノ甚タ喜ブ所ノ政治ナリ、故ニ英吉利ハ立憲君主ノ制ヲ採レリ、獨乙モ又此制度ニ

據テ駸々乎トシテ盛ンナリ、今ヤ我國モ舊ヲ送テ新ヲ迎ヘ、立憲君主ノ制度トナレリ本條ヲ以テ之ヲ明ニセリ

第五條　天皇ハ帝國議會ノ協贊ヲ以テ立法權ヲ行フ

要領

本條ノ要領ハ、天皇ガ新タニ法律ヲ立テ、或ハ之ヲ改正シ賜フニハ、帝國議會ノ協贊ヲ經テ、此權ヲ行ヒ玉フヲ記セリ

理由

天皇ハ、國家ノ統治權ヲ總攬シ、玉フガイヘニ、立法權トテ、新タニ法律ヲ立テ、又ハ之ヲ改正スルノ權ヲ有シ玉フハ、當然ノコナリ、然レ𪜈コノ立法權ヲ行フニ付キ他ヨリ天皇ヲ協贊スルモノナカルベカラサルナリ、之ヲ協贊スルモノ有テ始メテ國家ハ文化ノ花ヲ開キテ圓滿ニ活動シツヽ行クモノナリ、帝國議會ハ實ニ天皇ヲ協贊補翼スル性格ヲ有スルモノナリ、故ニ天皇ガ立法權ヲ行ヒ玉フニハ必スヤ帝國議會ノ協贊ヲ

經ザル可ラサルコトセリ、帝國議會ノコハ本法第三章ノ部ニ之ヲ詳論スル所アルヘシ

第六條　天皇ハ法律ヲ裁可シ其ノ公布及執行ヲ命ス

要領

本條ノ要領ハ、法律ヲ裁可スルコ、又ハ法律ノ公布及ヒ其施行ヲ命スルノ權ハ天皇ノ有シ玉フコヲ明ニセリ

理由

君主ニ於テ法律ヲ裁可スルハ、君主ニ屬スル正面ノ權利ナリ此權ハ國家ノ立法作用ノ終結ニシテ、裁可ナキ以前ハ未タ法律ト名ツク可ラス裁可ヲ經テ始メテ法律トナルモノナリ、何故ニ君主ガ此裁可權ヲ有スル乎ト云ヘハ他ニ非ス議會ノ上ニ立テ之ヲ統括スル獨立ノ勢力無キヲ得サルヨリ起ル所ノ權利ナリ、然リ此裁可權ハ議會ノ上ニ關スルノ權利ナルガイヘニ立法權ノ一部ナリトス、而シテ尚ホ本條ニ公布施行

ヲ命スルノ權ヲ君主ノ權利中ニ措ケリ、蓋シ法律裁可ノ權ハ立法上ノ權利ニシテ公布施行ノ權ハ行政上ノ權利ナリトス故ニ法律ノ裁可アリテ後ニ公布施行ノ出ツルヲ竢テ始メテ法律ノ法律タル効力ヲ實地ニ顯ハスモノタルナリ然ルニ其行政官ニシテ此ノ公布施行ノ命令ヲ出サヾルガ爲ニ法律實施ニ至ラサル圧ハ、國務大臣、幷ニ各部ノ大臣其責ニ任ゼサルベカラザルナリ

第七條　天皇ハ帝國議會ヲ召集シ其ノ開會閉會停會及衆議院ノ解散ヲ命ス

要　領

本條ノ要領ハ天皇ガ帝國両議會ノ議員ヲ招集シテ開會ヲ告ケ幷ニ閉會停會及ヒ衆議院ニ解散ヲ命シテ両議會ニ其制限ヲ附ケシナリ

理　由

代議士ハ人民ノ意志ヲ帯シテ集マルモノナリト雖圧其唯一處ニ集マ

リタルノミニテハ、未ダ國家公然ノコト成ラズ、君主ニ於テ議員ヲ召集シ開會ヲ告クルノ時ニ始メテ國家公然ノ議會トナルナリ、而シテ開會ノ式ハ君主此式ヲ擧クルヲ各國ノ例トス、玆ニ閉會停會解散ノ三者ヲ區別セサルベカラス、閉會トハ一年ノ開期ヲ了ヘタルＨ次年ノ開期ニ至ルマテ開會セサルヲ閉會ト云フ、停會トハ開期中ニ故障ヲ生シテ議スヘカラサルソ場合ニ一時之ヲ停止スルヲ停會ト云フ、解散トハ時期ニ關セズ、當時代議士タルモノヲ悉ク免シ人民ヲシテ新タニ代議士ヲ改選セシムルノ場合ヲ云フ、而シテ解散ハ衆議院ノミニアリテ貴族院ニハ無キ所トス、衆議院解散ノＨ、貴族院ハ一時停會セサルヲ得サルハ勿論ナリ、乞フ玆ニ解散ノコヲ聊サカ論セントス、君主ニ解散ノ權ヲ有スルノ理由トスル所ハ、議會ガ驕慢輕卒ニ議決ヲ爲スノ弊ヲ防クニ在リ、國家ヲ擧ゲテ議會專制ノ弊ニ陷ヒランドスルヲ防クニ外ナラス、君主專制ノ政治ヤ實ニ恐ルヽ所ト雖Ｈ、議會專制ノ弊モ又タ之ニ倍蓰ス

ル所ノモノアラントス豈ニ恐レサル可ンヤ是レ君主ニ解散ノ權無カルヘカラサル所以ナリ

第八條　天皇ハ公共ノ安全ヲ保持シ又ハ其ノ災厄ヲ避クル爲緊急ノ必要ニ由リ帝國議會閉會ノ場合ニ於テ法律ニ代ルヘキ勅令ヲ發ス

此ノ勅令ハ次ノ會期ニ於テ帝國議會ニ提出スヘシ若議會ニ於テ承諾セサルトキハ政府ハ將來ニ向テ其ノ効力ヲ失フコトヲ公布スヘシ

要領

本條ノ要領ハ之ヲ二項ニ別ツ第一項ハ帝國議會閉會ノ時ニ於テ臨時事變ノ生スルアリテ片時モ猶豫スヘカラサルノ場合ニ天皇ハ議會ノ開會ヲ待タスシテ一時法律ト同一ノ効力ヲ有スル勅令ヲ發スルノコトヲ記セリ

第二項ハ已上ノ勅令ハ、必ス次會ノ議會ニ、其承諾ヲ求ムベキヿヲ記セリ

理由

社會ハ活物ナリ、社會ニシテ活物タル已上ハ、臨時事變ノ生スルハ、有リ勝チノヿナリ、此時ニ當リ、事變ニ應スルノ法律ナキヲ得ス、若シ之レニ應スルノ法律ナクンバ社會ハ紛亂ヲ來タシテ、國家以テ統治スルヲ得サルナリ、是レ本條第一項ニ、天皇ハ帝國議會閉會ノ場合ニ於テ、一時法律ニ代バルヘキ勅令ヲ發スト、明文ヲ揭ケタルハ至當ノヿナリ、然レ𪜈名ヲ借リテ公共ノ安全ヲ保持スルト云ヒ、又ハ災厄ヲ避クルガ爲メナリト云ヒ振ラシテ勅令ノ頻繁トシテ顯レ出デタランニハ是レ又タ恐ル可キノヿニシテ社會ノ紛乱ヲ來スヤ必セリ、故ニ本項ハ「片時モ猶豫スヘカラサル」ト云ヘル場合ニ勅令ノ出デンヿヲ望マサルヲ得サルナリ

第二項ニ前ノ勅令ハ次ノ會期ニ於テ帝國議會ニ提出シテ、議會ノ承諾ヲ求ムルト云ヘルハ至當ノヿナリ、尚ホ議會ニ於テ此勅令ヲ承諾セサルトキハ政府ハ將來ニ向フテ其効力ヲ失フコトヲ公布スヘシト掲ケアルモ至當ノヿニシテ其理由ノ如キハ喋々セズシテ明白ナリ

第九條　天皇ハ法律ヲ執行スル爲ニ又ハ公共ノ安寧秩序ヲ保持シ及臣民ノ幸福ヲ增進スル爲ニ必要ナル命令ヲ發シ又ハ發セシム但シ命令ヲ以テ法律ヲ變更スルコトヲ得ス

要領

本條ノ要領ハ天皇ハ行政上ノ制令ヲ發シ、又ハ大臣ヲシヲ之ヲ發セシムルノ權ヲ規程シタルモノナレド、其行政上ノ命令ヲ以テ立法上ノ法律ヲ變更シ能ハサル旨ヲ記セリ

理由

法律ハ不動体ヲ以テ其性格トス、其不動体ノ法律ニ對シ一片ノ命令ヲ以テ之ヲ變更スルガ如キヿアルニ於テハ、法律ハ命令ノ爲メニ其効ヲ失ヒ、立法權ハ行政權ノ爲メニ蹂躙セラレタルモノト云フ可キナリ、是レ不都合ノ事ナルガイヘニ、命令ヲ以テ法律ヲ變更シ能ハサルノ制限ヲ本條ニ掲ゲシ所以ナリ、蓋シ命令ニシテ法律ヲ害セザル已上ハ其命令ハ實ニ必要ナリ、社會ノ活動ニ應シテ、法律ノ不足ヲ補充スルモノハ命令ナリ法律ノ旨趣ヲ執行センガ爲メニ其手續ヲ定ムルモノハ命令ナリ、命令ノ必要ナル此ノ如シ、殊トニ命令ハ、行政權ニ於テ無カルヘカラサルモノナリ

第十條　天皇ハ行政各部ノ官制及文武官ノ俸給ヲ定メ及文武官ヲ任免ス但シ此ノ憲法又ハ他ノ法律ニ特例ヲ掲ケタルモノハ各々其ノ條項ニ依ル

要領

本條ハ、行政各部ノ官制ヲ定ムルコ、文武官ノ俸給ヲ定ムルコ、並ニ文武官ヲ任命スル等ノ數種ハ天皇ノ權ナルコヲ規定スレ氏、此憲法又ハ他ノ法律ニ、特令ヲ掲ゲタルモノハ各其條項ニ據ル可シト制限ヲ定メタルナリ

理由

君主ハ行政官ノ主宰ナリ故ニ行政各部ノ官制ヲ定ムルコ、文武官ノ俸給ヲ定ムルコ、並ニ文武官ヲ任命スル等ノ數種ハ行政官ノ主宰者タル君主ニ此ノ權ヲ歸セシムルハ至當ノコニシテ正面ノ權利ナリトス然リト雖モ又タ君主一人ニ之ヲ放任シ置ク可ラサルモノアリ他ニアラズ憲法又ハ法律ヲ以テ特令ヲ掲ケタルモノ是ナリ司法官ノ如キハ此一例ト見テ可ナリ

第十一條　天皇ハ陸海軍ヲ統帥ス

要領

本條ハ國家ノ大事アルニ當リ天皇ハ陸海軍ヲ統率スルノ大元帥ナルヲ規定セルナリ

理由

ブルンチエリー曰ク「君主ハ軍制ノ長ニシテ陸海軍ノ總督ナリ故ニ親ラ海陸二軍ヲ統轄シ軍兵ヲ徵募シ其將校ヲ選任シ而シテ將軍ニ號令ヲ委任シ城廓堡塞ノ建築ヲ命シ及ヒ兵器戰艦ヲ監督ス」ト蓋シ軍隊ハ唯國家ノ强力ヲ編制シタルノミニシテ其强力ハ有レド意志ハ無キモノナリ故ニ誰ヲ國家ノ敵ト定ムルニ至テハ軍隊ノ能クスル所ニアラズ之ヲ定ムルノ權ハ擧ゲテ君主ニ歸スルノ外ナキナリ歐洲大陸ノ諸國ハ沓ナ國王ハ海陸軍ノ元帥タルヘキ條目ヲ憲法ニ確定セリ是レ至當ノコナルガ故ニ我ガ日本國モ天皇ハ海陸軍ノ元帥ナリト本條ニ確定セリ

第十二條　天皇ハ陸海軍ノ編製及常備兵額ヲ定ム

要領

前條ハ軍戰ノミノコヲ規定スレ𪜈本條ハ軍隊ニ關スル行政上ノ事務ヲ規定セルモノナリ則チ事務ハ天皇ノ定ムル所ナルヲ記セリ

理由

軍戰ハ國家ノ敵ヲ征討スルヲ目的トスレ𪜈軍隊ノ行政事務ハ陸海軍ノ編製及ヒ常備兵額等ヲ定ムルモノナリ之レヲ稱シテ軍務行政ト云フ故ニ軍戰ト軍務行政トハ別物ナレド軍務行政モ又タ天皇ノ定ムル所トセリ然ルニ軍隊ハ人民ヨリ徵集シテ編製ス可キモノナルガイヘニ人民ノ權利ニ關係ス故ニ徵集ノコハ帝國議會ノ議決ヲ經サルベカラス本條ヲ講スルニ方テハ此等ノコニ着思スルヲ要スルナリ

第十三條　天皇ハ戰ヲ宣シ和ヲ講ソ及諸般ノ條約ヲ締結ス

要領

本條ニ戰ヲ宣ストアルハ、內國ト外國トノ間ニ開戰ヲ告クルコトナリ和ヲ講スルトハ內國ト外國ノ間ニ和睦ノ調ヒタルヲ云フ又タ諸般ノ條約ヲ締結ストハ內國ト外國トノ間ニ同盟及ヒ條約ヲ締結スルヲ云フ、而シテ此等ノ事ハ、天皇ノ權ナルベキヲ、本條ニ規定セルモノナリ

理由

君主ハ國家ノ統治權ヲ總攬スルモノナリ君主ハ其身國家ヲ代表スルモノナリ、君主ハ國家ノ主宰者ナリ、是レ歐洲文明諸國ニ於テ、一致スル所ノ說ナリトス、然リ而シテ宣戰講和ヲナスヿ、及ヒ同盟條約ヲ締結スル等ノヿハ、國家ト國家トノ關係ナルガイヘニ之ヲ爲スモノハ國家ヲ代表スルノ主宰者ヲ竢テ始メテナシ得ラルヽモノナリ、斯ク論シ來レハ宣戰講和及ヒ同盟條約ヲ締結スルモノハ、君主ノ外ニ之レヲ爲スモノナキナリ、是レ道理上ニ於テ爭フベカラサルノ說ナリ

第十四條　天皇ハ戒嚴ヲ宣告ス

戒嚴ノ要件及効力ハ法律ヲ以テ之ヲ定ム

要領

本條ニ戒嚴ヲ宣告スルコトハ國家ニ内亂外寇等ノコトアルニ方リ天皇ハ其時機ヲ察シテ戒嚴令ヲ發セルヲ云フ尚ホ詳細ノコトハ別ニ法律ヲ以テ之ヲ規定セリ

理由

戒嚴令ヲ發スルモ行政權ノ一部ナリトス、故ヲ以テ此ノ權ハ兩議會ニ委スベキモノニ非スシテ、行政權ノ主宰者ナル君主ガ此戒嚴令ヲ發シ又ハ大臣ヲシテ之ヲ發セシムルハ至當ノコトナリ、而シテ戒嚴ノ要件及ヒ効力ハ別ニ法律ヲ以テ定メアルガイヘニ之ヲ略ス

第十五條　天皇ハ爵位、勳章、及其ノ他ノ榮典ヲ授與ス

要領

本條ノ爵位トハ、公侯伯子男トテ、華族ノ階級トモ云フ可キノモノナリ、又

ダ勳章トハ、國家ニ對シテ功勞アルモノヲ、表章スル所以ニシテ、其他ノ榮典トハ、國家ニ對スル功勞ノ稍々經少ナルモノニ、一時金員若シクハ褒詞ヲ賜ヒテ之ヲ賞スルノ類ヲ云フ而シテ之ヲ叙スルハ君主ノ特權ナルヲ示セルナリ

理由

ブルンチュリー曰ク「爵位勳章ノ存スル所ハ、自ラ人々嚮望ヲ貪ルノ情起リテ頻リニ之ヲ求メント欲スルニ至ルハ決ゾ疑フベキニ非ス左レ氏今日ニ在テハ人性未ダ全ク此情ヲ脱スルニ至ラズ、加之此情却テ人々ノ相競フテ勳功ヲ奏スヘキ一具トナルモノナレハ今嚴ニ此情ヲ奪ハンヨリハ寧ロ之ニ良好ノ目的ヲ與テ以テ國家ニ功勞ヲ立テシムルノ一要具ト爲スヲ善シトス」ト眞ニ然リ夫レ國君ハ國境内ニ在テ全國民ニ對シテ名譽ノ本源ナルガイヘニ其國家ニ功勞アル者ニ爵位勳章ヲ授與スルノ權ヲ國君ノ特權トスルハ甚ダ良好ノ制ト云フベキナリ

故ニ歐洲大陸ノ諸國皆ナ之ヲ國君ノ特權トセリ

第十六條　天皇ハ大赦特赦減刑及復權ヲ命ス

要領

本條ハ大赦特赦減刑及ヒ復權ノコハ天皇ノ特權ナルヲ揭ケシ迄ノコナリ

理由

凡ソ刑罰ニハ種々ノ目的アルベケレ氏、罪人ヲシテ感化セシメテ善良ノ徒トナラシムルモ又タ之ヲ一種ノ目的トセザルヲ得ザルナリ己ニ感化ヲシテ刑罰ノ目的トスル以上ハ若シ其罪人獄中ニ在テ感化セラレ善良ノ徒トナリシ徵憑ノ顯レ出ツルアレハ之ニ對シテ特別ノ恩典ヲ與フルハ至當ノコナリ、是レ大赦特赦、減刑及ヒ復權ノ項ヲ本條ニ揭ケシ所以ナリ而シテ國君ハ仁恤恩惠ノ源泉ナルヲ以テ、此恩典ヲ與フルノ權ハ國君ノ特權トセサルヲ得サルナリ

第十七條　攝政ヲ置クハ皇室典範ノ定ムル所ニ依ル
攝政ハ天皇ノ名ニ於テ大權ヲ行フ

要領

本條攝政トハ天皇ニ代リテ國家ノ統治權ヲ總攬スルノコトナリ、皇室典範ノ解ハ第二條ニ詳説シ置キタルヲ以テ之ヲ畧ス

理由

世襲君主國ニ在テハ次君ノ幼少、甚タシキ疾病或ハ行狀不善ニシテ大ニ臣氏ノ尊崇ヲ失ヒ遂ニ政權ヲ保ツコト能ハサルニ至ルヘキ所業等ノコトアレハ攝政ヲ置キ代リテ以テ國家ノ統治權ヲ總攬セサルヲ得サルナリ然ルニ古今ノ例ニ依テ考フレハ、攝政ヲ置クトキハ國家ニ害ヲ與フルコト甚ダ多キヲ以テ豫テ法律ヲ定メテ此害ヲ防カサルベカラズ、則チ我國ハ皇室典範ヲ以テ此害ヲ未然ニ防クノ一要具トセルモノナリ、歐洲大陸ノ諸國ニ於テハ嚴ニ憲法ヲ以テ之ヲ確定セリ

第二章　臣民權利義務

本章ハ第十八條ヨリ第三十二條通計十五箇條ヲ以テ成立ス此十五箇條ニハ臣民ノ權利、臣民ノ義務ノヿヲ規定セリ、然リ茲ニ論ズベキノ主點ハ曰ク臣民トハ何ゾ曰ク權利義務トハ何ゾ是ナリ、蓋シ臣民トハ君主ニ對スルノ語ニシテ國家ニ對スルノ語ニ非ス故ニ憲法上ニ於テハ吾々人民ハ國民ト云ハズシテ臣民ト云フヲ穩當ナリトス然ル所以ノ者ハ憲法ノ内ニハ國民ト云ヘル文字ハ一モ無クシテ皆ナ臣民ノ二字ヲ以テ充滿セリ從來ノ日本人民ハ兵役ハ國民ノ義務ナリ納稅ハ國民ノ義務ナリト云ヘド憲法發布以后ニハ人々皆ナ兵役ハ臣民ノ義務ナリ納稅ハ臣民ノ義務ナリト云ハサルベカラス抑々我國ノ政体ハ立憲君主國ニシテ既ニ政体ニ君主ノ名アル以上ハ我々人民ヲ國民ト云ハズシテ臣民ト云フモ亦タ宜ヘナラスヤ

權利トハ吾人ガ爲サント欲スル所ノモノヲ自由ニ爲シ得ルノ力ナリ

トス義務トハ吾人ガ他ヨリ爲サシメラルヽノ餘義ナキ次第ヲ云フ尙ホ權利義務ノヿハ以下ノ條目ニ依テ知リ得ラルヽト雖氏其詳細ナル論理ハ法理論等ノ書ニ讓ラサルヲ得ズ、故ニ玆ニハ唯以上ニ記セシ文字ノ解釋ノミニ止メテ他ハ略シ置クヿトセリ

第十八條　日本臣民タルノ要件ハ法律ノ定ムル所ニ依ル

要領

本條ハ日本臣民ノ權利義務ハ法律ノ定ムル所ニ依テ始メテ確定セル旨ヲ規定セリ、本條ニ要件ト云ヘル文字ハ權利義務ノ語ヲ指シタルナリ

理由

我々ハ之ヲ爲スノ權利アリ、君等ハ之ヲ爲スノ義務アリ、ト云ヘル芒漠ナル語ハ世間多ク新聞紙ヤ演舌抔ニテ聞ク所ナルガ、此等ノ權利義務

ハ道徳ヤ宗教ヨリ淵原シ來ルノ語ナルヲ以テ如何ニモ茫漠タルヲ免レズ、法律學ヲ研究スルノ徒ハ此等ノ權利義務ト法律上ニテ云フ所ノ權利義務トハ別物ナルヿヲ知ラサルベカラス、彼等ノ權利義務ハ漠然タルヲ免レズト雖圧、此方ノ權利義務ハ確然タルモノニテ法律上ノ保護ヲ受ケ法律上ノ勢力ヲ得テ社會ニ活動シツヽ行クモノナリ、本條ニ日本臣民タルノ要件即チ權利義務ハ法律ノ定ムル所ニ據ルトアリ然ラハ本條ニモ法律上ノ權利義務ト法律外ノ權利義務トハ別物ナルヿヲ明ニシタルモノニシテ、其道徳ヤ宗教等ニテ云フ所ノ權利義務ハ即チ日本臣民ノ要件ニ非サルハ本條ニ由テ明白ナリ、故ニ知ル法律ノ規定スル所ハ吾人日本臣民ノ權利義務ナルヲ

第十九條　日本臣民ハ法律命令ノ定ムル所ノ資格ニ應シ均ク文武官ニ任セラレ及其ノ他ノ公務ニ就クコトヲ得

要領

本條ハ日本臣民ニシテ相當ノ資格サヘアレハ文武官ニ任セラレ並ニ其他ノ公務ニ就クコトノ權利アル旨ヲ規定セリ、公務トハ縣會議員ヤ國會議員抔ノ職務ノ類ヲ云フ

理由

官吏ヤ議員ノ職務トスル所ノモノハ固ヨリ國家ノ公職ナリトス此公職ハ何人ノ務ムル所ナルヤ、其國内ニ住居スルノ臣民ニシテ此公職ヲ務ムルニ堪ユルノ資格アルモノハ誰レ彼レノ別ナク、官吏ニ任セラレ公務ニ就クコノ出來得ルハ論ヲ竢タズシテ明ナリ、茲ニ官吏資格ノ例ヲ擧クレハ左ノ如シ、第一軍務ノ材幹アリ軍務ノ教育サ受クルハ軍官ノ資格ニ必要ナリ第二法律ノ智識ヲ有スルニ非レハ裁判シ能ハザルガ故ニ司法官ノ資格ニ必要ナルハ法律ノ智識ナリ、第三其他行政ノ諸官ニモ夫々ノ智識ヲ必要トスレハ其智識ハ其官ニ必要ナル資格トス

然レ𪜈財産ノ多寡ヲ以テ文武諸官ノ資格トナスガ如キハ甚タ不都合ナリ而シテ立法權ヲ有スル所ノ議員ニハ財産ヲ以テ資格トスルヤ否ヤニ就キ學者ノ議論未ダ一ニ歸セズ我日本國ハ議員ノ資格ニ財産ヲ必要トセリ

第二十條　日本臣民ハ法律ノ定ムル所ニ從ヒ兵役ノ義務ヲ有ス

要領

本條ニハ兵役ハ日本臣民ノ義務ナルヲ規定セリ

理由

社會未ダ完全ナラサルヲ以テ常ニ社會内ニ於テ紛亂爭鬪ノ堪ヘザルアリ内乱是ナリ或ハ又タ外國ヨリ其境内ニ襲ヒ來リ社會ヲ擾乱セシムルヿアリ外寇是ナリ、國家ハ此内亂外寇ヲ鎭定征討セサルベカラズ嘗テ其任スル所トス、故ニ國家ハ人民中ヨリ軍務ニ堪ユルモノヲ徵集シテ戰鬪法ヲ鍛錬セシメ置カサルベカラス而シテ人民ハ此ニ從フ可キ義務ヲ有セルヲ以テ國家ノ徵集ニ應シテ兵役ニ從事セサル可カラス、本條ニ兵役ハ日本臣民ノ義務ナルヲ規定セルハ當然ノヿナリ然レ𪜈幼者モ日本臣民ナリ故ニ兵役ニ從事セサルベカラス、老人モ日本臣民ナリ故ニ兵役ニ從事セザルベカラズ、トテ幼者モ老人モ女子モ杓子モ兵役ニ從事セシメルヿハ出來サルガイヘニ法律ヲ以テ之ヲ規定セサルベカラズ

第二十一條　日本臣民ハ法律ノ定ムル所ニ從ヒ納稅ノ義務ヲ有ス

要領

本條ハ納稅ノヿハ日本臣民ノ義務ナルヿヲ規定セリ

理由

人民ハ國家ニ依テ已レノ自由幸福ヲ得ラルヽモノナレ𪜈國家モ又タ

人民ニ依ルニ非ズンハ其運動ヲ爲スヿ能ハサルモノナリ而シテ國家ハ種々樣々ノ機關卽チ官職ヨリ成立シ行政ノ機關アリ司法ノ機關アリ立法ノ機關アリ各其職トスル所ヲ分掌スルモノナレド此等機關ニ必要トスル所ノ費用モ多分ニ要セザルベカラズ、此費用ハ何人ノ負擔トス可キ乎、人民コソ此費用ヲ負擔スルノ義務アリ、前ニモ論セシ如ク、人民ハ國家ニ依テ已ノ自由幸福ヲ得ラルヽモノナル以上ハ其國家ガ人民ニ自由幸福ヲ得サシメンガ爲メニ費スル所ノ費用ナルガイヘニ是非トモ費用ハ人民ノ負擔トセザルベカラス、是レ本條ニ納税ハ日本臣民ノ義務ナルヿヲ明ニセシ所以ナリ、此納税モ前條ノ兵役ノ義務ト同シク帝國議會ノ議決ニ依ルモノタリトス

第二十二條　日本臣民ハ法律ノ範圍内ニ於テ居住及移轉ノ自由ヲ有ス

要　領

本條ハ居住及ヒ移轉ノ自由ハ日本臣民ノ權利ナルベキコヲ規定セルモノナリ

理由

居住トハ日本國內ニ在テハ何レニ居住スルモ自由ナルノミナラズ外國ニ居住スルモ自由ナリト云フノ意ナリ、又移轉トハ日本國內ニ在テハ何レニ移轉スルモ自由ナルノミナラス外國ニ移轉スルモ自由ナリト云フノ意ナリ、法律ニテ居住及ヒ移轉ヲ制限スルノ場各ヲ擧レハ概子左ノ如シ、第一婦ハ夫ノ居住ヲ以テ己レノ居住トス第二子ハ親ノ居住ヲ以テ已レノ居住トス、第三、罪人ハ監獄ヲ以テ己レノ居住トス是ナリ故ニ此等ノ場合ニ在テハ自由ニ他ヘ居住移轉スヘカラサルモノトス、是レ法律ノ制限セル一例ナルガ此外ニ在テノ居住移轉ハ人ノ自由ニ放任シテ法律ノ禁セサル所ナリ

第二十三條　日本臣民ハ法律ニ依ルニ非スシテ逮捕

監禁審問處罰ヲ受クルコトナシ

要領

本條ハ人々ノ身体ヲ貴重シタル所以ノ條規ニシテ逮捕監禁等ノヿハ法律ニ依ラザレバ為スベカサル旨ヲ記セリ

理由

生命ノ權ハ法律ノ最モ貴フ所ノモノニシテ之ニ次テ身体ノ權モ同シク法律ハ之ヲ重ンゼリ、然ル所以ノ者ハ吾人ノ甚ダ恐ル可キ所ノ逮捕監禁審問處罰等ノヿヲ政府ノ官吏自由自在ニ放任シ置ク等ノヿアラハ吾人ハ一日モ安眠ヲ保ツヿ能ハサルナリ且ツ政府ノ人身ニ對スルノ處置ハ往々誤リ易キモノニシテ人身ヲ保護スベキノ任ヲ忘レテ却テ之ヲ害スルヿ屢々世間ニ見ル所ナリ豈ニ恐レサルヘケンヤ是レ本條ニ於テ人身ノ自由ハ法律ニ依ルニ非ズンバ侵害ス可カラサルヿヲ規定シタル所以ナリ、此法律トハ既ニ人々ノ知リタル所ノ治罪法ノ類

ヲ云フ

第二十四條　日本臣民ハ法律ニ定メタル裁判官ノ裁判ヲ受クルノ權ヲ奪ハルヽコトナシ

要領

本條ニハ人ハ訴訟ヲ爲スノ權アリ、裁判ヲ受クルノ權アリ此權利ハ決シテ他ヨリ奪ハレサルヿヲ規定セリ

理由

世間ニ罵詈、讒謗、毆打、殺傷、等ノ流行スルハ其源因トスル所ノモノ無クンバアラス、不平、鬱悶、遺恨、殘念等ノヿコソ實ニ之ガ源因トナルベキナリ、然リ之ガ源因ト爲ルニハ相違無カルベシト雖、若シ此不平、鬱悶、等ヲシテ他ヘ漏ラス所アレバ又タ何ゾ毆打、殺傷、等ノヿガ世間ニ流行スルアラン乎裁判所ハ此等ノ不平、鬱悶ヲ漏ラスノ場所ナリ是ヲ以テ人々ニ訴訟ヲ爲スノ權、又ハ裁判ヲ受クルノ權ヲ與フルハ此權利ニ由テ裁

判所ニ於テ訴訟ヲ爲シ又タハ裁判ヲ受ケテ已レノ不平、鬱悶ヲ漏ラシ以テ其自由幸福ヲ得ルニ在リ、是ニ由テ之ヲ觀レハ訴訟ノ權利、裁判ヲ受クルノ權利ハ人々ノ甚タ貴重ナル權利ナリトス、斯ル貴重ナル權利ヲシテ他ヨリ之ヲ奪フテ訴訟ヲ爲サシメス、裁判ヲ受ケシメザラシムル等ノ事ノ無カラシメンガ爲メニ本條ヲ以テ之ヲ禁シ幷セテ人民ニ裁判ヲ受ルノ權利アルヿヲ規定セリ

第二十五條　日本臣民ハ法律ニ定メタル場合ヲ除ク外其ノ許諾ナクシテ住所ニ侵入セラレ及捜索セラルヽコトナシ

要　領

本條ニハ官吏ト雖𪜈人民ト雖𪜈猥リニ人々ノ家宅ニ亂入シ又ハ捜索スベカラザル旨ヲ規定セルモノナリ

理　由

英國ノ諺ニ曰ク家屋ハ人ノ城塞ナリト又曰ク風雨ハ敝舍茅屋ニ闖入スルヲ得レ圧帝王ハ此ニ入ルヲ得ス、ト帝王ノ貴キト雖圧家主ノ許諾ナクシテハ妄リニ家內ニ入ルヲ得ス況ンヤ其他ノ者ニ於テヲヤ若シ他人ノ無暗ニ家內ニ亂入スル圧ハ人々ノ安全決シテ得ヘカラス故ニ深更熟睡中ニ門戶ヲ叩キ破リテ家內ニ亂入スルカ如キハ誰レ彼レノ用捨ナク警官ニセヨ人民ニセヨ固ク法律ニテ禁セサルベカラス、其搜索セラルヽガ如キモ家內ニ亂入セラレサルト同一ノ理由ナリ、是ニ由テ本條ニハ法律ニ定メタルヲ除クノ外ハ嚴ニ之ヲ禁セリ、普魯西國憲法第六條住居ハ侵スヘカラサル者トス、トアリ是ナリ

第二十六條　日本臣民ハ法律ニ定メタル場合ヲ除ク外信書ノ秘密ヲ侵サルヽコトナシ

要領

本條ニハ政府ト人民トヲ問ハズ猥ニ人ノ信書ヲ開封スベカラサル旨

ヲ規定セリ

理由

人々ガ信書ヲ交通スルハ其人ノ權利ナルヲ以テ政府ハ之レニ干渉シ其一個人ノ信書ヲ開封シテ見ルガ如キ醜行アルベカラサルナリ郵便ノ業務ハ政府ノ爲メニ之ヲ開キタルニ非ス、只我々人民ノ交通利便ヲ計ランガ爲ソニ此レアル而耳、然ルヲ政府ハ此ノ如キ者マテニモ種々ニ干渉スルニ至レハ人民ノ自由ハ何處ニカアル、是レ政府ガ妄リニ人民ノ一私書ヲ開封スルガ如キ醜行ノ無カル可キヲ規定セル所以ナリ況ンヤ一私人ガ一私人ノ信書ヲ開封スルガ如キハ固ク之ヲ禁セサル可ラサルニ於テヲヤ、信書ノ秘密ハ人々ノ權利ナリ決シテ犯ス可カラサルナリ

第二十七條　日本臣民ハ其ノ所有權ヲ侵サルヽコトナシ

公益ノ爲必要ナル處分ハ法律ノ定ムル所ニ依ル

要領

本條第一項ニハ所有權ハ犯サレザル旨ヲ規定スレ𪜈第二項ニハ公益ノ爲メニハ第一項ノ限リニ非ザル旨ヲ規定セリ

理由

所有權トハ何ゾ吾人ガ社會ニ生命身体ヲ保チツヽ在ルノ間ハ無ンテハナラヌ所謂生活ニ必要ナルノ權利ナリトス然ルニ我ヨリ强力者ノ在ル有リテ吾人ノ所有シ居ル所ノ食物、衣服、家屋、田畑等ノ者ヲ奪ヒ取ラルヽヿ有ルニモ拘ハラズ吾人之ヲ取リ戻スノ道ナキトセハ吾人ハ一日モ此社會ニ生命身体ヲ保存維持シテ生活シ能ハサルナリ、是レ國家ハ吾人ニ所有權ノ有ルヲ認メテ法律ヲ以テ堅ク此所有權ヲ保護スル所以ナリ、歐米各國皆ナ法律ヲ以テ之ヲ保護セリ、我國ハ本條ニ日本臣民ハ其所有權ヲ犯サルヽヿナシト、是レ至當ノヿナリ、然レ𪜈二項ニ公益ノ爲メ必要ナル處分ハ法律ノ定ムル所ニ據ル、ト例外ヲ置ケルハ彼ノ今日世間ニ往々在ル所ノ公用土地買上規則ニ依テ官廳ヘ土地抔ヲ買ヒ取ラルヽ等ノ事是ナリ

第二十八條　日本臣民ハ安寧秩序ヲ妨ケス及臣民タルノ義務ニ背カサル限ニ於テ信教ノ自由ヲ有ス

要領

本條ニハ國家ノ安寧秩序ヲ妨ケザル以上ハ日本臣民ハ信仰ノ自由即チ何宗敎ヲ信仰スルモ其本人ノ自由ニ任カシテ法律ハ此レニ干涉セサル旨ヲ規定セリ

理由

信仰ノ自由トハ各人ガ眞理ナリト信スル所ノ宗敎ニ從ヒ信神禮拜スル事ノ自由ニシテ他ヨリ干涉ヲ受ケサルヲ云フ然ルヲ古來諸國ノ政府往々法律ヲ設ケテ人民ノ信仰ニ干涉シ甚タシキハ國敎ナルモノヲ

設立シテ政府ト宗教トヲ混同シ飽マテ各人ノ信仰ノ自由ヲ妨害シタリ之ヲ歴史ニ考フルニ政治ト宗教トノ混同シタル時代ハ常ニ一ノ利益ナクシテ千百ノ禍害アルヲ見タリ彼中世期ノ頃ハ歐洲人民ノ血ヲ流シタルハ實ニ政教ノ混同ヨリ起リタルモノ比々皆是ナリ豈ニ恐レサル可ケンヤ然レ圧若シ宗教ノ性質ニシテ國家ノ安寧秩序ヲ妨ケ不道徳ニシテ風俗ヲ壞亂スルガ如キコトアレハ政府ハ宜シク之ニ干渉シテ之ヲ嚴禁シ之ヲ責罰スルハ正當ノコナリ

第二十九條　日本臣民ハ法律ノ範圍内ニ於テ言論著作印行集會及結社ノ自由ヲ有ス

要　領

本條ニハ言論、著作、印行、集會、及結社等ノコハ法律ノ範囲ヲ越ヘザル以上ハ日本臣民ノ自由ニ為シ得ラルヽノ權ナル可キコヲ規定セリ

理　由

皆ヲ開ヒテ宇内各國ヲ一瞥シ去レハ野蠻國アリ半開國アリ文明國アリテ種々樣々ノ異樣ナル國狀ヲ顯ハセリ、吾人ハ文明國コソ慕フ所ナレ𪜈野蠻ヤ半開ハ早ク其跡ヲ社會ニ絕タンヿヲ願フテ已マサルナリ而〆各國ニ斯ヽル文野ノ區別アル所以ノ者ハ其素因トスル所ノモノ種々アルベケレ𪜈重モナル主點ハ本條ニ規定シ在ル所ノ言論著作ノヿガ人民ニ自由ニ爲シ得ラルヽト爲シ得ラレザルノ別アルニ依テ一ハ文明ノ花ヲ開クノ國トナリ、一ハ野蠻ノ域ヲ脫セズシテ醜陋ナル國トナルナリ、左レバ社會ヲシテ文明國タラシメンニハ宜シク言論集會著作結社等ノヿヲ飽マテ人民ノ自由ニ爲サシメ置キテ法律ニテ之ニ干涉セザルニ在リ、然レ𪜈若シ此等ノヿニシテ社會ニ害惡ヲ與フルノ徵憑ヲ顯ハシタル場合ニハ政府ハ嚴ニ之ヲ禁制セサル可ラサルハ勿論ノヿナリ

第三十條　日本臣民ハ相當ノ敬禮ヲ守リ別ニ定ムル

所ノ規程ニ從ヒ請願ヲ爲スコトヲ得

要領

本條ニハ日本臣民ニ請願ノ權アルコヲ規定セルナリ

理由

請願トハ何ゾ、我々人民ガ人民ノ代表者タル所ノ帝國議會ニ向テ政治上ニ關係ヲ持ツ所ノ意見ヲ一個人ノ資格ヲ以テ請願スルニ在リ、誤テ天皇陛下ニ向テ請願スルノ權利アリト解スル勿レ、憲法第五十條ヲ參酌スレハ以テ此權利ハ帝國議會ニ請願スルノ權利タルヲ知ルニ足レリ、而シテ本文ニ「相當ノ敬禮ヲ守リ」ノ語アリ蓋シ敬禮ト云ヘル語ハ多ク宗敎ヤ道德抔ニ用ユルノ語ニシテ法律ニハ不適當ノ文字ナルハ少シク法律書ヲ學ビシ者ノ能ク知ル所ナリ、然ルニ本條ニ敬禮ノ文字アリ理由ハ如何ン暫ラク此ニ疑点ヲ存シ置キテ讀者ノ判斷ヲ乞フノミ

第三十一條　本章ニ掲ケタル條規ハ戰時又ハ國家事

變ノ場合ニ於テ天皇大權ノ施行ヲ妨クルコトナシ

要領

本條ハ國家ノ大事變アル場合ニカリ天皇陛下ガ大權ヲ施行シ玉フ所ノ大權ニ對シ、本章第十八條ヨリ第三十條マテノ條規ヲ以テ之ヲ妨クベカラサル旨ヲ規定セリ

理由

吾人臣民ノ自由權利ハ固ヨリ貴重ナルニハ相違ナカルヘシト雖ドモ國家ノ爲メニハ如何ニ貴重ナル自由權利モ一歩ヲ讓ラサルヲ得ス、俗言ニ云ハスヤ、大ハ小ヲ制スルト余輩モ又タ言ハントス、曰ク國家ハ一私人ノ自由ヲ制スルノ威力アリト然レ𪜈此等ノコヲシテ事ナキニ方リ頻繁トシテ常ニ之ヲ施行シテ人民ノ自由權利ヲ妨害スルガ如キコアレハ豈ニ亦タ不都合ナル次第ナラズヤ是レ本條ニ戰時又ハ國家事變ノ場合ニ於テノ文字ヲ掲ケシ所以ナリ故ニ吾人臣民ハ戰時又ハ國

家事變ノ在ル場合ニ限リテ自由權利ヲ大權施行ノ爲メニ制セラル丶コアルヲ規定シタルモノトス吾人臣民何ソ常時ニ之ヲ妨ケラル丶等ノコアランヤ

第三十二條　本章ニ掲ケタル條規ハ陸海軍ノ法令又ハ紀律ニ牴觸セサルモノニ限リ軍人ニ準行ス

要領

本條ハ本章ニ掲ケタル日本臣民タルノ要件ハ軍人ニモ準行スル旨ヲ規定セルモノナリ

理由

軍人トテモ矢張リ日本臣民タル以上ハ其臣民タルノ要件ハ固ヨリ軍人ニモ適用セザルベカラサルハ勿論ノコナリ然レ𪜈軍人ナルモノハ本章第二十條ニ掲ケアルガ如ク兵役ノ義務ニ依テ其身ハ嚴格ナル軍務規律ノ下ニ制御セラレツ丶居ル者ナルヲ以テ普通人民トハ其要件

ニ於テ異ナル所ノ者ナシトセズ、而シテ其異ナル所ノ者ハ陸海軍ノ法令又ハ規律ニ規定シアルヲ以テ、此軍令規律ニ抵觸セサル丈ケノ本條ノ日本臣民タルノ要件ハ軍人ニモ之ヲ準行スル旨ヲ規定セルモノナリ是レ軍人ノ資格ニ附テ已ムヲ得サルノ次第ナリトス

第三章　帝國議會

國家ニハ法律ヲ作ルモノト法律ヲ行フモノトノ二種類アリテ其法律ヲ作ルノ權ヲ立法權ト云ヒ、其法律ヲ行フノ權ヲ行政權ト云フ、斯ク國家ノ上ニ於テ立法權ト行政權ヲ判然區畫セルニ至リシハ實ニ近世ノヿナリ昔時ハ何レノ國ニテモ法律ヲ作ルモノモ法律ヲ行フモノモ同一ノ人ガ、之ヲ爲セシヲ以テ、ノ故ニ人ヲ喜バシムルモ人ヲ悲シマシムルモ又ハ國ヲ活カスモ國ヲ殺スモ其上ニ立ツ所ノ一人ノ人ノ喜怒如何ニ依テ之ヲ爲シタリシガ追々社會ノ開クルニ從ヒ、斯クテハ不都合ナリト云ヘル所ヨリ遂ニ法律ヲ作ル人ト法律ヲ行フ人トヲ異ニシ則チ

立法權ト行政權トノ區別ヲ判然セリ、是ニ於テ昔時ニ在テハ夢想ニモ知ラサル所ノ國會ト云フモノガ國々ニ出來ルコトナレリ國會トハ法律ヲ作ル所ノ立法權ヲ有スルノ場所ナリ而シテ此國會ニハ行政官ハ與カラス、シテ他ノ人民即チ吾々人民ヨリ代議士ヲ撰擧シテ其代議士ヲ以テ國會ヲ組織シ之ニ立法權ヲ委シタルモノナリ、偖テ世間ニ自由ノ政治トカ、壓制ノ政治トカ將タ文明ノ政治トカ、野蠻ノ政治トカ云ヘルモノアルガ全体此國會ヲ開キタルノ國ハ自由文明ノ政治ト云フ可クシテ此國會ヲ開カサルノ國ハ壓制野蠻ノ政治ト云フ可キナリ、今日世界ニテ人類ノ國ヲ成スモノハ凡ソ百有餘ナルガ此内國會ヲ設ケテ代議ノ政ヲ爲スモノハ既ニ七十國以上ナリ宇內ノ現象實ニ盛ナリト云フベシ今ヤ我日本國モ國會ヲ設クルノ機運ニ際セリ嗚呼亦タ盛ナリト云フ可キナリ則チ本章ノ帝國議會是ナリ本章ハ第三十三條ヨリ第五十四條ニ至ル通計二十二箇條ヨリ成立ス

第三十三條　帝國議會ハ貴族院衆議院ノ兩院ヲ以テ成立ス

要領

本條ニ貴族院衆議院トアルハ俗ニ上院下院ト云ヘルモノト同一ノヿナリ、我帝國議會ハ此二院ヨリ成立セル旨ヲ規定セルモノナリ

理由

二局議院ト一局議院トノ可否得失ハ未タ學者ノ議論一ニ歸セサルナリ、學者ノ議論ハ兎モ角モ世界各國ヲ見ルニ國會ノ設ケアル國ハ七十餘モ有レドモ此内一局議院ノ制ヲ用ユル國ハ僅カニ日耳曼聯邦中ノ一二國ニ過キサルノミ、他ハ英國ヲ始メトシテ合衆國佛蘭西瑞西等ノ諸國皆二局制ヲ用ヒサルハナキナリ、斯ノ如ク万國擧テ二局制ノ議院ヲ用ユルヲ見レハ二局制ノ實際ニ適當スルモノナルヿ推シテ知ルヘシ我國モ國會ヲ設ケルハ始メテノヿナレハ矢張リ世界各國ニ同シテ二

局議院ノ制ヲ採ルコソ至當ノ事ナルベキナリ、然ルニ二局制ヲ用ユレバ上院ナルモノハ君主ヤ政府ノ味方トナリテ、人民ノ惣代ナル下院ニ抗シテ敵對スルガ如キコアレバ之レ誠トニ大ナル弊害ナリト云フ可シ二局制ヲ用ユルノ國ハ深ク注意シ之ヲ防カサールベカラズ

第三十四條　貴族院ハ貴族院令ノ定ムル所ニ依リ皇族華族及勅任セラレタル議員ヲ以テ組織ス

要領

本條ハ貴族院ノ組織方ヲ規定シタルモノニシテ皇族、華族、及勅任セラレタル議員ヲ以テ此任ヲ充タスモノトス

理由

二局議院ノ制ヲ用ユル所ノ國々ニ於テ其下院ノ組織方ハ各國皆ナ同一ノ方ヲ用ヒテ餘リ異ナル所ハ無カル可シト雖モ獨リ上院ノ組織ニ就テハ國々ニ於テ異ナリトス、然レモ立憲君主制ヲ用ユルノ國ニ於テ

上院ヲ組織スルニハ如何スレバ可ナル乎、今學理上ヨリ之ヲ論スレバ左ノ種類ヲ以テ組織スレバ或ハ誤ラザルニ庶幾カラン乎、第一貴族第二富豪、第三學者、第四勳功、第五經驗、是ナリ、乞フ少シク之ヲ論ゼン第一貴族ヲシテ其議員タラシムル所以ノ者ハ君主ト議院トノ間ヲ調和セシムルニ在リ、第二富豪家ヲシテ其議員タラシムル所以ノ者ハ議會ヲシテ人民ヨリ信用ヲ得セシムルニ在リ、第三學者ハ如何ニ、凡ソ事ノ當否物ノ利害ヲ決定スルハ學者ノ智識ヲ借ラサルヲ得ズ、是レ學者モ又組織ノ一部ニ列セシムル所以ナリ、第四勳功ハ如何ン凡ソ勳功ナルモノハ道德ノ高尚ナルモノナリ名譽ノ秀逸ナルモノナリ、是レ議會ニ道德ト名譽トヲ保持センガ爲メニ勳功アルモノヲシテ組織ノ一部タラシムル所以ナリ、第五經驗アルモノヲ議會ニ列セシムル所以ノ者ハ凡ソ經驗ナルモノハ論理學ノ所謂歸納智識ヲ有スルモノナルヲ以テ此人ヤ常ニ輕躁ナラズ粗暴ナラズ其議スル所ノ者ハ皆ナ實地ニ適合シテ誤マラザルナリ故ニ此者ヲ組織ノ一部ニ列セシムルナリ、以上ノ五項ハ學理上ヨリ上院ヲ組織スルノ分子ヲ斷論セシ次第ナルガ我國貴族院モ之レト同一ノ組織方ニ依ル者ノ如ク思ハル、彼ノ貴族院例ヲ參酌スレバ明白ナリ然ルニ其議員トナルベキモノハ勅任セラレテ議員トナルノ方法ナルニ至テハ余輩ハ理由ノ在ル所ヲ見ルニ苦ムナリ、蓋シ上院議員ガ君主ヤ政府ノ味方トナリテ下院ニ抗敵スルノ事アルヲ恐ルレバナリ

第三十五條　衆議院ハ選擧法ノ定ムル所ニ依リ公選セラレタル議員ヲ以テ組織ス

要領

本條ニハ衆議院ハ公選法ヲ以テ議員ヲ選擧スル旨ヲ規定セルナリ

理由

貴族院議員ハ人民ノ代議士ト云フ可ラザルカ如キノ疑ヒ無キニ非ラ

ザレトモ衆議院ニ至テハ實ニ人民ノ代表ヲ爲スノ議院ナリ人民ノ代議ヲ爲スノ議員ナリト斷言スルモ敢テ不正當ノ言ニ非サルヲ信スルナリ然ル所以ノ者ハ衆議院ハ吾々人民ヨリ公選法ヲ以テ其議員ヲ出タス旨ヲ憲法ニ確定シアルカ故ナリ而シテ議員ノ資格如何ハ衆議院選舉法ニ正條アルヲ以テ玆ニ之ヲ論セズシテ其選擧法ヲ講スルノ場合ニ之ヲ詳説スル所ノ者アラントスルナリ

第三十六條　何人モ同時ニ兩議院ノ議員タルコトヲ得ス

要領

本條ニハ議員ハ同時ニ兩議院ノ議員タルコノ出來ザル旨ヲ規定セリ

理由

貴族院ノ議員ニシテ衆議院ノ議員トナリ又ハ衆議院ノ議員ニシテ貴族院ノ議員トナルガ如キコアルニ至テハ宛カモ一人ニテ二人ノ仕事

ヲ爲スト同一ナリ、其議員ノ名譽ナルニハ相違ナカルベキモ固ト議員ノ職タル其名譽ノ爲メニ設ケタルモノニ非ズシテ、國家全体ノ利益ヲ增進センガ爲メニ設ケタルモノナルガイヘニ一議員ニシテ二議員ノ職ヲ掌トラシムルカ如キハ實ニ不都合タルコト云フ可キナリ、是レ本條ニ何人モ同時ニ兩議院ノ議員タルコヲ禁ゼシ所以ナリトス

第三十七條　凡テ法律ハ帝國議會ノ協賛ヲ經ルヲ要ス

要領

本條ハ帝國議會ニ立法權ヲ有セシムル必要ナル條項トス

理由

國會ノ可決ヲ經サル者ハ法律ニ非ス」トハ立憲國家ノ貴重ナル原則ナリ、此原則ニ由テ考フレハ國會ノ國會タル價値ヲ有スルハ法律制定ノ權ヲ國會自身ガ掌握シ居ルノ故ニ有トス、若シ此權ヲ國會ガ掌握シ居

ラザレハ、國會又タ何ニノ價値カアラン乎是レ本條ニ於テ總テノ法律ハ帝國議會ノ協賛ヲ經ルヲ要スト規定セル所以ニシテ彼ノ「國會ノ可決ヲ經サルモノハ法律ニ非ス」ト云ヘル原則ニ適シタル者ナリト云ヲ得ベキナリ、茲ニ一言シ置ク可キヿハ憲法ト命令トハ法律ニ似テ法律ニ非ズト云ヘルヿ是ナリ、夫レ憲法ナル者ハ最上ノ法律ニシテ又タ根本ノ法律トモ云フ可キモノナリ故ニ尋常法律ノ刑法ヤ徵兵令ノ如キ者ヲ此憲法ヨリ見レバ枝葉ノ法律トモ云フ可キナリ、又タ命令ナルモノハ行政權ヨリ出ツルモノニシテ立法權ヨリ出ツル法律トハ其性質ヲ異ニスルモノナリ、是ヲ以テ本條ノ總テノ法律ト云ヘル中ニハ右ノ憲法ト命令トハ包含シ居ラサルモノト知ルベキナリ

第三十八條　兩議院ハ政府ノ提出スル法律案ヲ議決シ及各法律案ヲ提出スルコトヲ得

要領

本條ニハ議案起草ノ權ハ政府ト両議院トニ在ル可キ旨ヲ規定セリ

理由

議院ニテ議案起草ノ權ヲ有スルハ實ニ必要ノコト云フベキナリ若シ議院ニシテ自ラ議案ヲ起草シ之ヲ議シテ法律トナスノ權ナク單ニ政府ノ起草セル議案ノミヲ議スルトセハ既ニ議會ハ立法部タルノ實ナキモノナリ、政府ノ手足タルニ過キザルノミ、故ニ議會ニテ議案起草ノ權ヲ有スルハ必要ノコタルナリ固ヨリ政府ニテ議案起草ノ權ヲ有スルモ然ルベキコナリ、本條ニ政府ト議會トニ此權ヲ有セシメアルハ、余輩ノ喜プ所ナリ

第三十九條　兩議院ノ一ニ於テ否決シタル法律案ハ同會期中ニ於テ再ヒ提出スルコトヲ得ス

要領

本條ニハ一方ノ議院ニ於テ否決シタル法律案ハ再タヒ其會期中ニ議

スヘカラサル旨ヲ規定セルモノナリ

理由

其理由トスル所ノ者ハ議會ニ錯雜ヲ來スヲ恐ルヽト無用ニ時日ヲ費消スルトヲ恐レテ之ヲ避ケンガ爲メナリ蓋シ一方ノ議院ニ於テ否決シタル法律案ヲ再ヒ其會期中ニ議セシメルカ如キハ實ニ議會ニ錯雜ヲ來タスト無用ナル時日ヲ費消スルハ更ニ多辯ヲ竢タズシテ明ナリ故ニ本條ハ之ヲ避ケンガ爲メニ規定シタルモノナリ

第四十條　兩議院ハ法律又ハ其ノ他ノ事件ニ付各其ノ意見ヲ政府ニ建議スルコトヲ得但シ其ノ採納ヲ得サルモノハ同會期中ニ於テ再タヒ建議スルコトヲ得ズ

要領

本條ハ第一項ニ兩議院ハ各其意見ヲ政府ヘ建議スルノ權ヲ有スル旨

ヲ規定セリ、其第二項ハ両議院ノ建議ヲ政府ガ採納セサレバ同會期中ニ再ヒ之ヲ政府ヘ建議スヘカラザル旨ヲ規定セルモノナリ

理由

両議院ヲシテ政府ニ對シテ建議セシムルヲ許スガ如キハ固ヨリ尋常普通ノコナルヲ以テ敢テ之ヲ詳論スル程ノ價値ハナカル可キナリ、然ルニ其二項ニ政府ガ両議院ノ建議ヲ採納セザル場合ニ於テハ再ヒ建議スルコノ出來サル旨ヲ規定シタルハ前條ノ理由ト同シク議會ノ錯雜ト無用ノ時日ヲ恐レテノコナルベシト雖モ余輩ハ爾カク思ハサルナリ蓋シ政府ト議會トノ關係ハ常ニ圓滑ナラズシテ敵ト味方、トノ如キ狀態ニ陷ユルヲ普通ノコトセリ、左ルガイヘニ若シ本條ノ如ク政府ニ於テ議會ノ建議ヲ採納セサルニ方リ再ヒ此建議ヲ政府ヘ爲スベカラズト規定セバ却テ政府ト議會ノ間ニ非常ナル錯雜混亂ヲ生ズルノコナシトセズ是レ余輩ガ本條ノ爲メニ甚タ憂フル所ナリ、而シテ本條

ニ其他ノ事件トアルハ行政上ニ付テノ事件ト見テ可ナリ

第四十一條　帝國議會ハ毎年之ヲ召集ス

要領

本條ニハ議會ハ毎年之ヲ開會セル旨ヲ規定セリ

理由

議會ハ毎年ニ開會スルノ方ヲ規定シ置クコハ甚タ必要ナリ夫ノ年度豫算ノ議定及ヒ年度決算ノ檢査ノ爲メニ必要ナルノミナラズ立法ト行政トノ交通ヲ活潑ニシ調和ヲ親密ニスルノ利益アルナリ

第四十二條　帝國議會ハ三箇月ヲ以テ會期トス必要アル場合ニ於テハ勅命ヲ以テ之ヲ延長スルコトアルヘシ

要領

本條ニハ議會開會中ノ期限ト並ヒニ必要ノ時ニハ之ヲ延長スルコノ

出來ル旨ヲ規定セリ

理由

各國ニ於テ上院下院共大概其期限ノ定メアリ、英國ハ兩院トモ毎年二月中旬ニ開キ八月中旬ニ閉ツルヲ例トス、佛國ハ兩院トモ毎年一月ニ開キ少ナクトモ五ケ月間ハ開會スベキノ定期ナリ、日耳曼ハ通例一月又ハ二月ニ開會シテ七月中ニ閉會セリ、各國大概右ノ如ク會期ヲ定メサルハ無シ、而シテ我日本ハ三ケ月ノ開期ト規定セリ他國ノ例ニ比セバ少シク短期ニ失スルガ如キノ思ヒナキニ非ズト雖モ余輩ハ我國ニ在テハ此三ケ月ノ開期ヲ至當ナリト思ヘリ、彼レ歐米各國ノ如キニ在テハ其國境ノ廣大ナルノミナラス社會ハ開ケ政務ハ多端ナリ故ニ其議スル所ノ者モ多ナラサルヲ得ズ、是レ歐米各國ハ開期ノ長キ所以ニシテ我國トノ比較ハ取ルヿヲ得サル譯合ナリトス、殊トニ我國トテモ必要アル場合ニハ開期ヲ延長シ得ラルヽヲ以テ實際ニハ差支ヘ無カル

ベキナリ

第四十三條　臨時緊急ノ必要アル場合ニ於テハ常會ノ外臨時會ヲ召集スヘシ

臨時會ノ會期ヲ定ムルハ勅命ニ依ル

要領

本條ニハ必要アル場合ニハ常會ノ外ニ臨時會ヲ開キ而シテ此開會期限ハ勅命ノ定ムル所ナル旨ヲ規定セリ

理由

帝國議會ノ閉會中ニ緊急必要ナル事變ノ生スルヿ有ルノ場合ニ方リ之ニ處スルノ法ハ臨時會ヲ開クニ在リ、然ルニ臨時會ノ性質タルヤ又字ノ如ク臨時ノヿナルヲ以テ豫メ其議スル所ノ事件ヲ定ム可ラス故ニ其臨時事件ノ難易輕重ニ依テ或ハ長時日ヲ要セズンバ議スベカラサル者アリ又タハ僅カナル短時日ニテモ之ヲ議了スル事ノ出來得べ

キモノアルナリ是レ本條ニ豫メ開期ヲ規定セズシテ時ノ勅令ニ依テ開期ヲ定ムルコト規定シタル所以ナリトス

第四十四條　帝國議會ノ開會閉會會期ノ延長及停會ハ兩院同時ニ之ヲ行フヘシ

衆議院解散ヲ命セラレタルトキハ貴族院ハ同時ニ停會セラルヘシ

要領

本條第一項ニハ開會閉會延長停會等ノコハ兩院同時ニ之ヲ行フ旨ヲ規定シタルナレモ第二項ニ衆議院解散ノ場合ニハ一方ノ貴族院ハ停會セラルヽモノト規定セルナリ

理由

本條ノ如キハ議會ノ事務上ニ屬スルモノナルガイヘニ理由ヲ擧ゲテ多辨ヲ費ス程ノコニアラス然ルニ貴族院ハ元來解散セラレサルモノ

ナルヲ以テ一方ノ衆議院ニシテ解散セラルレバ已ムヲ得ズ貴族院ハ停會セラレザルヲ得サルナリ而ソ開會閉會停會解散等ノ區別ハ第七條ニ解釋シタルヲ以テ同條ヲ參酌スヘシ

第四十五條　衆議院解散ヲ命セラレタルトキハ勅命ヲ以テ新ニ議員ヲ選擧セシメ解散ノ日ヨリ五箇月以內ニ之ヲ召集スヘシ

要領

本條ニハ衆議院解散ヲ命セラレタル場合ニハ勅命ニテ新議員ヲ選擧セシメ其新議員ニテ再タヒ開會セシム可キノ旨ヲ規定セリ

理由

舊員ヲ解散シテ新議員ヲ選擧セシムルヲ以テ君主ノ重要ナル權利トスル所以ノ者ハ衆議院ガ果シテ人民ノ意志ヲ代表スルヤ否ヤヲ觀察シ或ハ下院ノ上院ト和調セズ或ハ行政部ト立法部トノ軋轢ヲ醫セン

コヲ要スレバナリ是レ本條ノ設ケアル所以ナリ然レ𪜈此解散ノコタルヤ實ニ重大ナル事件ナルヲ以テ其適當ヲ誤マル等ノコアレバ却テ行政部ト立法部トノ間ニ一層甚タシキ軋轢ヲ生シテ醫スベカラサルモノアラントス當局者ハ深ク之ヲ愼シマサルベカラサルナリ

第四十六條　兩議院ハ各其ノ總議員三分ノ一以上出席スルニ非ザレハ議事ヲ開キ議決ヲ爲スコトヲ得ス

要領

本條ニハ兩議院ニ於テ議事ヲ開キ議決ヲ爲スハ總議員ノ中三分ノ一以上出席スルニ非レハ之ヲ爲スコヲ得サル旨ヲ規定セリ

理由

議員ニ欠席者アル場合ニハ如何スル歟是レ本條ノ規定スル所ナリ總議員ノ中ニテ三分ノ一以上サヘ出席スレバ議事ニ掛リ議決ヲナスノ

權アルモノトス、三分ノ一トハ隨分少ナキニ失スルガ如キノ思ヒアリテ責メテハ過半數位ノ議員ガ出席スルニ非レバ議事ニ掛リ議決ヲ爲スノ權ナキモノトスルコソ穩當ナリト思ハルレ𪜈深ク考フレバ本條ノ三分ノ一甚タ宜シキニ適ヘリトス何トナレハ過半數ニ非サレバ議事ニ掛ルヿノ出來ザルモノト定ムレハ未タ我國人民ノ如キ政治思想ニ冷澹ニシテ議會ヲ大切ニ思ハザルモノ甚タ多ク吾人ヲシテ爲メニ轉タ歎息ニ堪ヘザラシムモノアリ斯カル人民ヲシテ議員ニ選擧セラレルモ議會ヲ大切ニセザルガイヘニ常ニ故障ヤ病氣ニ托シテ議場ニ出席セザルモノ過多アルハ今ヨリ推シテ知ルヘキナリ、是レ本條ニ於テ三分ノ一以上ト爲シタル所以ニシテ若シ之ヲ過半數トセバ右ノ理由ニ依テ議會ハ常ニ閉會セザルヲ得ザルノヿナシトセズ故ニ余輩ハ本條ノ三分ノ一以上トアルハ少ナシトスルニモ拘ハラス却テ實際ニ適シタルモノト爲ス所以ナリ

第四十七條　兩議院ノ議事ハ過半數ヲ以テ決ス可否同數ナルトキハ議長ノ決スル所ニ依ル

要　領

本條ハ過半數ヲ以テ議事ヲ議決シ其可否同數ナル片ハ議長ノ決スル所ニ依ルヘキヲ規定セリ

理　由

過半數ヲ以テ議事ヲ議決スルハ孰レノ議會モ皆此法ニ依テ議決セリ然ルニ出席議員中ニ於テ決ヲ採ルニ方リ双方トモ可否同一ノ贊成者アレバ過半數ノ法ニ依テ議決セラレサルガイヘニ此場合ニハ議長ノ決スル所ト規定シタルハ至當ノヿナリ

第四十八條　兩議院ノ會議ハ公開ス但シ政府ノ要求又ハ其ノ院ノ決議ニ依リ秘密會ト爲スコトヲ得

要　領

本條ニハ議會ハ正面上公開タルベキモ裏面ニ秘密會アルヘキ旨ヲ規定セリ

理由

人民ノ代表者タル議員ハ其議場ニ在テ議事ヲ爲スニ方リ、人民ノ其行ヲ見ルヲ避クベカラス屹然ト公衆ノ目前ニ立テ憚ル所ナク立派ナル持論ヲ示スベシト、ハ議會普通ノ原則ナリトス是レ議會ハ公開スベキヲ正當ナリト爲ス所以ナリ然レ𪜈時アリテ秘密ヲ要スルヿアリ例ヘハ外交上其議事ヲ外ニ知ラシムルヲ不利トスル時ノ如キハ無論公衆ノ傍聽ヲ禁ゼサルベカラス併シ是レトテモ政府ヨリ要求アル乎叉ハ議員決議ノ上ニ非レバ故ナク秘密ニスベカラサルナリ

第四十九條　兩議院ハ各天皇ニ上奏スルコトヲ得

要領

本條ニハ兩議院ハ各々天皇ニ上奏スルノ權ヲ有スル旨ヲ規定セリ

理由

何ヲ上奏スルヤトハ本條ノ問題ナリ此レハ行政上ニ關スルヿヤ立法上ニ關スルヿ其他苟クモ國家全体ニ關スルノ出來事ニ付キ意見アレハ議會ハ天皇ニ對シ奉リ上奏スルノ權アリ議會既ニ上奏ノ權アリ行政官ノ爲メニ決シテ此上奏權ヲ遮斷セラレサルモノトス、普魯西國憲法第八十一條ニ各院ハ自ラ國王ニ上奏スルノ權ヲ有ストアリ是ナリ

第五十條　兩議院ハ臣民ヨリ呈出スル請願書ヲ受クルコトヲ得

要領

本條ニハ兩議院ハ臣民ヨリノ請願書ヲ受クルノ權ヲ有スル旨ヲ規定セリ

理由

議院ガ立法ニ關スル人民ノ愁訴請願ヲ聞キテ之ヲ受クルノ權ヲ有ス

ル所以ノ者ハ此愁訴請願ヲ議事ノ參考ニ供シ或ハ之ヲ以テ動議ヲ起シ飽マテ人民ノ代表者タルノ職分ヲ完カラシメンガ爲メナリ本條ノ理由トスル所ノモノ此レニ外ナラス

第五十一條　兩議院ハ此ノ憲法及議院法ニ掲クルモノヽ外內部ノ整理ニ必要ナル諸規則ヲ定ムルコトヲ得

要領

本條ニハ兩議院ニ內部ノ議事規則ヲ制定セシムルノ權ヲ與ヘタル旨ヲ規定セルナリ

理由

議事規則ハ小事ノ如クナレ圧其良否ニ依テ大ニ議會ノ權限ニ關スルモノナルガ故ニ之ヲ制定スルノ權ハ議會自身ニ與フベキナリ然ルニ各國ノ例ヲ見ルニ此規則ヲ政府ニテ制定シテ議會ニ附與スル國モ少

カラズ其レ斯ノ如クンバ議事ノ不便ヲ來タシ議事ノ自由ヲ害セラルヽノコナシトセス是レ誠トニ不都合ノコト云フベキナリ本條ニ於テ憲法及ヒ議院法ニ掲クルモノヲ除クノ外則チ内部ノ諸規則ヲ制定スルノ權ヲ議會ニ與ヘタルハ以上ノ理由ニ基ツクモノトス

第五十二條　兩議院ノ議員ハ議院ニ於テ發言シタル意見及表決ニ付院外ニ於テ責ヲ負フコトナシ但シ議員自ラ其ノ言論ヲ演說刊行筆記又ハ其ノ他ノ方法ヲ以テ公布シタルトキハ一般ノ法律ニ依リ處分セラルヘシ

要領

本條ニハ議場內ニ於テノ議員ノ發言ハ法律上ノ責ヲ受ケザルノ自由ヲ與ヘタルモノナレ𪜈若シ此發言ヲ議場外ニ於テ議員一箇人ノ資格ヲ以テ發表スル塲合ニハ其發言ニ對スル一般ノ法律處分ヲ受クル旨

ヲ規定セルナリ

理由

議場内ニ於テ如何ナル意見、如何ナル評決ヲナスモ自由ニシテ更ニ一般ノ法律ニ依テ處分セラレザルハ是レ議院ニ於テ最モ重要ナルモノニシテ之ヲ議場内發言ノ自由ト云フ若シ議場内ニ於テ其議事ノ發言ニ一般ノ法律ヲ以テ處分スルガ如キヿアレハ議員ノ心中常ニ法律ヲ恐ルヽガユヘニ議事ヲ爲スニ方リ恰モ戰々兢々薄氷ヲ履ムガ如ク所謂憶病心ヲ生シテ充分ニ己レノ意見評決ヲ發言シ盡スヿ能ハザルニ至ラン、元來議會ハ充分ニ議事ヲ盡シテ正當ノ評決ヲナスベキモノナレバ其發言ニ於テハ全ク自由ニシテ法律ノ爲メニ處分ヲ受ケシム可カラサルナリ、然レ𪜈其議員自ラ議場外ニ於テ其言論ヲ演舌刊行筆記又ハ其他ノ方法ヲ以テ公布シタルトキハ一般ノ法律ニ依テ處分セラレザルヲ得ス然ル所以ノ者ハ此場合ニハ其議員ハ人民ノ代議士タル資格ニアラズシテ我々ト同一ノ一個人タルノ資格ナレバナリ、本條ノ理由ハ茲ニ基ツクモノナリ普魯西國憲法第八十四條ニ「議員ハ院中ニ於テ發議シタル意見ノ爲メニ審糺セラル、コナシ」トアリ

第五十三條　兩議院ノ議員ハ現行犯罪又ハ内亂外患ニ關ル罪ヲ除ク外會期中其ノ院ノ許諾ナクシテ逮捕セラル、コトナシ

要領

本條ニハ兩議院ノ議員ハ現行犯罪又ハ内亂外患ニ關スル罪ヲ除クノ外ハ猥リニ其開期中ニ逮捕セラレザルノ權アル旨ヲ規定セリ

理由

若シ政府ニテ何カノ嫌疑アリ或ハ單ニ其人ヲ惡ムトキ議事ノ最中或ハ議院ニ參スル途中ニテ自由ニ議員ヲ逮捕スルトセンカ議會ハ誠ニ危險ナルモノニテ其權力ヤ微弱ナリト云フ可シ故ニ此權モ前條ノ發

言權ト同シク憲法ニ明示シテ議院ノ安全ヲ保ツ可キナリ然レ𪜈議員ニシテ現行犯ノトキ若クハ内亂外患ニ拘ハルトキノ如キハ固ヨリ此限リニ非サルモノニテ此等ノ件ニ限リ特別ニ制限ヲ立テ置クハ必要ニシテ已ムヲ得サルモノナリ伊太利國憲法第三十七條ニ議員タル者ハ現行罪犯ヲ除クノ外元老院ノ命令ニ由ルニ非レハ拿捕スルコヲ得ストアリ

第五十四條　國務大臣及政府委員ハ何時タリトモ各議院ニ出席シ及發言スルコトヲ得

要領

本條ノ國務大臣トハ從來俗ニ内閣諸大臣ト稱ヘ居リシコト同一ノ義ニシテ現時ノ各大臣ヲ總稱シタルモノナラン又タ政府ノ委員トハ議案ヲ調成シテ起草シタル所ノ政府ノ役人ナリトス而シテ本條ハ此大臣ト委員ハ議會ヘ出席シテ發言ヲ爲スノ權アルヲ規定セシナリ

理由

國務大臣及政府委員ヲシテ自由ニ議會ニ於テ發言ナサシムルノ權ヲ與ヘタル所以ノモノハ議會ヲシテ行政上ノ實務ヲ知ラシメテ議事ノ參考ニ爲サシムルノ利益アルノミナラス立法部ト行政部トノ間ヲ親密和調ナヲシムルノ利益アレバナリ

第四章　國務大臣及樞密顧問

立法部卽チ議會ノコハ前章ノ規定スル所ナリトス然ラハ此章ニ於テハ行政部ノコヲ規程スルハ普通ノ順序ナリ本條ニハ國務大臣及樞密顧問ノコヲ規定シアレ𪜈僅カニ二ケ條ノミアルヲ以テ何ニカ物ノ足ラヌ樣ニ思ハル殊ニ樞密顧問ノ官職ハ純粹ノ行政官トモ云フ可ラサルモノナルガ故ニ今此樞密顧問ヲ除クコトスレバ第五十五條ニ規定シアル所ノ國務大臣ノミ行政權ヲ有スルモノタルナリ斯ク論シ來レバ本章行政部ハ只第五十五條ノ一條アルノミナリ余輩ヤ學識ノ乏レ

キモノナリ乏シキガ故ニ此第四章ニ付テハ茫然トシテ攫雲捕風ノ思ヒナキニ非ス

第五十五條　國務各大臣ハ天皇ヲ輔弼シ其ノ責ニ任ス

凡テ法律勅令其ノ他國務ニ關ル詔勅ハ國務大臣ノ副署ヲ要ス

要領

本條ニハ國務各大臣ハ天皇ニ對シ行政上ノ責任ヲ負擔スル旨ヲ規定シタルナリ

理由

內閣總理大臣、大藏大臣、外務大臣、內務大臣其他ノ各大臣ヲ合シテ國務大臣ト云フハ前ニ述ヘ置キタル通リナリ而シテ此等國務大臣ハ君主ノ下ニ立テ君主ガ國家ニ對シテ爲セル百般ノ行爲ヲ輔弼スルモノナリ然レ𪜈大臣ハ其身ヲ以テ君主ノ臣僕ト看做サスシテ寧ロ身ヲ國家ニ任カシ法律ニ從テ國益ヲ計ラントスル獨立ノ政治家ト爲スベキナリ蓋シ責任ハ獨立ヨリ出ツルモノニシテ獨立ハ責任ヲ出タスノ基ナリ故ニ其身獨立セズ臣僕トナリ他人ノ指揮ヲ待テ行爲スル者ハ此行爲ノ責ニ任スベキ理由ナシトス之ニ由テ考フレハ大臣ハ君主ヲ輔弼スルモノナレ𪜈其身ハ獨立ノ政治家ナルヲ以テ其政務執行スルニ付テハ君主ニ對シ責任ヲ負ハザル可ラサルモノトス故ニ本條ニハ大臣ノ責任ヲ顯著ナラシメンガ爲メニ總テ法律勅令其他國務ニ預ル詔勅ハ國務大臣ノ副署ヲ要スト規定セシ所以ナリ

第五十六條　樞密顧問ハ樞密院官制ノ定ムル所ニ依リ天皇ノ諮詢ニ應ヘ重要ノ國務ヲ審議ス

要領

本條ニハ樞密顧問ハ天皇ノ諮詢ニ答ヘ重要ノ國務ヲ審議スルヲ以テ

其職務ト爲セシ旨ヲ規定セルナリ

理由

有名ナルスタイン氏云ヘルアリ曰ク「君主ハ公平ニ立法行政ノ官能ヲ主宰スル者トシテ兩者ノ上ニ立チ法律命令ニ収結ノ裁可ヲ下スベキ地位ニ在ル者ナリ而シテ之ヲ裁可スルニハ充分ノ思慮ヲ盡サヾルベカラズ事宜ニ依リテハ專門ノ人ニ就テ諮問スルノ必要アルノミナラズ常ニ其諮問ヲ受クルノ一官職ヲ設ケ置クヲ必要トス樞密院ハ實ニ其官職ナリ」ト余輩ハスタイン氏ノ言ヲ借リ來リテ樞密顧問ノ性質一班ヲ明ニシタリ之レニ由テ之ヲ觀レハ立法行政ノ區畫判然ト別レタル立憲君主國ノ政体ニ在テハ此ノ樞密院ハ甚ダ必要ナルノ一官職タルヲ知ルナリ

第五章　司法

古今各國ノ實例ニ依テ考察シ來レハ司法官タルモノハ常ニ行政官ノ

干渉ヲ蒙リ其權力ヲ恐レテ宛カモ土偶ノ如ク公平ノ眼ヲ以テ公平ニ事實ヲ審問觀察スル能ハズ公平ノ心ヲ以テ公平ニ法律ヲ適用判決スル能ハズ司法權ニ最モ必要トスル所ノ獨立ナルモノハ我人ヲシテ何レニ有ラシムル乎ノ歎ヲ起サシムルヲ免レザルナリ夫レ司法裁判ニシテ斯ノ如クンハ人民ノ不幸ハ果シテ如何ゾヤ是ヲ以テ近時ハ歐洲各國皆ナ司法權ノ獨立ナルベキヲ憲法ニ確定シテ行政官ノ干渉ヲ受ケサラシムルヲ勉メタリ我日本憲法ハ此第五章ニ司法權ノ獨立ナルヲ認メタリ而ソ本章ハ第五拾七條ヨリ第六十一條ニ至ル通計六章ヨリ成立セリ

第五十七條　司法權ハ天皇ノ名ニ於テ法律ニ依リ裁判所之ヲ行フ

裁判所ノ構成ハ法律ヲ以テ之ヲ定ム

要　領

本條ニハ司法權ハ天皇ノ名ト法律トノ二要素ニ據テ裁判所ニテ之ヲ實行スルヲ規定シ尙ホ裁判所ノ構成ハ別ニ法律ヲ以テ定ムル旨ヲ規定セリ

理由

司法權ハ獨立ノ者ナリ立法權之レニ干涉スルヲ得ス行政權之レニ干涉スルヲ得ス本條ニ天皇ノ名ト法律トノ二要素ヲ以テ裁判所之ヲ行フトアルハ其司法權ノ獨立ニシテ立法權ヤ行政權ノ干涉ヲ受ケサル所以ヲ明示シタルモノナリ尙ホ裁判所ノ構成ハ法律ヲ以テ之ヲ定ムトアルハ日本治罪法第二編ニ「刑事裁判所ノ構成及ヒ權限」トアリ其一例ナリトス

第五十八條　裁判官ハ法律ニ定メタル資格ヲ具フル者ヲ以テ之ニ任ス

裁判官ハ刑法ノ宣告又ハ懲戒ノ處分ニ據ルノ外其ノ

職ヲ免セラルヽコトナシ

懲戒ノ條規ハ法律ヲ以テ之ヲ定ム

要領

本條ニハ裁判官ニ任セラルヽニハ法律ニ定メタル所ノ資格ヲ要スルト並ニ裁判官ニ任セラレタルモノハ彼ノ行政官ノ如ク容易ニ其職ヲ免セラレザル旨ヲ規定セリ

理由

凡ソ事物ノ是非曲直ヲ判決スルニハ普通智識ノ能スル所ニ非ス法律專門ノ智識ヲ竢テ始メテ之ヲ判決シ得ラルヽナリ故ニ裁判官タルノ資格ハ法律ノ智識ヲ有スルモノヲ以テ之レニ任セラルヽ者トス是レ裁判官ニハ法律ニ定メタル資格ヲ備フルモノヲ以テ任命スルノ必要ナル所以ナリ、然リ而シテ尙ホ裁判官ハ其在職中ト雖モ公正ニシテ偏頗ノ處置ナク利欲或ハ威權恐迫等ニヨリテ誘惑セラレザルヲ要スルガ故ニ充分其地位ヲ鞏固ニシテ以テ司法權ノ獨立ヲ保維セサルヘカラス是レ本條ニ裁判官ハ刑法ノ宣告又ハ懲戒ノ處分ニ據ルノ外其職ヲ免セラルヽ事ナシト規定シタル所以ナリ、懲戒ノ條規ハ法律ヲ以テ之ヲ定ムト記シアルガイヘニ茲ニハ之ヲ略ス

第五十九條

裁判ノ對審判決ハ之ヲ公開ス但シ安寧秩序又ハ風俗ヲ害スルノ虞アルトキハ法律ニ依リ又ハ裁判所ノ決議ヲ以テ對審ノ公開ヲ停ムルコトヲ得

要領

本條ニハ裁判ハ公開スベキヲ正面ノ方法トナセ𪜈裏面ニ亦タ公開セサル場合アルベキヲ規定セリ

理由

吾人ノ最モ恐ル可キモノハ秘密世界ニ在ル哉殊トニ裁判ノ秘密ハ恐ルヽノ甚タシキモノナリ、權力、威赫、利慾、賄賂等ノ魔物ハ此ノ秘密世

界ノ間ニ功ヲ奏シテ爲メニ裁判ヲシテ不公平、不正當ノ對審判決ヲ爲サシムルニ至ル、司法權ノ獨立果シテ何處ニカ在ル是レ我憲法ニ裁判ノ對審判決ハ之ヲ公開スベキ旨ヲ規定シタル所以ナリ然レ𪜈公開裁判ヲ用ヰテ却テ社會ノ安寧秩序又ハ風俗ヲ害亂スルノ塲合ニ限リテ秘密裁判ヲ用ユルノ法ヲ規定スルモ又タ必要ナリトス蓋シ社會ハ活物ニシテ種々異樣ノ出來事ノ生スル有ルヲ以テ秘密裁判ヲ用ユルモ已ムヲ得サルノ次第ナリ左リナガラ若シ之ヲ裁判官一人ノ意見ニ放任シ置キタランニハ折角ノ公開裁判モ變シテ皆ナ秘密裁判トナラザルヲ得サルノ傾キナシトセズ故ニ尙ホ本條ノ末項ニ「法律ニ據リ又ハ裁判所ノ決議ヲ以テ對審ノ公開ヲ停ムル」事ヲ規定シタル所以ナリトス

第六十條　特別裁判所ノ管轄ニ屬スヘキモノハ別ニ法律ヲ以テ之ヲ定ム

要領

本條ノ特別裁判所トハ陸海軍裁判所ノ類ヲ云フナラン而メ本條ニハ此特別裁判所ノ管轄ハ別ニ他ノ法律ニテ之ヲ規定セル旨ヲ定メタリ

理由

夫レ特別裁判所モ又タ司法權ノ一種ナリトス然レハ此裁判所モ他ノ普通裁判所ト同一ニ裁判權ノ獨立ヲ保維セザルベカラサルハ勿論ノコトナリ是レ憲法ニ特別裁判所ノ條項ヲ掲ゲテ其獨立ヲ保維シ敢テ立法行政ノ干渉ヲ受ケサル旨ヲ規定シタル所以ナリ

第六十一條　行政官廳ノ違法處分ニ據リ權利ヲ傷害セラレタリトスルノ訴訟ニシテ別ニ法律ヲ以テ定メタル行政裁判所ノ裁判ニ屬スヘキモノハ司法裁判所ニ於テ受理スルノ限ニ在ラズ

要領

本條ニハ行政裁判所ノ裁判ニ屬スヘキ者ハ司法裁判所ニ於テ裁判セザル旨ヲ規定シタル所以ナリ

理由

司法裁判所ハ立法部ノ制定シタル法律ニ依テ犯罪ヲ證明シ刑ヲ適用スルノ場所ナレ𪜈行政裁判所ハ然ラス其行政官廳ガ命令、告達、强制、施行等ニ由テ人民ニ政治上ノ障害ヲ與ヘタル場合ニ之ヲ裁判スルヲ行政裁判ノ職務トス故ニ司法裁判ト行政裁判トハ其性格ニ異ナル所ノ者アリトス是本條ニ行政裁判所ノ裁判ニ屬スベキモノハ司法裁判所ハ之ヲ受理裁判セサルモノト規定シタル所以ナリ若シ此ノ行政上ノ出來事ヲシテ司法裁判所ノ判決ヲ仰クモノトスレバ猶ホ司法權ガ行政權ノ干渉ヲ受ケルト一般ニシテ行政權ガ司法權ノ爲メニ蹂躙セラレタルモノト云フベキナリ本條ノ理由ノアル所ハ之ニ外ナラズトス

第六章　會計

ワシントンノ語ニ「凡ソ國家ノ盛衰興亡ヲ來タス所以ノ者ハ重ニ租税徴収ノ如何ニ關セザルハナク、史ヲ讀ム者ハ深ク租税徴収ノ編ニ眼ヲ注ク可シ」ト蓋シ一國ノ平和ニ、富榮ニ、安全ニ治マリ上下各其處ヲ得テ自由幸福ヲ得ルニ至ル所以ノ者ハ政府全体ノ整頓、社會全体ノ進歩等ニ因ルハ勿論ナリト雖𪜈其殊ニ刺擊ト關係トヲ及ホスモノハ彼ノワシントンノ所謂租税徴収法ノ巧拙如何ニ由ラサルハナキナリ、是レ我憲法第六章ニ會計ノ部ヲ規程シテ國家ノ存立ヲ鞏固ナラシムル所以ノ者ナリ本章ハ第六十二條ニ起リテ第七十二條ニ至ル凡テ十一箇條ヲ以テ成立ス

第六十二條　新ニ租税ヲ課シ及税率ヲ變更スルハ法律ヲ以テ之ヲ定ムヘシ

但シ報償ニ屬スル行政上ノ手數料及其ノ他ノ收納金ハ前項ノ限ニ在ラズ

國債ヲ起シ及豫算ニ定メタルモノヲ除ク外國庫ノ負擔トナルヘキ契約ヲ爲スハ帝國議會ノ協贊ヲ經ヘシ

要領

本條ニハ三項アリ第一項ハ新稅等ヲ課スルニハ議會ノ議決セシ所ノ法律ヲ以テ之ヲ定ム可キ旨ヲ規シ第二項ハ行政上ニ屬スル手數料ノ如キ者ハ尤モ輕少ナルガイヘニ前項ノ限リニ非ル旨ヲ定メ第三項ハ國庫ノ負擔ト成ルヘキ契約ヲ結ブニハ議會ノ協贊ヲ經ベキ旨ヲ規定セリ

理由

新稅ヲ課シ及ヒ稅率ヲ變更スルハ國家ノ大事ナリ一タビ誤ラバ人民ヲ苦シマシムル果シテ如何ソヤ本條第一項ニ此等ノヿハ法律ヲ以テ之ヲ定ム可シト規定シタル所以ノ者ハ是立法部卽チ議會ノ權力ヲ重カラシメテ行政官ノ自由ニ之ヲ課シ之ヲ變更ナサシメザルニ在リ然レ𪜈

其第二項ニ「報償ニ属スル行政上ノ手數料ハ前項ノ限リニ非ス」ト定メタルハ畢竟此等ノ手數料ハ租税ト云フ性質ノ者ニテハナク殊トニ輕少ナル者ナルガ故ニ議會ヲ煩ハス程ノ價値モ非サルナリ是レ本項ハ前項ノ限ニ非ズト示セシ所以ナリ、第三項ニ「國債ヲ起シ及ヒ豫算ニ定メタルモノヲ除ク外國庫ノ負擔トナルベキ契約ヲ爲スハ帝國議會ノ協賛ヲ經ヘシ」トアリ此項ニテ研究スヘキモノハ國債ヲ起スハ帝國議會ノ協賛ヲ經ルヲ要セサルト豫算ニ定メタル者ヲ除ク外」トアル此二項ナリ此ヨリ國債ノヿヲ述ベントス、凡ソ一國内ニ於テ非常ノ事變起ルカ若クハ海外ニ事アル時ハ平常ノ租税ヲ以テ其經費ヲ支フルヿ能ハサルカイヘニ不得止國債ヲ起スヿ屢アリ國際公法ノ定ムル所ニ從ヘバ此場合ニハ各國ノ政府ハ其國制ノ如何ニヨラス政府自身ニ於テ國債ヲ起スヲ得ヘシト定メアリ一見シタル所ニ依レバ不都合ナルガ如シト雖𪜈深ク考フレバ此レモ又タ已ムヲ得ザルヿナリトス、尚ホ一言シ置クヘキコハ政府自身ガ自由ニ國債ヲ起ストテモ其國債ヲ起セシ後ニテ必ス議會ヘ其承諾ヲ求ムル者ナリトス第七十條ヲ參考スレハ明白ナリ、此ヨリ豫算ノコヲ述ヘントス此項ハ第六十四條ノ豫算外ノ支出ノ場合ヲ指シタル者ナルガイヘニ此第六十四條ヲ參考スレハ此レモ明白ナリ、而シテ本條ノ末項ハ固ヨリ尋常普通ノコナルヲ以テ此契約ヲナスニハ議會ノ協贊ヲ經ヘシトアルハ至當ノコナリ

第六十三條　現行ノ租稅ハ更ニ法律ヲ以テ之ヲ改メサル限ハ舊ニ依リ之ヲ徵收ス

要領

本條ニハ現行ノ租稅ハ法律ニテ改メサル迄ハ矢張リ舊ニ依リ之ヲ取リ立テル旨ヲ定メタリ

理由

前第六十二條ニ「新ニ租稅ヲ課シ稅率ヲ變更スルハ法律ヲ以テ之ヲ定

ム」トアリ本條ノ理由トスル所ノ者ヲ知ラントセハ此第六十二條ニ由テ意味ヲ咀嚼玩味スレハ明白ニ會得シ得ラルヽナリ故ニ本條ニハ多辨ヲ費サズ

第六十四條　國家ノ歳出歳入ハ毎年豫算ヲ以テ帝國議會ノ協賛ヲ經ヘシ

豫算ノ欵項ニ超過シ又ハ豫算ノ外ニ生シタル支出アルトキハ後日帝國議會ノ承諾ヲ求ムルヲ要ス

要領

本條第一項ニハ歳出入豫算ハ毎年帝國議會ノ協賛ヲ經ヘシト定メ其二項ハ豫算外ニ支出スル場合ニハ後日帝國議會ノ承諾ヲ求ム可キ旨ヲ規定セリ

理由

國家ノ歳出トハ官吏ノ給料諸官省ノ費用、軍艦ノ新造等ノ類ニ支出スルモノヲ云フ、歳入トハ地税、家屋税、酒税、菓子税等ノ類ヨリ収入スル者ヲ云フ、此ノ歳出歳入ハ實ニ國家ノ命脉ヲ保ツニ就テノ必要ナル者ナリ故ニ之ヲ正當ニ支出収入スレハ國家ハ平和安全ニシテ其變動アルヲ見サレﾄﾓ若シ之ヲ不正當ニ支出収入セン乎爲メニ非常ノ錯雜混亂ヲ國家ノ表面ニ顯出スルニ至ルベキナリ故ニ支出収入ノ愼シマザル可ラサル斯ノ如キモノアリ、是レ國家ノ歳出歳入ハ執政者一人ノ手ニ放任セズシテ帝國議會ノ協賛ヲ經テ以テ愼ミヲ加フル所以ナリトス而シテ本條ノ第二項ニ豫算ノ欵項ニ超過シ云々ト規定シアルハ行政上活物ヲ取リ扱フニハ已ムヲ得ザルノヿニシテ如何トモスベカラザルナリ併カシ此場合ニハ「後日帝國議會ノ承諾ヲ求ルヲ要ス」ト定メアルガ故ニ甚ダシキ弊害ハ無カルベキナリ、本法第六十二條第三項豫算ニ定メタル云々ノ所ヲ見合スヘシ

第六十五條　豫算ハ前ニ衆議院ニ提出スヘシ

要領

本條ニハ歳出歳入ノ豫算ハ前ニ衆議院ノ方ヘ差シ出ス可キ旨ヲ規定セリ

理由

議院法第十二章第五十三條ニ「豫算ヲ除ク外政府ノ議案ヲ付スルハ兩議院ノ内何レヲ先ニスルモ便宜ニ依ル」トアリ是レ本條ニ「豫算ハ前ニ衆議院ヘ提出スベシ」ト定メタルト共ニ參照スレバ其取扱ノ大概ヲ知リ得ラルベシ、然リ而メ豫算ノミニ限リテ前ニ衆議院ヘ提出スル所以ノ者ハ何ゾ蓋シ政治上ニテ人民ノ最モ適切ニ感スルモノハ租税ニシテ又タ上下兩院ニテ直接ニ人民ニ關係スルモノハ下院ナリ、元來上下兩院ノ關係ヲ云ハヽ土臺タル者ハ下院ニテ上院ハ之ヲ監督指導スル者タルナリ、是レ本條ニ歳出入ノ豫算ノミニ限リ前ニ衆議院ヘ提出シ衆議院ニテ之ヲ議決セシ後ニ貴族院ヘ廻ハシテ幾分カ衆議院ノ權力

ヲ重カラシムル所以ナリトス各國ノ例モ大略此ノ如キモノナリ

第六十六條　皇室經費ハ現在ノ定額ニ依リ毎年國庫ヨリ之ヲ支出シ將來增額ヲ要スル場合ヲ除ク外帝國議會ノ協賛ヲ要セズ

要領

本條ニハ皇室經費ハ現在ノ定規ニ據リテ國庫ヨリ年々之ヲ支出シテ其增額ヲ要スル場合ヲ除クノ外ハ議會ノ協賛ヲ要セザル旨ヲ規定セリ

理由

君主擅制ノ時代ニハ國家ノ財產ハ皆ナ君主ノ財產ナリト雖圧憲法既ニ立チ君主ト立法行政トヲ分離スルトキハ財產モ亦タ分離セザルヲ得ザルナリ是レ本條ニ皇室經費ハ不動体ノ性質ヲ有セシメテ變動常ナキ行政上ノ經費ト區別ヲ立テシ所以ナリ然レ圧皇室モ亦タ社會ノ

文化ニ伴フテ其內部ニ幾分ノ變動ナシトセズ此ノ場合ニハ從來ノ經費ノミニテハ不足ナルガイヘニ是非トモ增額ヲ要セザルヲ得ズ其增額ノ場合ニ限リテ帝國議會ノ協贊ヲ要スル所以ノ者ハ皇室ト雖モ猥リニ議會ヲ蹂躙セザルヲ規定セシ所以ナリトス

第六十七條　憲法上ノ大權ニ基ツケル既定ノ歲出及法律ノ結果ニ據リ又ハ法律上政府ノ義務ニ屬スル歲出ハ政府ノ同意ナクシテ帝國議會之ヲ廢除シ又ハ削減スルコトヲ得ズ

要領

本條ノ「憲法上ノ大權ニ基ケル規定ノ歲出」トハ前第六十六條皇室經費ノ類ヲ云フ又タ「法律上ノ結果ニ依リ」トハ第六十四條第二項ノ豫算ノ欵項ニ超過シ云々ノ場合ナリ、尚ホ本條ニ「法律上政府ノ義務ニ屬スル歲出」トアルハ普通國家ノ歲出ヲ汎稱シテ云ヘル語ナリ而シテ以上ノ三

項皆ナ政府ノ同意ヲ得ズンバ議會ハ之ヲ廢除又ハ削減スル能ハサル旨ヲ規定セルナリ

理由

本條ニ政府ノ同意ナクシテ帝國議會之ヲ廢除シ又ハ削減スルヿヲ得ズ」ト規定シアルガイヘニ或ハ行政府ノ權力强大ニシテ立法部ノ權力微弱ナルガ如クニ思ハルレドモ是レ至當ノヿト云フ可キナリ、若シ以上ノ三項ヲ議會猥リニ廢除シ又ハ削減スレハ忽チニ政務執行ニ支障ヲ生シテ如何トモナス場合ニ立チ至ルベシ是レ本條ニ政府ノ同意ヲ要スルヲ必要トセシ所以ナラン、殊トニ國務各大臣ハ本法第五十四條ニ依リ何時ニテモ議院ヘ出席シ及ヒ發言ヲ許シタルヲ以テ議會ヨリ國務大臣ニ向ヒ此ノ三項ニ付キ同意ヲ求ムルノ道モ之レアルカ故ニ實際ニハ却テ行政部ト立法部トノ間ヲ圓滑ナラシムルノ利益アルナリ

第六十八條　特別ノ須要ニ因リ政府ハ豫メ年限ヲ定メ繼續費トシテ帝國議會ノ協賛ヲ求ムルコトヲ得

要領

本條ニハ政府ガ繼續費ヲ設ケントスレバ議會ノ協賛ヲ得ラルヽ旨ヲ規定セリ

理由

官設ニテ疏水工事或ハ築港其他軍務上ニ於テ數艘ノ軍艦又ハ數箇ノ砲臺等ノ類ヲ設置センニ數年ヲ要シテ完了ヲ告クルモノハ政府ヨリ議會ニ向テ豫メ年限ヲ定メ繼續費トシテ其年限中ハ歲入ヲ要スル協賛ヲ求ムル事ヲ得ラル旨ヲ本條ニ規定シタル所以ノ者ハ是レ其事業ヲシテ中途ニ於テ廢滅セザランガ爲メナリ

第六十九條　避クヘカラサル豫算ノ不足ヲ補フ爲ニ又ハ豫算ノ外ニ生シタル必要ノ費用ニ充ツル爲ニ豫

備費ヲ設クヘシ

要領

本條ハ豫備費卽チ備ヘ付ケ金ナル者ヲ政府ハ設ケ置ク可キ旨ヲ規定セルナリ

理由

吾々ノ如キ鼠輩ト雖𪜈猶ホ豫備金ノ必要ヲ感ス況ンヤ仁王的ノ如キ大ナル政府ノ臺所ニ於テヲヤ本條豫備費ノ必要ナル偏ヘニ此ニ在ルナリ前第六十四條ヲ參照スヘシ

第七十條　公共ノ安全ヲ保持スル爲緊急ノ需用アル場合ニ於テ內外ノ情形ニ因リ政府ハ帝國議會ヲ召集スルコト能ハサルトキハ勅令ニ依リ財政上必要ノ處分ヲ爲スコトヲ得

前項ノ場合ニ於テハ次ノ會期ニ於テ帝國議會ニ提出

シ其ノ承諾ヲ求ムルヲ要ス

要領幷ニ理由

本條第一項第二項トモ本法第八條ト同一ノコニシテ其異ナル所アルヲ見ザルガイヘニ之ヲ略シテ述ベズ併シ玆ニ一言シ置ク可キコハ前第八條ハ天皇陛下ガ法律ニ代ル可キ勅令ヲ發シ玉フ權力アル場合ヲ規定シタルモノナレ𪜈本條ハ重モニ行政ノ取扱ヒ上ニ附テ規定シタルモノナリ他ハ略ス

第七十一條　帝國議會ニ於テ豫算ヲ議定セス又ハ豫算成立ニ至ヲザルトキハ政府ハ前年度ノ豫算ヲ施行スベシ

要領

本條ニハ議會ニテ豫算ヲ決定セザル場合ニハ政府ハ前年度ノ豫算ヲ施行スベキ權アル旨ヲ規定セリ

理由

國家若シ行政事務ヲ中止シテ施行セサランカ國家ハ此時滅亡ヲ告ゲタルモノト云フベキナリ凡ソ國家ナル者ハ立法行政等ノ機關ノ運轉シ在ルヲ以テ活動シツヽ行クモノナリ是レ本條ニ假令議會ニ於テ豫算ヲ決定セザルモ政府ハ前年度ノ豫算ヲ施行シテ行政機關ヲ運轉シ以テ國家ノ存立ヲ保持スル所以ナリ若シ之レニ反シテ議會ガ豫算ヲ決定セサルヲ以テ政府ハ財産収入ニ道ナシト云フテ行政機關ノ運轉ヲ中止スル等ノ事アレバ果シテ如何ゾヤ國家決シテ存立ヲ保ツベカラザルナリ是ヲ以テ余輩ハ本條ノ能ク國家ノ原理ニ合スルヲ知ル

第七十二條　國家ノ歳出歳入ノ決算ハ會計檢査院之ヲ檢査確定シ政府ハ其ノ檢査報告ト倶ニ之ヲ帝國議會ニ提出スヘシ

會計檢査院ノ組織及職權ハ法律ヲ以テ之ヲ定ム

要領

本條第一項ハ國家ノ歳入出ノ決算並ニ其檢査報告ト共ニ會計檢査院ヨリ議會ヘ差出ス可キ旨ヲ規定シ其二項ハ會計檢査院ノ組織及ヒ權限ハ法律ニテ之レヲ定ムト規定シタルナリ

理由

會計檢査院ハ會計官吏ノ曲直ヲ判シ理財ノ諸條目ヲ檢査シテ以テ官府理財上ノ監督ヲ爲サシメン爲メ特ニ設ケタルノ官廳トス、會計檢査院ノ權力ヤ大ナリト云フ可シ本條ニ歳出入ノ決算並ニ其檢査報告ハ會計檢査院ヨリ帝國議會ヘ提出セシムル所以ノ者ハ是レ會計檢査院ノ權力大ナルガイヘ其決算書報告書等ニ誤リ無キノ故ヲ以ナリ會計檢査院ノコハ他ニ法律アリ茲ニ之ヲ畧ス

第七章　補則

補則ニハ本憲法ニ改正等ノ必要アル場合ニハ如何スルカ並ニ之ニ關

係ヲ持ツ所ノ總テノ條規ヲ規定シタルモノニシテ殊ニ第七十三條ノ如キ最モ必要ナル條目ト云フヘキナリ本章ハ四箇條ヲ以テ成立ス

第七十三條　將來此ノ憲法ノ條項ヲ改正スルノ必要アルトキハ勅命ヲ以テ議案ヲ帝國議會ノ議ニ付スヘシ

此ノ場合ニ於テ両議院ハ各々其ノ總員三分ノ二以上出席スルニ非サレハ議事ヲ開クコトヲ得ズ出席議員三分ノ二以上ノ多數ヲ得ルニ非サレバ改正ノ議決ヲ爲スコトヲ得ス

要領

本條ニハ本憲法ノ改正ヲ爲ス場合ノ方法ヲ規定シタルモノナリ

理由

凡ソ何レノ國、何レノ憲法ト雖モ創設以來早晩改正ヲ要スルコアルハ勿論ナリ、サレバ之レガ改正ヲナスノ方法ヲ設ケ置クコハ尤モ必要ナルモノニシテ若シ之レ無クンバ實際ニ於テ不便少カラス是レ本條ノ最モ欠ク可ラサル所以ニシテ而ソ今本文ニ附テ之ヲ見レハ第一憲法改正案ヲ發スルノ場所、第二議事ヲ開クコ、第三改正ノ議決ヲ爲スコ、等ノ三項ニ區分セリ蓋シ憲法ナルモノハ普通法律ノ根本ニシテ其土臺トモナルベキモノナルガイヘニ若シ改正等ノコトヲ爲スニ當リテモ普通法律ノ改正抔ヨリハ一層鄭重ニ嚴格ニ其方法ヲ定メ置クハ勿論ノコナリ本條ニ憲法改正案ヲ發スルハ國家ノ元首ナル勅命ニ依ルコトナシ、其改正案ヲ議スルニモ總議員三分ノ二以上ノ出席ヲ要シ又之レヲ議決スルニモ出席議員三分ノ二以上ノ多數ヲ得ルヲ要スルトセリ是レ憲法改正ノ鄭重嚴格ナル所以ナリ

第七十四條　皇室典範ノ改正ハ帝國議會ノ議ヲ經ルヲ要セズ

皇室典範ヲ以テ此ノ憲法ノ條規ヲ變更スルヿヲ得ス

要領

本條ニハ皇室典範ト本憲法トノ關係ヲ規定セルモノナリ

理由

皇室典範ナル者ハ帝室一家ノ家事規則トモ云フ可キモノナルガイヘニ直接ニ立法行政ノ大政ニ關スル者ニハ非ス是レ本條ニ皇室典範ノ改正ハ帝國議會ノ議ヲ經ルヲ要セズト爲シ尚ホ皇室典範ヲ以テ此憲法ノ條規ヲ變スルヿヲ得サル旨ヲ規定セシ所以ナリトス

第七十五條　憲法及皇室典範ハ攝政ヲ置クノ間之ヲ變更スルコトヲ得ズ

要領

本條ニハ攝政ヲ置クノ間ハ憲法及ヒ皇室典範ヲ變更スル事ヲ得サル旨ヲ規定セリ

理由

夫レ憲法ハ國家ノ大權ヲ規定セル國家ノ大法律ニシテ皇室典範ハ帝室ノ大事ヲ規定セル帝室ノ大規則ナリ斯ル大法律大規則ヲ變更スルニ攝政ヲ置クノ時ニ之ヲ爲スハ實ニ謂レナキノコト云フ可キナリ殊トニ攝政ハ不得止ヨリシテ置クモノナレ𪜈古來各國ノ實跡ニ依レハ之レガ爲メニ往々國家ノ大事ヲ惹キ起セシコナシトセズ是レ本條ニ憲法及ヒ皇室典範ハ攝政ヲ置ク間之ヲ變更スルコヲ得サル旨ヲ規定セシ所以ナリ

第七十六條　法律規則命令又ハ何等ノ名稱ヲ用ヰタルニ拘ラス此ノ憲法ニ矛盾セサル現行ノ法令ハ總テ遵由ノ効力ヲ有ス

歳出上政府ノ義務ニ係ル現在ノ契約又ハ命令ハ總テ第六十七條ノ例ニ依ル

要領

本條ニハ現行ノ法令ト憲法トノ關係並ニ政府現在ノ契約又ハ命令等ニ關セル旨ヲ規定セリ

理由

本憲法第一條ヨリ叙シ去リ叙シ來リシガ漸クニ本條七十六條ヲ以テ完了ヲ告クルコトナレリ偖テ本條ハ別段困難ナル疑團トテハ無ク唯從來ヨリ施行セル法律規則等ニシテ此憲法ニ矛盾抵觸セザル限リハ其法律規則トシテ遵由シ行クノ效力アリト云フニ過キズ是レ普通ノ理由ニテ別ニ論ズベキ程ノコニアラス又タ本條ノ二項ニハ歳出上政府ノ義務ニ係ル現在ノ契約又ハ命令ハ總テ第六十七條ノ例ニ據ルト規定セリ故ニ第六十七條ヲ參照スレハ其理由モ明白ニ會得シ得ラルヽヲ以テ茲ニハ之ヲ略シテ述ベズ余輩ハ之レニテ日本憲法ニ對ヒ陳述セシ所ノ筆ヲ止メ大杯ヲ擧ケテ我國運ノ萬歳ヲ祝賀ス

議院法

帝國憲法第三章ニ帝國議會ノコトヲ規定シタレトモ、コレハ其大綱領、大總則トモ云フ可キモノナルガイヘニ、之レノミニテハ實地ニ應用シ能ハサルヘキナリ、是レ議院法ノ必要ナル所以ニシテ帝國議會ニ運動、活動功用等ノアラシムルハ、議院法ノ應用ヲ竢ツニ由ラサルハナキナリ、本法ハ十八章九十九條ヲ以テ成立セリ

第一章　帝國議會ノ召集成立及開會

帝國議會ハ如何ニシテ召集スルヤ如何ニシテ成立スルヤ如何ニシテ開會スルヤ是レ等ノ方法ヲ確定シ置クコトハ議會ニ於テ尤モ必要ナル條件ナリトス、本章ハ第一條ヨリ第六條ニ至ル、凡ヘテ六箇條ヲ以テ成立セリ

第一條　帝國議會召集ノ勅諭ハ集會ノ期日ヲ定メ少クトモ四十日前ニ之ヲ發布スヘシ

要領

本條ニハ帝國議會召集ニ關セル期日ノ條件ヲ規定セルモノナリ

理由

天皇陛下ハ憲法第七條ニ依リテ帝國議會卽チ貴族院、衆議院ヲ召集シ玉フ、而シテ其召集ノ勅諭ニハ其集會ノ期日ヲ定メ、期日ヨリ、少クトモ四十日前ニ發布シテ議會召集ノ手續ヲ終ヘ玉フコハ本條ニ規定セル所ナリ、本條ニ少シク論スベキ点ハ集會期日ヨリ少ナクモ四十日前ニ發布スベシ」ト云ヘル是ナリ、其期日ヲ定メザランヤ、實際ニ不都合ヲ生スルハ賛論ヲ竢タズシテ明白ナリ其期日ニシテ長カラシメンヤ、議員ノ心ナシテ怠惰、屈折倦厭ナラシムルノミナラズ、世間ニ種々ノ浮說ヲ生シテ混雜、騷擾ニ堪ヘサルモノアラントス又タ其ノ期日ヲシテ短キニ失セシメンヤ、議事ノ準備ニ充分ナラザルガイヘニ順序、ハ整ナハスシテ之レモ樣々ノ混雜ヲ生ズルナラントス、ユエニ期日ヲ定メサルモ不可ナリ、期日ヲ長カラシムルモ不可ナリ、期日ヲ短カキニ失セシムルモ又タ不可ナリ、本條ニ集會期日ノ四十日前ニ發布ストアルハ適當ノ期日ナリト云フ可キナリ

第二條　議員ハ召集ノ勅諭ニ指定シタル期日ニ於テ各議院ノ會堂ニ集會スベシ

要領

本條ニハ議員ガ各議院ノ會堂ニ集會スルノ條件ヲ規定セルナリ

理由

本條ハ其理由トシテ論ズル程ノ所ハ無ルベキナリ、既ニ議員ニ對シテ召集ノ勅諭アリ、其指定シタル期日ニ議員ガ各議院ノ會堂ニ集會ヲ爲スバ是レ議院法ニ於テ普通ノヿナリ故ニ本條ハ唯至當ナリト云フヨリ外ニ論スル所ハ無ルヘキナリ

第三條　衆議院ノ議長副議長ハ其ノ院ニ於テ各三名

ノ候補者ヲ選擧セシメ其ノ中ヨリ之ヲ勅任スヘシ
議長副議長ノ勅任セラルヽマデハ書記官長議長ノ職務ヲ行フヘシ

要領

本條第一項ニハ衆議院ノ議長ハ如何シテ之ヲ定ムルヤヲ規定シ第二項ニハ議長ノ未タ定マラザル時ハ如何スヘキ乎ノ條件ヲ規定セルナリ

理由

議會ナル者ハ公衆人民ヲ代表スルノ場所ナルガイヘニ可成的議會ノ自由ニ放任シテ他ヨリ干渉ヲ用ヒズ議會ノ役員タル議長并ニ書記等ハ議會自身ニ於テ之ヲ制定スルハ卽チ議院法普通ノ道理ナリト既ニ學者社會ノ一致スル説ナリ貴族院ハ兎モ角モ衆議院ハ是非トモ斯ク爲サヽルヘカラス故ニ獨乙憲法第二十七條ニ「下院ハ議長一名副議長

數名、及書記官數名ヲ撰擧ス」ト規定セリ、亞米利加合衆國憲法第一條第三節ニ「合衆國代議士院ハ議長及其他ノ役員ヲ選擧スルヲ得ベシ」トアリ共他各國モ皆然ラサルハナシ、然ルニ我國ノ議院法ニテハ他國ノ例ト相違スル所アルガ如シ、卽チ本條第一項ニ衆議院ノ議長副議長ハ其院ニ於テ各々三名ノ候補者ヲ選擧セシメ其中ヨリ勅任スベシ」トアリ然ラハ我國ノ議長ハ純粹ノ勅任トハ云フ可ラサル樣ナレ氏矢張リ勅任議長ト云ハサルベカラス、余輩ハ前ニ學者ノ論、並ニ各國ノ例證ヲ引キ來リテ論スル所ナ以テ考フレバ、我國ノ勅任議長ハ如何ナル理由ニ素因スル乎ヲ見ルニ苦シムナリ故ニ記シテ以テ讀者諸君ノ判斷ヲ煩ハサントス、本條第二項ニ「議長副議長ノ勅任セラルヽマテハ書記官長議長ノ職務ヲ行フベシ」トアリ、本項ハ別ニ論ズベキ程ニハ非ズ何トナレハ議會ノ權力ニ關係スルヿ少々ナレバナリ

第四條　各議院ハ抽籤法ニ依リ總議員ヲ數部ニ分割

シ毎部々長一名ヲ部員中ニ於テ互選スヘシ

要領

本條ニハ議員ヲ數部ニ分割シ並ニ部長ヲ互選スルノ條件ヲ規定セルナリ

理由

議事ヲシテ混雜ナラシメズシテ整頓ナラシメ、議事ヲシテ遲緩ナラシメズシテ敏捷ナラシムルハ、議會ノ最モ冀望スヘキノ要点ナリトス、本條ニ各議院ハ抽籤法ニ依リ總議員ヲ數部ニ分割シ毎部々長一名ヲ部員中ヨリ互撰スベシ」トアルハ深キ理由ノ在ルニ非スシテ前ニ記セル議事ノ整頓、敏捷ナルヲ冀望セル迄ノ理由ナルニ外ナザラルナリ

第五條　兩議院成立シタル後勅命ヲ以テ帝國議會開會ノ日ヲ定メ兩院議員ヲ貴族院ニ會合セシメ開院式ヲ行フベシ

要領

本條ハ帝國議會開會ノ期日幷ニ開會式ヲ行フノ條件ヲ規定セリ

理由

前第四條迄ノ規定スル所ハ畢竟各議員ガ會堂ニ聚集シタル迄ノコニシテ未タ國家公然ノ機關トナラズ則チ本條ヲ竢テ始テ國家公然ノ機關トナリシモノナリ本條ニ勅命ヲ以テ帝國議會開會ノ日ヲ定メ両院議員ヲ貴族院ニ會合セシメ開院式ヲ行フトアリ本條ノ理由トスル所ハ議會ヲシテ國家公然ノ機關トナリシコヲ外部ニ發表セシムルニ在リ而シテ本條ノ末項ニ両議員ヲ貴族院ニ會合セシメ貴族院ニ於テ開院式ヲ行フトアルモ理由トシテ論スル程ノコハ無カルベク、其議會ノ權力ニ關係ヲ及ホスノナカルベキヲ以テナリ英國普魯西國共ニ皆ナ上院即チ貴族院ニテ開院式ヲ行ヘリ

第六條　前條ノ場合ニ於テ貴族院議長ハ議長ノ職務

ヲ行フヘシ

要領

本條ニハ開院式ノ卝ニハ何人ヲ以テ議長トナサシム可キ乎チ規定セリ

理由

貴族院議長ヲ以テ開院式ノ卝ノ議長トスルハ本條ノ規定スル所ナリ其理由トスル所ノ者ハ畢竟貴族院ニテ開院式ヲ行フガイヘニ同院ノ議長ヲ以テ之レニ充ツルハ至當ノコナルヲ以テノ故ナリトス

第二章 議長書記官及經費

本章ハ第七條ヨリ第十八條ニ至ル通計十二箇條ヲ以テ成立ス而シテ本章ハ議長ノ總テニ關係スルコ、書記官ノ總テニ關係スルコ並ヒニ議會ノ經費ニ關スル等ノ條件ヲ規定シタルモノトス、本章ソ大体ニ就テハ別ニ評論スル程ノ所ハナカルベシ尚ホ逐條ニ於テ論スル所ノ者ア

ラントス

第七條　各議院ノ議長副議長ハ各々一員トス

要領

本條ニハ議長ノ員數ニ關スル條件ヲ規定セリ

理由

議會ニ議長ノ一員ナルハ普通ノヿニシテ論ズ迄モナシ、然レ𪜈副議長ハ國々ニ於テ異ナリ或ヒハ一名ヲ置クアリ二名ヲ置クアリ數名ヲ置クアリ我國ハ副議長モ議長ト同權ニ一名トセリ、副議長ノナキモ不都合ナレ𪜈數名ヲ置クモ不都合ナリ先ツ我國ノ一名位ハ適當ノ樣ニ思ハル殊ニ本法第十四條ニ假議長云々ノ規定アルヲ以テ實際ニハ毫モ差シ支ヘハナカルヘキナリ

第八條　衆議院ノ議長副議長ノ任期ハ議員ノ任期ニ依ル

要領

本條ニハ議長副議長ニ關セル條件ヲ規定セリ

理由

議長ヲシテ每年交換ナサシムレバ啻ニ其煩雜ナルノミナラズ、未タ議長ノ事務ヲ熟練セザルニ、任期ノ終ヲ告ゲ又タ次會ノ議長モ此ノ如キノ有樣ナルヲ以テ議會ヲ整理スル上ニ於テ甚タ不都合ナリト、ス本條ニ議長副議長ハ任期ハ議員ノ任期ニ同シトアルハ至當ノコニシテ申分ハナカルベキナリ

第九條　衆議院ノ議長副議長辭職又ハ其ノ他ノ事故ニ依リ闕位トナリタルトキハ繼任者ノ任期ハ仍前任者ノ任期ニ依ル

要領

本條ニハ議長副議長ノ繼任者ニ關スル條件ヲ規定セリ

理由

代理者ノ權限ハ本人ノ權限ニ越ユルヿ能ハズトハ代理法普通ノ原則トスル所ナリ議長副議長ノ繼任者ハ代理者ト云フニハ非レ𪜈本條ニ繼任者ノ任期ハ仍ホ前任者ノ任期ニ同シトアルハ則チ代理法ノ原則ヲ轉用シタル者トス

第十條　各議院ノ議長ハ其ノ議院ノ秩序ヲ保持シ議事ヲ整理シ院外ニ對シ議院ヲ代表ス

要領

本條ニハ議長ガ議會ノ内外ニ對スル權力如何ヲ規定セリ

理由

各議長ハ議場内ニ在テハ議院ノ秩序ヲ保持シ議事ヲ整理スルノ權力アリ議場外ニ在テハ議院ヲ代表スルノ權アリ是レ本條ノ規定セル所ニシテ至當ノヿナリ何トナレハ議會ヲ整理スルニ之ヲ行政官ノ手裏

ニ托ス可ラサルハ理ノ尤モ見易キ所ナリ、且ツ議會ハ議員ノ集合スル場所ナレ圧外部ニ對シテ議會自身ハ一体トナリテ運動セザル可ラス之ヲ運動スルニハ議會ヲ代表スル者ナカラサルベカラス議長コソ之ヲ代表スルニ適任ナリト云フ可キヨリ外ニ理由トテハ無カルベキニ非ズ乎

第十一條　議長ハ議會閉會ノ間ニ於テ仍其ノ議院ノ事務ヲ指揮ス

要　領

本條ニハ各議長ハ議會閉會ノ时ニ如何ナル權力ヲ有スル乎ヲ規定セリ

理　由

議會閉會ノ時ト雖圧種々樣々ノ事務ナシトセス例セバ議院法即チ本法第四條ノ如キハ既ニ論シタルガ如ク此ノ場合ニハ未タ議會公然開

會セリト云フ可ラズ閉會セルニ非ンバ則チ閉會ナリ、然ラハ此ノ閉會ノ時ニ際シテ右ノ第四條ノ事務ヲ執行セサルベカラス本條ニ「議長ハ議會閉會ノ間ニ仍ホ其議院ノ事務ヲ指揮ス」トアルハ是ナリ、其理由トスル所ノ如キ深キ意義アルニ非サルヲ以テ畧シテ述ヘズ

第十二條　議長ハ常任委員會及特別委員會ニ臨席シ發言スルコトヲ得但シ表決ノ數ニ預カラズ

要領

本條ニハ議長ガ各委員會ニ對セル關係ヲ規定セルナリ

理由

常任委員會及ヒ特別委員會ノ條件ハ本法第四章ニ規定セルヲ以テ茲ニ之ヲ論述セザルヘシ、要スルニ議長ガ常任委員會及ヒ特別委員會ヘ臨席シテ發言シ得ルノ權ハ議長ニ於テ普通有スル所ノ權ナリトス夫レ議長ナル者ハ外部ニ對シテ議會ヲ代表スルノ權アリ内部ニ在テハ議會ノ

首領トモ云フ可キモノナルカ故ニ其一部ナル委員會ヘ臨席シ發言シ得ルハ至當ノコトナリ、然リ臨席シ發言シ得ルハ本條ノ許ス所ナレトモ之ヲ議決ノ數ニ入ルヽハ本條ノ禁スル所ナリ然ル所以ノ者ハ假令ヒ委員會ハ一部ノ委員會ナリト雖モ亦タ一個ノ團体ナリ凡ソ團体ニ貴ブヘキ所ノ者ハ他ヨリ干渉ヲ受ケサルト他ノ權力ノ爲メニ犯サレザルトニ在リ、今議長ヲシテ委員會ヘ臨席シ發言シ得ル而耳ナラス其議決ノ數ニ入ルヽトセバ議長ハ宛モ團体ナル委員會ヘ干渉シテ其議ヲ左右スルノ嫌ヒナキニ非ス、此ノ如クンバ委員會ニ貴フ所ノ者ハ毫モ無キナリ是レ本條ニ議長ハ議決ノ數ニ入ルヽヲ禁セルノ理由ナリトス

第十三條　各議院ニ於テ議長故障アルトキハ副議長之ヲ代理ス

要領

本條ニハ副議長ガ代理ヲ爲スノ場合ヲ規定セリ

理由

如何ナル必要アリテ副議長ヲ設ケ置ク乎ト問フモノアレハ左ノ語ヲ以テ答辭ヲ爲サントス、曰ク議長ガ何ニカノ故障アリテ議長席ニ着ク能ハズンバ此場合ニ代理ヲ爲スモノナカラサル可ラス則チ副議長ヲ以テ之ヲ代理ナサレムルノ必要アルナリト本條ニ各議院ニ於テ議長故障アルトキハ副議長之ヲ代理スト規定セルハ右ノ理由ニ素因スル者トス

第十四條　各議院ニ於テ議長副議長倶ニ故障アルトキハ假議長ヲ選擧シ議長ノ職務ヲ行ハシムヘシ

要領

本條ニハ假議長ヲ要スル場合ヲ規定セリ

理由

本條ノ理由トスル所ノ者ハ前條ノ理由ト同一ニシテ相違スル所ヲ見

ザルガ故ニ畧シテ述ベズ其議假長ヲ選擧スルハ如何シテ爲ス可キ乎此レハ投票或ヒハ年長者ヲ以テ假議長トスル者ニシテ畢竟議會ノ便宜ニ任スル者ナラント承知シ居レバ可ナリトス

第十五條　各議院ノ議長副議長ハ任期滿限ニ達スルモ後任者ノ勅任セラルヽマデハ仍其ノ職務ヲ繼續スベシ

要領

本條ニハ議長副議長ノ任期滿限ニ達セルニ就テノ關係ヲ規定セルナリ

理由

議會ハ一日モ議長ノ欠員ヲ許サヽルナリトハ議院法普通ノ原則ナリ然ルル所以ノ者ハ開會ハ勿論閉會ノ場合ト雖モ議長及ビ其議院ノ事務ヲ指揮スル職務ヲ有スル者ナルガイヘニ開會閉會共ニ議長ハ一日モ

議會ニ欠員ヲ許ザヽルナリ本條ニ議長副議長ハ任期滿限ニ達スルモ後任者ノ勅任セラルヽマテハ仍ホ其ノ職務ヲ繼續スベシトアルハ右ノ原則ヲ適用シタルニ外ナラス

第十六條　各議院ニ書記官長一人書記官數人ヲ置ク

書記官長ハ勅任トシ書記官ハ奏任トス

要領

本條ニハ議會ノ役員タル書記官ノ員數並ヒニ其任官ニ關セル條件ヲ規定セルナリ

理由

議會ニハ文書其他ノ雜務ヲ提理スルノ役員ナカラサル可ラス各國ノ例ニ依レハ概子此ノ役員ハ各議長ノ撰任スルヲ通例トス是レ或ヒハ至當ノコナラン乎然ルニ本條ニハ各議院ノ書記官長ハ勅任トシ書記官ハ奏任トストアリ其理由ノ在ル所ハ知リ得ストト雖圧亦タ深キ理由

ノ在ル可キニ非ス唯其議會ヲ整理スルニ便理ナルヲ以テノ故ナラン歟尚ホ本條ノ疑問ニ附テハ前第三條ヲ講ゼシ場合ニモ詳論シ置キシヲ以テ讀者諸君ハ同條ヲ參照シ賜フベキナリ

第十七條　書記官長ハ議長ノ指揮ニ依リ書記官ノ事務ヲ提理シ公文ニ署名ス

書記官ハ議事錄及其ノ他ノ文書案ヲ作リ事務ヲ掌理ス

書記官ノ外他ノ必要ナル職員ハ書記官長之ヲ任ズ

要領

本條第一項ニハ書記官長ト議長及ビ書記官トノ關係第二項ニハ書記官ノ提掌スル事務ハ如何ナルヤヲ規定シ尚ホ第三項ニハ書記官長ガ命ズル所ノ職員ニ關スル所ノ條件ヲ規定セリ

理由

議會ニ書記官長ト書記官トノ二類アリ此ノ二官ハ勅奏ノ資格ヲ有スルナリト雖𪜈議會ノ首領タルヘキ議長ニ對シテハ其指揮ヲ仰ガザルヘカラス、左リナガラ書記官長ハ議長ノ指揮ヲ受クルハ勿論ナルモ其書記官ニ對シテハ監督タルヘキノ資格ヲ有スルヲ以テ其公事ニ關スル文書ニ署名スルハ至當ノコタルヘキナリ、是レ本條ノ一項ニ規定シタル所ニシテ其第二項ニハ書記官ノ提掌スル所ノ事務ヲ規定セリ是レ甚タ必用ノコニシテ議院法ニ確定シ置カザル可ラザルモノナリ、而シテ本條第三項ニ書記官ノ外他ノ必要ナル職員ハ書記官長之ヲ命スト規定セリ余輩ハ常ニ議會ノ役員タル所書記官ノ勅奏官タルハ何ニガ故ナル乎ヲ怪シム者ナルハ畢竟行政部ノ權力ノ大ナルヲ恐ルレハナリ果シテ本條第三項ニ書記官長ノ議會ニ對スルノ權力ノ大ナル條件ヲ發表セリ余輩豈ニ怪シマザルヲ得ン乎然ル所以ノ者ハ前ヨリ段々ト論セシ如ク凡ソ議會ナル者ハ人民ノ代表ヲ爲ス場所ナルニモ拘ハラス其役員タル所ノ書記ヲ勅奏ノ官吏トスレハナリ殊ニ本條ノ如キハ書記官長ニ過大ノ權力ヲ與ヘタルニ非ヤ是レ併シナガラ議會ノ便益便利ヲ主トシ設ケタルノ條項ナルモ余輩ハ將來ニ向テ斯ル、議場内ノ役員卽チ書記役ハ各議長ノ撰任タルベキヲ冀望セザルヲ得ザルナリ

第十八條　兩議院ノ經費ハ國庫ヨリ之ヲ支出ス

要領

本條ニハ議會ノ經費ニ關スル條件ヲ規定セリ

理由

國家ハ帝國議會ノ運動ニヨリテ活動シツヽ行クモノナリト定マリシ以上ハ國家ハ帝國議會ノ爲メニ充分ノ義務ヲ盡サヾル可ラザルハ固ヨリ至當ノコト云フ可キナリ然ラハ本條ニ兩議院ノ經費ハ國府ヨリ之ヲ支出ストアルモ前ニ論セシ所ニ依テ考フレハ其理由ノ在ル所ヲ

見ルニ苦シマサルナリ則チ両議院ハ國家ノ為メニ運動スル者ナルガイヘニ、國家ハ其報酬トシテ之レニ相當ノ經費ヲ支出スルハ當然ノコト云フベシ是レ本條議會ノ經費ハ國庫ヨリ支出スト云フ所以ノ意ナルヘキナリ

第三章　議長副議長及議員歳費

此ノ第三章ハ議長副議長及ヒ議員ノ歳費ニ關スル條目ニシテ僅カニ一ケ條ヲ以テ成立スル者ナレモ隨分世間憲法學者ノ筆頭ニ掛ルノ問題ナリトス故ニ余輩ハ本條ニ於テ評論スル所ノ者アラントス

第十九條　各議院ノ議長ハ歳費トシテ四千圓副議長ハ二千圓貴族院ノ被選及勅任議員及衆議院ノ議員ハ八百圓ヲ受ケ別ニ定ムル所ノ規則ニ從ヒ旅費ヲ受ク

但シ召集ニ應ゼザル者ハ歳費ヲ受クルコトヲ得ズ

議長副議長及議員ハ歳費ヲ辭スルコトヲ得ズ

官吏ニシテ議員タル者ハ歳費ヲ受クルコトヲ得ズ第二十五條ノ場合ニ於テハ第一項歳費ノ外議院ノ定ムル所ニ依リ一日五圓ヨリ多カラザル手當ヲ受ク

要領

本條第一項第二項ニハ議長副議長及ヒ議員等ノ歳費並ヒニ旅費ニ關スル條件ヲ規定セリ、第三項ニハ官吏ニシテ議員タル者ハ歳費ハ如何スル乎其第四項ニハ本法第二十五條ノ場合ニ關スル手當云々ノ次第ヲ規定セリ

理由

議員ニ俸給ヲ與フルヲ正當トスル乎將タ與ヘザルヲ以テ當然ナリトスル乎是レ本條ニ於テ決論スベキノ主点ナリトス、或ヒハ曰ク代議士ナル者ハ國家ニ對スルノ義務ニシテ自身ハ勿論ノ一國ノ名譽役ナリ、故ニ代議士タル者ハ俸給ナドニ心ヲ動カス者ニ非ス又タ少シモ利

己ノ念ナキ者ナレバ敢テ俸給ヲ與ヘズシテ可ナリ議員ハ宜シク自分ニテ費用ヲ辨ズ可シト成ル程ド此ノ論ヤ一理ナキニ非ス既ニ英國ノ如キハ此ノ制ニテ議員ニ俸給ヲ與ヘズ且ツ普魯西國ノ如キモ旅費日當ヲ給スルニ止マリテ俸給ヲ與ヘザルナリ然レ𪜈余輩ハ此ノ說ヲ不當トスル者ナリ何トナレハ以上ノ論ノ如キハ空々裏ニ存スル宗敎的ヨリ來タル論ニシテ經濟學ノ大原則ニ適セザレバナリ「凡ソ勤勞ニ報酬アリ」トハ經濟學ノ原則ニ非ス乎今代議士ハ一家ノ生計ヲ立ツ可キ勞働アルニ係ハラズ貴重ノ時間ト力ヲ費消シテ國家ノ政治ヲ議スルノ事務ニ從事ス豈ニ之レガ報酬ナクシテ可ナランヤ左リナガラ議員ヲ以テ俸給ヲ得ルノ職業トスルガ如キハ因ヨリ不可ナリト雖𪜈唯勤勞ニ對スル相當ノ俸給ハ與ヘザルベカラズ故ニ余輩ハ本法第一項ニ議長副議長及ヒ議員ニ歲費卽チ俸給ヲ與フルノ條件ヲ規定シタルハ議員ニ適當ノ俸給ニシテ至當ノ制ナリト云ハントス其第二項ニ歲

費ヲ辭スルヿヲ得ズト規定シタルハ其歳費ヲシテ俸給タルノ性質ヲ顯ハシタル所以ナリトス之ヲ辭スルヿヲ得ルトセバ是レ宗敎ノ恩惠的ヨリ出ヅルモノニシテ俸給トハ云フヲ得ザルナリ又タ本條ノ第三項ニ官吏ニシテ議員タル者ハ云々トアルハ一人ニ對シテ二人分ノ俸給ヲ與ヘザルト云フ經濟ノ原則ヲ適用シタル者ナルベシ其第三項ハ議員ニ手當ヲ與フルト云フノ意ナルガイヘニ其理由トシテ論スル所ノ如キハ本條第一項俸給云々ノヿト同一理由ナルヲ以テ玆ニハ喋々ト贅辨ヲ費サヾルナリ、何ニハ兎モ角モ本條ハ正當適切ノ箇條ナリト云フヲ得ベキナリ

第四章　委員

本章ハ第二十條ヨリ第二十五條ニ至ル通計六箇條ヲ以テ成立セリ偖テ此章ハ委員ノヿヲ規定セリ而シテ此委員ノ必要ト云フ可キ次第ハ前第四條ト同一ノ理由ニシテ畢竟議事ヲ整頓ニ敏捷ニ都合ヨカラシ

メン爲ナルニ過キス

第二十條　各議院ノ委員ハ全院委員常任委員及特別委員ノ三類トス

全院委員ハ議院ノ全員ヲ以テ委員ト爲スモノトス

常任委員ハ事務ノ必要ニ依リ之ヲ數科ニ分割シ負擔ノ事件ヲ審査スル爲ニ各部ニ於テ同數ノ委員ヲ總議員中ヨリ選擧シ一會期中其ノ任ニ在ルモノトス

特別委員ハ一事件ヲ審査スル爲ニ議院ノ選擧ヲ以テ特ニ付託ヲ受クルモノトス

要領

本條第一項ニハ議會委員ノ種數ヲ規定シ其二項ニハ全院委員、第三項ニハ常任委員、其第四項ニハ特別委員ニ關セル條件ヲ規定セリ

理由

全院委員、常任委員、特別委員ノ三者ハ委員ノ種類ニシテ其之ヲ三種ニ別ツ所以ノ必要ハ夫々理由ノ在ル可キ次第ニテ本條第二項第三項第四項ニ其性質ヲ規定セリ、第二項ニ全院委員ハ議員ノ全員ヲ以テ委員ト爲スモノトスト定メタルヲ以テ考フレハ此委員ハ或ル事件ニシテ通常議會ヘ付シテ議ス可カラサル類ノ議案ヲ議セシムルモノニシテ其性質トスル所ノ者ハ公然ノ議事ト云フ可ラサルモノナリ、其三項ノ常任委員ニ在テハ第四條ニ規定シタル所ノ各部議員ヨリ選擧セラレタル者ニシテ其掌ドル所ノ職務ハ常ニ議會ニ在ル所ノ或ハ會計ニ關スルヿ或ハ法律ニ關スルヿ又タ或ハ徵兵令ニ關スル等ノヿヲ分擔シテ審査ナサシメンガ爲メニ之ヲ常任委員トシテ常ニ設ケ置クモノトス、又タ本條ノ末項ニ掲ゲアル所ノ特別委員ハ常ニ設ケ置クベキモノニ非ズシテ臨時ニ必要ノ事件ヲ生ジテ之ナ審査セザル可ラサルノ場合ニ議院ノ選擧ヲ以テ特ニ此ノ事件ヲ付託シテ審査ナサシムルモノ

トス、而シテ斯ク本條ニ三種ノ委員ヲ必要トシテ設ケ置クノ理由ハ前ニモ論セシ通リ、議事ノ便利便益ヲ計リタルニ外ナラス

第二十一條　全院委員長ハ一會期ゴトニ開會ノ始ニ於テ之ヲ選擧ス

常任委員長及特別委員長ハ各委員會ニ於テ之ヲ互選ス

要領

本條ノ一項二項トモニ各委員長ノ如何シテ之ヲ選擧スベキ乎ヲ規定セリ

理由

茲ニ一ノ團体アレバ之ヲ整理シ之ヲ保持シ之ヲ運轉セシムル所ノ機關無カルベカラス議會ニ在テハ議長ハ之レガ機關タルベキナリ、而シテ本條ニ各委員會ニ委員長ヲ設クルヲ規定シタルハ取リモ直サス

議會ニ議長ヲ要スルト同一理由ナリ、第一項ノ全院委員長ハ全院ノ總ヘテニ就テノ委員長ナルヲ以テ之ヲ全議員ノ中ヨリ選擧スルハ至當ノコナリ、第二項ノ常任委員長及ビ特別委員長ハ各委員會ニ於テ之ヲ互撰ストアルモ又タ至當ノコナリ何トナレハ常任委員會及ヒ特別委員會ハ是レ一部ノ團体ナルガイヘニ他ヨリ干渉或ハ犯スベカラサルヲ以テ則委員會自身ニ於テ之レガ委員長ヲ互選スト規定シタル所以ナリ

第二十二條　全院委員會ハ議員三分ノ一以上任常委員會及特別委員會ハ其ノ委員半數以上出席スルニ非ザレバ議事ヲ開キ議決ヲ爲スコトヲ得ズ

要領

本條ニハ各委員會ノ議事及ヒ議決ニ關スル條件ヲ規定セリ

理由

本條全院委員會ニ於テハ議院三分ノ一以上ノ出席ヲ要スル其理由トスル所ハ帝國憲法第四十六條ニ兩議院ハ各々其總議員三分ノ一以上出席スルニ非サレハ議事ヲ開キ議決ヲ爲ヲ得スト規定シタルト同一理由ナルガイヘニ之ヲ畧ス而シテ常任委員會及ヒ特別委員會ハ半數以上ノ出席ヲ要スルノ理由トスル所ハ此ノ委員會ハ前ノ全院委員トハ人員ノ少ナキト並ヒニ其審査スル所ノ事件タル緊要切實ニシテ係ル所ノ者重大ナルヲ以テノ故ニ之ヲ半數以上ノ出席ヲ要スト規定シタル所以ナリトス

第二十三條　常任委員會及特別委員會ハ議員ノ外傍聽ヲ禁ズ但シ委員會ノ決議ニ由リ議員ノ傍聽ヲ禁ズルコトヲ得

要　領

本條ニハ常任委員會及ヒ特別委員會ノ傍聽ニ關スル條件ヲ規定セリ

理由

議會ハ公開スヘシ傍聽ヲ許スベシトハ普通ノ原則ナレ𪜈本條ノ如キニ在テハ畢竟一部ノ團体ガ一事件ヲ審査スル爲メニ議事ヲ開ク迄ノコナルガイヘニ普通ノ原則ヲ適用シテ之ヲ公開スベシ之ヲ傍聽ヲ許スベシトハ云ハレザルナリ啻ニ之ヲ公衆ニ傍聽ヲ許サヽルノミナラス或ル場合ニハ議員ニモ傍聽ヲ許サヽル旨ヲ規定セリ餘リ酷ナルガ如クニ思ハルレ𪜈實地委員會ニ於テ審査スル場合ニハ議員ト雖𪜈之ヲ傍聽スルコアレハ或ヒハ不都合ノコナシトセス例セバ其議事ガ議員ノ身上ニ關スル件ノ如キ是ナリ

第二十四條　各委員長ハ委員會ノ經過及結果ヲ議員ニ報告スベシ

要領

本條ニハ委員會ノ經過及ヒ結果ハ如何ニスベキ乎ヲ規定セリ

理由

議會ハ其全体ナレ𪜈委員會ハ其一部分ナルヲ以テ一部分ノ委員會ガ審查セシ所ノ議事ノ經過幷ニ議決ノ結果ヲ全体ナル議會ニ對シテ報告スルハ固ヨリ至當ノコタルヘキナリ何トナレハ議會委員會其名ヲ異ニシ其部分ニ大小ノ區別アレ𪜈共ニ議會タルノ性質ニ於テハ相違スル所ノ者ナケレバナリ

第二十五條　各議院ハ政府ノ要求ニ依リ又ハ其ノ同意ヲ經テ議會閉會ノ間委員ヲシテ議案ノ審查ヲ繼續セシムルコトヲ得

要領

本條ニハ議會閉會ノ間ニ議案審查ノ繼續ヲナサシムルノ條件ヲ規定セリ

理由

前第十一條ニ「議長ハ議會閉會ノ間ニ於テ仍ホ其議院ノ事務ヲ指揮スト規定セルハ本條ノ如キ場合アルヲ以テナリ蓋シ社會ハ活物ニシテ變動常ナキ者ナレバ其豫定セシ所ノ事件ノ如キモ思ノ外ニ困難錯雜重大ニシテ期日内ニ議決シ畢ハラザルヿナシトセズ此ノ場合ニハ議會ヲ延長スルノ方法モアレドモ本條ノ如キハ之レト同一ノ趣旨ナレド其異ナル所ノ者ハ委員ガ審査スルニ付テノ事件ニ在リトス彼レハ議會全体ニ關スレドモ此レハ議會一部分ノ委員ガ閉會ノ時ニ之ヲ繼續スルニ在リトス繼續延會共モニ皆ナ止ムヲ得サルノヿニシテ唯々變動常ナキ社會ノ狀勢ニ應スル者トス本條ニ各議院ハ政府ノ要求ニ依リ又タハ其同意ヲ經テ議會閉會ノ間委員ヲシテ議案ノ審査ヲ繼續セシムルヿヲ得ルト規定セルハ實際ニ於テ無カルベカラザルノヿナルガ故ニ甚タ必要ナル條件ナリト云フヲ得ヘキナリ

第五章　會議

議院開會式既ニ畢リテ後ニ會議ニ取リ掛ルハ其順序ナリトス、本章ハ其會議ニ關セル總ベテノコヲ規定セルモノナリ是レ實地ニ於テハ甚タ必要ナル條章ナリトス、凡ソ物ノ錯雜事ノ混亂ヲ來タス所ノ者ハ多クハ鎖細ナル條目ノ確定セザルヨリ其重大ナル其肯綮ナル其適切ナル所ノ大ナル部分ヲ打チ忘レテ兎角其鎖細ナル所ニ目ヲ附ケテ爭フガイヘニ錯雜混乱ヲ生シテ收拾スベカラサルニ至ル在リ本章ノ如キハ茲ヽニ慮ハカル所アルヲ以テ議事ニ關セル實地ニ必要ナル所ノ條件ヲ確定シテ、イザ會議ト云フ場合ニ至ルモ錯雜混亂ノ生セサル樣ニ明白ニ之ヲ規定セルモノナリト云フヘキナリ斯ク論シ來レハ會議法ノ實地ニ必要ナル何ゾ亦タ喋々ノ辨ヲ用ユルヲ要センヤ

第二十六條　各議院ノ議長ハ議事日程ヲ定メテ之ヲ議院ニ報告ス

議事日程ハ政府ヨリ提出シタル議案ヲ先ニスベシ但

他ノ議事緊急ノ場合ニ於テ政府ノ同意ヲ得タルトキハ此ノ限ニ在ラス

要領

本條第一項ニハ議事日程卽チ議事ノ日取リ順序ニ關スル次第並ヒニ第二項ニハ前項ノ順序ヲ變更シ得ラルヽ條件ヲ規定セリ

理由

議長ハ議會ノ首領ナリ議長ハ議會ノ總理ナリ故ニ議事ノ日取リ順序ヲ定ムルハ議長ノ權內ニ屬スルハ至當ノコニシテ亦タ之ヲ定メシ以上ハ議院全休ニ對シテ報告スルガ如キモ議長ノ爲サヾル可ラサル職權ナリトス是レ本條第一項ニ規定セル所以ナリ、而シテ第二項議事日程ハ政府ヨリ提出シタル議案ヲ先ニスヘシト定メタルハ議長ノ權力ヲ幾分カ制限シタル者ナレ𪜈或ヒハ是レ至當ノコナランヵ夫レ議案ニ二種類アリ一ハ政府ノ起草ニ係ルモノ他ハ議會ノ起草ニ係ヽルモノ是ナリ此ノ二種類共モニ何レモ必要ナル議案ニハ相違無カルベキモ深カク實地ニ立チ入リテ考フレハ政府ノ起草ニ係ハル議案ヲ以テ議會ノ起草ニ係ハル議案ヨリ至急ヲ要スル必要ヲ感スル議案ナリト思ハルヽナリ是レ本項ニ規定シタル所以ニシテ幾分カ議長ヲ制限シタル者ナレドモ本項ノ末段ニ又タ之ヲ變更シ得ラルヽ場合ヲ規定セリ蓋シ政府ノ議案ハ先キニスベシ至急ヲ要スルナリトハ本條ノ原則トスル所ノ者ナレドモ或ハ政府ノ議案ヨリ議會ノ議案ノ方ガ至急ヲ要スルノコトナシトセス是レ活動社會ノ常態ニシテ實地ニ於テ必ラス在ル可キノコトナリトス故ニ此ノ場合ニハ政府ノ同意ヲ經テ之ヲ先キニ議スルコトト規定シタルハ至當ノコタルヘキナリ

第二十七條　法律ノ議案ハ三讀會ヲ經テ之ヲ議決スベシ但シ政府ノ要求若ハ議員十八以上ノ要求ニ由リ議院ニ於テ出席議員三分ノ二以上ノ多數ヲ以テ可決

百二十八

シタルトキハ三讀會ノ順序ヲ省略スルコトヲ得

要領

本條ニハ議事ノ回數ニ關スル次第ト又タ之ヲ變更スルノ便方アル次第トヲ規定セルナリ

理由

法律ノ議案ハ三讀會ノ回數ヲ經テ議決ヲ完了スルト定ムルハ是レ議決ヲ鄭重ニシテ輕卒ナラシメザルト議事ヲ整齊ニシテ騷擾ナラシメザルトニ在リ、若シ夫レ會議ヲシテ一讀會ニ止マラシムレハ議決豈ニ輕卒ナラサルヲ得ンヤ且ツ困難ナル議案ニ在テハ議事、豈ニ騷擾セサルヲ得ンヤ是レ本條ニ議案ノ議決ニ至ル迄ヲ三讀會トセシ所以ノ理由ナリトス左リナカラ種々樣々ノ議案ノ中ニモ輕易ニシテ困難ナラザルノ議案ナシトセス、斯ル議案ニモ尚ホ三讀會ヲ要スルトセバ是レ無用ノ所ニ手數ヲ入ルヽト云フヘキナリ故ニ左ノ場合ニハ政府ノ要求若クハ議員十八以上ノ要求ニ由リ議院ニ於テ出席議員三分ノ二以上ノ多數ヲ以テ可決シタルトキハ三讀會ノ順序ヲ省畧スルヿヲ得ルト本條末段ニ便方ヲ適用シタルハ至當ノヿタルベキナリ

第二十八條　政府ヨリ提出シタル議案ハ委員ノ審査ヲ經ズシテ之ヲ議決スルコトヲ得ズ但シ緊急ノ場合ニ於テ政府ノ要求ニ由ルモノハ此ノ限ニ在ラズ

要領

本條ニハ政府ヨリ提出セル議案ヲ議スルニ關スル條件ヲ規セルナリ

理由

議會ニ於テ起草セル所ノ議案ハ議會自身ニ其事實ヲ承知シ居ルヲ以テ敢テ亦タ之ヲ委員ニ付シ審査スルノ必要ハ無カルベシト雖ドモ獨リ政府ヨリ提出セル所ノ議案ニ至テハ政府自身ハ其事實ヲ承知シ居ルモ議會ハ其事實ヲ知ラザルナリ、事實ヲ知ラスシテ之ヲ議スルハ或ヒハ實地ニ適セスシテ爲メニ行政部ヲシテ困難ナラシムル而耳ナラス議會ト行政部トノ間ニ軋轢ヲ生シテ解クベカラサルノ騷擾ヲ來タス所ノ者アラントスルナリ是レ本條ニ政府ヨリ提出セル議案ハ委員ノ審査ヲ經ズシテ之チ議決スルヿヲ得スト定メタル所以ナリ、左リナカラ至急迅速ヲ要スルノ議案ハ之ヲ委員ニ付シテ稍々緩々ト審査セシム可ラザルガイヘニ政府ヨリ之ヲ要求セバ委員ニ附セズシテ直チニ議會ニ附シテ議セシムルノ便方ヲ設ケ置カザル可ラザルナリ是レ本條ノ末段ニ規定スルノ條件アル所以ナリトス

第二十九條　凡テ議案ヲ發議シ及議員ノ會議ニ於テ議案ニ對シ修正ノ動議ヲ發スルモノハ二十人以上ノ贊成アルニ非ザレバ議題ト爲スコトヲ得ズ

要領

本條ニハ議案ノ發議幷ヒニ修正ノ動議ニ關スル條件ヲ規定セル者ナ

リ

理由

夫レ議院ノ會議場ニ於テ議案ヲ發議スルト又ハ議案ニ對シ修正ノ動議ヲ發スルトハ實ニ議場ノ重大事件ナリトス、其影響ヲ受クモノハ行政部ノミナラス人民ノ頭上ニ關スレハナリ殊ト議會ニ於テノ弊トスル所ノ者ハ熟慮ノ考ヲ爲サスシテ忽突ノ間ニ何レヘカ是非ノ判斷ヲ爲ザヾル可カラザルカイヘニ或ヒハ其判斷ニ誤謬ナシトセズ是レヲ以テ議案ヲ發議シ幷ニ修正ノ動議ヲ爲スニ付テハ最モ鄭重ニシテ此ノ誤謬ニ陷ユルノ弊ヲ防ガザル可ラス是レ本條ニ右ノ發議及ヒ動議ハ二十八以上ノ贊成アルニ非ザレハ議題ト爲スヿヲ得スト規定シタル所以ニシテ至當ノ條件ナリト云フヘキナリ

第三十條　政府ハ何時タリトモ既ニ提出シタル議案ヲ修正シ又ハ撤回スルコトヲ得

要領

本條ニハ政府自身ニ於テ其議案ヲ修正又ハ撤回スルニ付テノ次第ヲ規定セリ

理由

本條ニ規定シタル所ノ者ハ隨分政府ニ我儘勝手ヲ許シタルガ如キノ思ヒナキニ非サレ𪜈決シテ左ニ非サルナリ何トナレバ議會ニ於テ其議案ヲ議決シ了レハ夫レコソ其議決ハ神聖ニシテ犯スベカラス政府ト雖𪜈如何トモ爲ス可カラザルナレ𪜈未ダ議決シ了ハラザル前ニ在テハ之ヲ修正スルモ之ヲ撤回スルモ政府ノ自由ニ放任シ置クコハ正當ノコナレバナリ然ルニ政府ガ一タビ議案ヲ議會ヘ提出スレバ確定ナリトシ跡ヨリ之ヲ修正シ之ヲ撤回スルコヲ許サストセバ假令ヒ政府ハ既ニ提出セル議案ニ對シテ非ヲ見ルコアルモ如何トモ爲ス可ラス唯々議會ノ議決ヲ族ツアルノミ、斯ノ如キハ豈ニ夫レ正當ナリト云

フヲ得ベケン乎

第三十一條　凡テ議案ハ最後ニ議決シタル議院ノ議長ヨリ國務大臣ヲ經由シテ之ヲ奏上スベシ

但シ兩議院ノ一ニ於テ提出シタル議案ニシテ他ノ議院ニ於テ否決シタルトキハ第五十四條第二項ノ規定ニ依ル

要領

本條第一項ニハ議案ノ議決ヲ奏上スルニ附テノ次第ヲ定メ第二項ニハ議案否決セシ件ノ次第ニ關スル條件ヲ規定セリ

理由

憲法第六十五條ニ「豫算ハ前ニ衆議院ヘ提出スベシ」ト定メタリ故ニ此ノ豫算ニ關スル議案ヲ除クノ外ハ何ニ議案ト雖モ貴族院ヲ前キニシテ議セシムルモ又タハ衆議院ヲ前キニシテ議セシムルモ何レニテモ

可ナリトスルハ憲法ニ規定セル所ナリ本條ニ最後ニ議決シタル云々トアルハ或ヒハ貴族院ノ方カ最後タルベキヿアリ又タハ衆議院ノ方カ最後タルベキアリ、此ノ場合ニハ何レニシテモ其最後ニ議決セシ所ノ議院ヨリ國務大臣ノ手ヲ經テ之ヲ奏上スト定メタル次第ナルカ全体コノ國務大臣ノ手ヲ經ルトハ何ニ故ナル乎ト云ヘハ國務大臣ハ此ノ議決ニ對シテ自已ノ意見ヲ議決書ニ添ユルノ必要アルヲ以テノ故ニ之ヲ奏上スルニハ國務大臣ヲ經由スト規定シタル所以ナリ而シテ本條第二項ノ如キハ別ニ理由トスル程ノヿハ無カルベシ只其否決セシヿヲ他ノ議院ヘ報告スル迄ノヿナリ、尙ホ第五十四條第二項ヲ參照スレバ其手續ハ明白ニ知リ得ラルヽナリ

第三十二條　兩議院ノ議決ヲ經テ奏上シタル議案ニシテ裁可セラルヽモノハ次ノ會期マデニ公布セラルベシ

要領

本條ニハ裁可セラレタル議案ヲ公布スルニ就テノ次第ヲ規定シタルナリ

理由

憲法ヲ講論セシ[ト]キニモ述ヘタル通リニテ裁可權トハ立法作用ノ終結ニシテ公布トハ立法ニ關セス行政權ニ屬スルモノナリ、本條ニ兩議院ノ議決ヲ經テ奏上シタル議案ニシテ裁可セラルヽモノハ次ノ會期迄ニ公布セラルベシト規定シタルハ則チ立法權ノ終結作用既ニ畢リテ行政權ニ屬スル所ノ公布作用ニ着手スルモノト云フベキナリ而シテ茲コニ公布スベキ旨ヲ定メタルハ甚タ必要ノコナリ若シ之ヲ定メ置カザレバ折角ニ裁可即チ立法權ノ終結ヲ告クルモ行政官ニ於テ此ノ議決ヲ不都合ナリト思惟スレハ之ヲ公布セズシテ其儘ニ打チ捨テ置ク等ノコナシトセズ是レ本條ニ次ノ會期マデニ公布スヘシト規定

シタル所以ナリトス

第六章　停會閉會

本章ハ停會閉會ニ關スルノ條件ヲ規定シタルモノニテ第三十三條ヨリ第三十六條ニ至ル通計四箇條ヲ以テ成立セリ

第三十三條　政府ハ何時タリトモ十五日以内ニ於テ議院ノ停會ヲ命ズルコトヲ得

議院停會ノ後再ビ開會シタルトキハ前會ノ議事ヲ繼續スベシ

要領

本條第一項ニハ議院ノ停會ニ關スル次第ヲ定メ其第二項ニハ閉會セシ議會ガ再ヒ開會セルトキニ係ハル條件ヲ規定セリ

理由

憲法第七條ニ天皇ハ帝國議會ヲ召集シ其開會閉會停會及ヒ衆議院ノ

解散ヲ命ズト定メタリ、本條ハ即チ此ノ天皇ノ大權ニ由ツテ政府ハ其指揮ヲ以テ何時タリトモ日數十五日ヲ越ヘズシテ十五日以内ナレハ議院ノ停會ヲ命スルコヲ得ルト規定セリ其十五日云々ノコハ適當ノ日數ナルベキナリ若シ之ヲ三十日或ヒハ五十日等トナセバ僅カ議會開會期三ケ月ノ中ニ三十日或ヒハ五十日ノ停會ヲ命スレバ實際ニ於テ不都合ナル次第ナリト云フベシ何トナレバ停會ノ爲メニ悉皆議案ヲ議シ畢ハラズシテ止ムヲ得ズ延會セザルヲ得ザルガ如キノ混雜アレバナリ然ラハ十五日以内ノ日數トセシハ至當ノコト云フベキナリ又タ本條第二項ニ議院停會ノ後再ビ開會シタル𪜈ハ前會ノ議事ヲ繼續スベシト規定セリ是レモ至當ノコナリ

第三十四條　衆議院ノ解散ニ依リ貴族院ニ停會ヲ命シタル塲合ニ於テハ前條第二項ノ例ニ依ラズ

要領

本條ニハ衆議院ノ解散ニ依リ貴族院ニ停會ヲ命シタル場合ニ就テノ關係ヲ規定セリ

要領

憲法ニ規定シタル通リ貴族院ハ解散セラレザルヲ原則トセルガ故ニ衆議院ノ解散アリシ片ハ貴族院ハ停會セザルヲ得サルハ勿論ノコナリ此場合ハ前條ニ規定シタル普通ノ停會トハ其性質ニ於テ異ナル所アルガイヘニ前條ノ通リニ手續ヲ執行スベカラザルコタルハ明カナル次第ナリ是レ本條ノ停會ノ場合ニハ本條第二項ノ例ニ依ラズト規定シタル所以ナリトス

第三十五條　帝國議會閉會ノ場合ニ於テ議案建議請願ノ議決ニ至ラザルモノハ後會ニ繼續セズ但シ第二十五條ノ場合ニ於テハ此ノ限ニ在ラズ

要領

本條ニハ議會閉會ノ場合ニ於テ議案建議案等ノ議決ヲ經ザルヿニ就テノ條件ヲ規定シタルナリ

理由

凡ソ事物ニ必要ナルヿト不必要ナルヿノ在ルハ免ヌカル可ラサル數ナリトス、議院ノ議案ニ於テモ亦タ然カルナリ、本條ニ帝國議會閉會ノ場合ニ於テ議案建議請願ノ議決ニ至ラサルモノハ後會ニ繼續セズト定メタル所ノ議案ハ則チ議會ニ於テ不必要ト見認メタル者ナリ又タ本條ノ末段ニ但シ第二十五條ノ場合ニ於テハ此ノ限ニ在ラスト定メタル所ノ議案ハ則チ議會ニ於テ必要ナリト見認メタル者ナリ何トナレハ必要ナル議案ナルガイヘニ第二十五條ノ例ニ依テ此ノ議案ヲ假令ヒ閉會ノ場合ト雖㠯委員ヲ設ケテ審查セシムルナリ、然ルニ本條ノ前段ニ規定セル所ノ議案ノ如キハ議會ニ於テ不必要ト見認ムルガイヘニ之ヲ委員ニ托シテ審查セシムルナリ、斯ク本條ヲ分折シテ論シ來レハ前段ノ其議決ニ至ラサルモノハ後會ニ繼續セズト定メタル所以ノ理由モ明白ニ知リ得ラルヽナリ即チ議會ニ於テ不必要ト見認メタルヲ以テノ故ニ之ヲ後會ニ繼續セシメズト規定シタル所以ナリトス
本條ノ理由トスル所ハ之レニ外ナラザルナリ

第三十六條　閉會ハ勅命ニ由リ兩議院合會ニ於テ之ヲ擧行スヘシ

要領

本條ハ閉會式ヲ擧行スルニハ如何ニスルヤヲ規定シタルノ條件ナリ

理由

開會閉會共モニ天皇陛下ノ大權ニ由リテ之ヲ行ヒ玉フハ已ニ憲法ニ規定スル所タリ而シテ開會ノ場合ニハ衆議院ノ議員貴族院ヘ集合シテ此ノ貴族院ニ於テ貴族院議員ト合會セル時ニ天皇陛下臨御シテ開會式ヲ擧行シ玉ヘリ故ニ閉會ノ場合ニモ開會式ノ時ト同一ニ兩議員

各々貴族院ヘ集合シテ天皇陛下親カラ閉會式ヲ擧行シ玉ヘル事ト本條ニ規定セル通リナリ是レ開會式閉會式共ニ前後ニ通シテ同一ノ法ヲ取リシ所以ナリトス

第七章　秘密會議

憲法第四十八條ニ兩議院ノ會議ハ公開ス但政府ノ要求又ハ其院ノ決議ニ據リ秘密會トナスコトヲ得ト規定セリ即チ本章ハ右ノ憲法ニ基イテ規定シタル所ナリトス本章ハ第三十七條ヨリ第三十九條ニ至ル凡テ三箇條ヲ以テ成立セリ

第三十七條　各議院ノ會議ハ左ノ場合ニ於テ公開ヲ停ムルコトヲ得

一　議長又ハ議員十八以上ノ發議ニ由リ議院之ヲ可決シタルトキ

二　政府ヨリ要求ヲ受ケタルトキ

要領

本條ニハ秘密會議ヲ爲スニハ如何ナル條件ヲ要スル乎ヲ定メ其條件ニハ二箇ノ場合アルヘキ旨ヲ規定セリ

理由

議スル所ノ議案ノ性質ニ於テ、之ヲ公衆ニ傍聽ヲ許容セハ或ヒハ一般社會ノ風俗ヲ害スルヿアリ、或ヒハ議員又ハ政務官吏ノ身上ニ關シテ其名譽ヲ害スルヿアリ、或ヒハ政治上ニ害ヲ與エルヿアリ凡ソ是レ等ノ場合ニハ第一議長又ハ議員十人以上ノ發議ニ由リ議院之ヲ可決シタルトキハ乃チ秘密會議ヲ擧行スルヿヲ得ルナリ是レ正當ニシテ間然スル所ノ者ナカルヘキナリ、又第二政府ヨリ要求ヲ受ケタルトキモ秘密會議ヲ擧行スルヿヲ得ルナリ此ノ第二ノ場合ニハ假令ヒ議院ニ於テ政府ノ要求ヲ拒ンデ秘密會議ヲ爲サヽラントスルモ議院ハ之ヲ拒ムノ權力ナキカイヘニ政府ノ要求アレハ是非トモ秘密會議トナサヽル

ヲ得ズ是レ政府ノ權力ノ過大ナルヲ以テ少シク穩當ナラザルガ如ク
ニ思ハルレ𪜈政治上ニ於テハ實地斯ク規定シ置カザレハ或ヒハ不都
合ノヿナシトセズ故ニ本條第二ニ右ノ如ク規定シタル所以ナラン歟

第三十八條　議長又ハ議員十八人以上ヨリ秘密會議ヲ發議シタルトキハ議長ハ直ニ傍聽人ヲ退去セシメ討論ヲ用井ズシテ可否ノ決ヲ取ルベシ

要領

本條ニハ議長又ハ議員十八人以上ヨリ秘密會議ヲ發議シタル𪜊ハ如何ナル手續ヲ要スル乎ヲ規定セルナリ

理由

右ノ場合ニハ議長ハ直ニ傍聽人ヲ退去セシメ討論ヲ用井スシテ可否ノ決ヲ取ル可シトハ本條ノ規定シタル所ナリ其理由トシテ論スル所ノ要点ハ第一直ニ傍聽人ヲ退去セシムルト第二討論ヲ用井スシテ可

否ノ決ヲ取ルトノ二要點ナリトス、第一ノ理由トスル所ノ者ハ此ノ場合ニハ未タ秘密會議ト云フヲ得サレ𪜈既ニ其端緒トスル所ノ者ハ充分ニ顯ハレタルナ以テノイヘニ議長ハ直ニ傍聽人ヲ退去セシムト定メタル所以ナリ、第二ノ理由トスル所ノ者ハ此ノ場合ニ若シ討論スルコヲ許ストセン乎未タ秘密ニスベキヤ將タ秘密ニスヘカラザルヤノ可否決セザルニ當リテ喋々此ノ發議ニ對シテ討論セシメバ恰カモ秘密會議ヲ爲シ居ルト一般ナルガイヘニ甚タ不都合ノコト云ヘキナリ是レ本條ニ討論ヲ用井ズシテ唯々其可否ノミヲ取リ而シテ後チニ純粹ノ秘密會議ナナサシメンガ爲メナリトス本條ノ理由トスル所ノモノ此ノ二要点ニ外ナラザルナリ

第三十九條　秘密會議ハ刊行スルコトヲ許サズ

要領

本條ニハ秘密會議ノ筆記ヲ刊行スベカラサル旨ヲ規定セリ

理由

抑々會議ナル者ハ公開スベキヲ以テ原則トスル所ノ者ナレ𪜈事情ニ依リテハ此ノ原則ヲ變ジテ秘密會議ニナサズンバ他ヲ害スルノヿアルヲ以テノ故ニ不得止之ヲ秘密ニナセシナリ然ルニ會議ヲ秘密ニセシニモ係ハラズ其會議ノ筆記ヲ刊行シテ公衆ニ見セシメバ矢張リ議會ヲ公開セシト一般ニシテ或ヒハ爲メニ他ヲ害スルニ至ナリ斯ノ如クンバ寧ロ秘密會議ヲ爲サヽルニ如カザルナリ是レ本條ニ秘密會議ヲ刊行スルヿヲ得ズト禁シタル所以ナリトス

第八章　豫算案ノ議定

本章ハ豫算ノ議定ニ關スル條件ヲ規定シタルモノニシテ第四十條及ヒ第四十一條ノ二箇條ヲ以テ成立セリ蓋シ豫算ニ關スル所ノ議案ハ普通ノ法律ト其性質ヲ異ニスルガイヘニ殊ニ本章ニ之ヲ規定セルナリ普通ノ法律ニ關スル議案ハ第五章會議ノ部ニ規定セリ其區別ノ

在ル所ヲ詳ニ知ラントスルニハ右ノ第五章ト本章トヲ參照シテ讀過シ去レバ思ヒ半バニ過キン尙ホ以下條ヲ逐テ之ヲ明カニセントス

第四十條　政府ヨリ豫算案ヲ衆議院ニ提出シタルトキハ豫算委員ハ其ノ院ニ於テ受取リタル日ヨリ十五日以内ニ審査ヲ經リ議院ニ報告スベシ

要領

本條ニハ政府ヨリ豫算案ヲ衆議院ニ提出シタル片ハ衆議院ハ之ヲ如何スヘキ乎ヲ規定セルナリ

理由

既デニ論ゼシ通リ豫算案卽チ金錢ノ事ハ最モ人民ニ直接ノ關係ヲ及ホスガイヘニ憲法ニ於テモ他ノ法律議案トハ之ヲ區別セリ他ノ法律議案ハ政府ヨリ兩議院何レヲ前キニ其議案ヲ提出スルモ差支カヘ無カルベシト雖氏獨リ豫算案ニ限リ憲法第六十五條ニ豫算ハ前ニ衆議

院ヘ提出スヘシト規定セリ是レ人民ニ直接ノ關係ヲ及ホス故ナルベシ而シテ本條ハ右第六十五條ノ憲法ニ基ツキテ政府ヨリ豫算案ヲ衆議院ヘ提出シタル𪜈ハ云々ト規定セルナリ此場合ニハ豫算委員ハ其院ニ於テ受ケ取リタル日ヨリ十五日以内ニ審査ヲ終リ議院ヘ報告スヘシト定メタルハ豫算案ヲ鄭重ニ審査セシメンガ爲メナルヘキナリ其議院ヘ報告スヘシトアルハ是レ至當ノヿニシテ敢テ論ズベキ程ニハ非ザルナリ

第四十一條　豫算案ニ就キ議院ノ會議ニ於テ修正ノ動議ヲ發スルモノハ三十人以上ノ賛成アルニ非サレバ議題ト爲スコトヲ得ズ

要領

本條ニハ豫算ヲ修正スルニ就テ如何ナル條件アレバ之レガ議題トナル可キ乎ヲ規定セルナリ

理由

前第二十九條ニ凡テ議案ヲ發議シ及ヒ議院ノ會議ニ於テ議案ニ對シ修正ノ動議ヲ發スルモノハ二十人以上ノ賛成アルニ非サレハ議題ト爲スヿヲ得スト規定セリ然リ右第二十九條ノ場合ニハ二十人以上ノ賛成ヲ要ストアレﾄﾞ本條ニ在テハ三十人以上ノ賛成アルニ非サレハ議題ト爲スヿヲ得ズトアリ之レガ理由トスル所ノモノハ前條ニモ論ゼシガ如ク豫算案卽チ金錢ノヿハ直接ニ人民ニ關係ヲ及ホスノ大ナルガイヘニ豫算案ノ修正ニハ三十人トシテ之ヲ鄭重ニシタルノ理由ナルベキナリ本條ニ依テ見ルモ尙ホ豫算案ト他ノ法律議案トノ性質ノ異ナル所ヲ知ルニ足リヌベシ

第九條　國務大臣及政府委員

本章ハ行政部卽チ國務大臣及ヒ政府委員ト立法部ナル帝國議會トノ關係ノ條件ヲ規定シタル者ナリ本章ハ第四十二條ヨリ第四十七條ニ

至ル迄計七箇條ヲ以テ成立セリ

第四十二條　國務大臣及政府委員ノ發言ハ何時タリトモ之ヲ許スベシ但シ之ガ爲ニ議員ノ演説ヲ中止セシムルコトヲ得ズ

要領

本條ニハ國務大臣及政府委員ノ發言ニ關セル條件ヲ規定セリ

理由

國務大臣及政府委員ノ發言ハ議院ニ於テ之ヲ許サヽル可ラサルハ憲法第五十四條ノ規定スル所ノ若ナリ本條ハ之レニ素因シテ規定シタル所ナレ𪜈其國務大臣及政府委員ノ發言ヲ以テ議會議員ノ演舌ヲ中止セシムル可ラザルノ條件ヲ確定シ置クコハ甚タ必要ノコタルナリ若シ之ヲ確定シ置カザランカ政務官吏ハ右ノ憲法ヲ口實ニシテ猥リニ議會ニ出席シ又ハ發言シテ議會議員ノ演説ヲ中止シ以テ團体タル所

ノ議會ヲ蹂躙壓抑スル所ノモノアラントスルナリ是レ本條ノ末段ニ但シ之ガ爲メニ議員ノ演説ヲ中止セシムルヿ得ズト規定シテ行政部ノ權力ヲ抑ヘ議會ノ權力ヲ完タカラシムルニ在ルナリ

第四十三條　議院ニ於テ議案ヲ委員ニ付シタルトキハ國務大臣及政府委員ハ何時タリトモ委員會ニ出席シ意見ヲ述ブルコトヲ得

要領

本條ニハ國務大臣及ヒ政府委員ハ議會委員會ヘ出席シテ發言セシムルヲ得ルノ次第ヲ規定セルナリ

理由

委員會ハ議院ノ一部分ニ屬スル者タルハ勿論ナリ、而シテ憲法ニ依テ國務大臣及ヒ政府委員ハ何時ニテモ議會ニ出席シテ發言シ得ルノ權力アルガイヘニ其議會ノ一部分タル委員會ニ出席シテ議會同樣ニ發言シ得ルノ權力アルハ彼レヲ推シテ此レヲ考フレハ明白ニ知リ得ラル、ナリ是レ本條ニ國務大臣及政府委員ハ何時タリトモ委員會ニ出席シ意見ヲ述フルコトヲ得ルト規定シタル所以ナリトス

第四十四條　委員會ハ議長ヲ經由シテ政府委員ノ說明ヲ求ムルコトヲ得

要領

本條ニハ議院委員會ハ政府委員ノ說明ヲ求ムルコヲ得ル旨ヲ規定セルナリ

理由

政府ヨリ提出セル議案ニ就テノ說明ハ獨リ政府委員ノ知ル所タリ然ルニ議院委員會ニ於テ之ヲ審查スルニ方リテハ其議案ノ事實ヲ知ル所ノ政府委員ニ對シテ之レガ說明ヲ求ムルヲ得ルハ當然ノコタルベキナリ本條ノ理由トスル所ノモノ之レニ外ナラズ

第四十五條　國務大臣及政府委員ハ議員タル者ヲ除ク外議院ノ會議ニ於テ表決ノ數ニ預カラズ

要領

本條ニハ國務大臣及ビ政府委員ノ議員タル者ト議員タラサルモノトニ就テノ議事ニ關スル條件ヲ規定セルナリ

理由

政務官吏ト雖𪜈或ル一部ノ官吏ヲ除クノ外ハ帝國議會ノ議員ニナルヲ得ラルヽハ貴族院法、衆議院選擧法ヲ讀過シ去レハ知ラルヽナリ本條ノ中段ニ議員タルヲ除クノ外トアルハ卽チ國務大臣及ヒ政府委員ト雖𪜈議員トナルヿヲ得ルノ意義ヲ顯ハシタルモノナリ此レハ暫ク措キ國務大臣及ヒ政府委員ニシテ議員ニ在ラサルモ議場ニ出席シテ發言シ得ラルヽハ法律ノ許ス所ノ者ナレト素ト議員タラザルイヘニ議決ヲ取ルノ場合ニハ表決ノ數ニ預カラザルハ本條ニ規定シタル所ナリ又タ此レ等ノ官吏ニシテ議員タルベキモノハ他ノ議員ト同一ノ資格ヲ有スルガイヘニ議會表決ノ數ニ預カルヲ得ルハ固ヨリ至當ノコナリ

第四十六條　常任委員會又ハ特別委員會ヲ開クトキハ毎會委員長ヨリ其ノ主任ノ國務大臣及政府委員ニ報知スベシ

要領

本條ニハ各委員會ヲ開ク場合ニハ之ヲ主任ノ行政部ヘ報告スベキ旨ヲ規定セルナリ

理由

國務大臣及ヒ政府委員會ハ各委員會ヘ出席シ意見ヲ述ブルノ權力ヲ有スルガイヘニ議院ニ於テ各委員會ヲ開クトキハ之ヲ其ノ主任ノ國務大臣及ビ政府委員ニ報知スベキハ固ヨリ至當ノコタルナリ、若シ之ヲ報知セズトセバ其主任ノ國務大臣及ヒ政府委員ノ知ラザル間ニ之ヲ審査シ終ルノ不都合アルヲ以テ本條ニ之ヲ報知スヘシト規定シタル所以ナリ

第四十七條　議事日程及議事ニ關ル報告ハ議員ニ分配スルト同時ニ之ヲ國務大臣及政府委員ニ送付スヘシ

要領

本條ニハ議事錄ヲ夫々ヘ分配送付スルニ關スル次第ヲ規定セリ

理由

議員ハ議會ノ一分子ナレ𪜈國務大臣及ヒ政府委員ハ其一分子ニアラザルモ議會トハ密接ノ關係ヲ有スル者ナリ、是レ本條ニ議事日程及議事ニ關スル報告ハ之ヲ其一分子ナル議員ニ分配スルノミナラズ又タ之ヲ議會ト密接ノ關係ヲ有スル所ノ國務大臣及ヒ政府委員ニ送付ス

ベシト規定シタルハ至當ノヿニシテ他ヨリ間然スル所ハナカルベキナリ

第十章　質問

本章ハ質問ノ部ニシテ第四十八條第四十九條及ヒ第五十條ノ三箇條ヲ以テ成立セリ凡ソ議院ガ會議ヲ爲スニ當リテハ常ニ國家ノ組織ト社會ノ狀勢トヲ觀察熟慮シテ眼中他アルベカラザルヲ要スルナリ然ルニ行政部ナル者ハ國家社會ノ變遷進化ニ應ジテ政務ヲ執行シツヽ活動シ行ク者ナルガイヘニ國家ノ組織ト社會ノ狀勢トハ行政部ノ能ク熟知スル所タリ是ヲ以テ議會ガ行政部ニ對シ之ヲ質問シテ立法作用ノ完全ヲ計ルハ議會ニ於テ最モ緊切ナルヿト云フベキナリ是レ本章ニ殊トニ質問ノ部ヲ掲記セル所以ナリトス

第四十八條　兩議院ノ議員政府ニ對シ質問ヲ爲サムトスルトキハ三十人以上ノ賛成者アルヲ要ス

質問ハ簡明ナル主意書ヲ作リ賛成者ト共ニ連署シテ之ヲ議長ニ提出スヘシ

要領

本條第一項ニハ政府ニ質問ヲ爲スノ要件ヲ定メ第二項ニハ之ヲ質問スルニ付テ手續ヲ規定セリ

理由

議會ニ弊トスル所ノ者ハ種々アルベケレド彼ノ無用ノ質問ヲ爲シテ有用ナル時日ヲ消費セシムルガ加キモ又タ一個ノ弊ト云フヘキナリ本條第一項ニ三十八以上ノ賛成者アラズンバ質問ヲ爲スヿヲ得ズト規定シタルモ此ノ弊ヲ防ガンガ爲メニ外ナラズ又タ其第二項ニ質問ハ簡明ナル主意書ヲ作リ云々トアルハ畢竟議會ヨリ政府ニ質問スルニ附テノ手續タルニ止マル者ナレバ敢テ論ズベキ程ノヿニハ非サルベキナリ

第四十九條　質問主意書ハ議長之ヲ政府ニ轉送シ國務大臣ハ直ニ答辯ヲ爲シ又ハ答辯スベキ期日ヲ定メ若答辯ヲ爲サヾルトキハ其ノ理由ヲ示明スベシ

要領

本條ニハ議院ヨリ政府ヘ質問ヲナストキハ政府ハ之レニ答辨ヲ爲シ又ハ答辨ヲナサヽルトキハ如何ニスヘキ乎ヲ規定シタルノ條件ナリトス

理由

政府ハ議院ノ質問ニ應シテ答辨ヲ爲スハ其ノ義務ヲ有スルヤ有セザルヤヲ明白ニ區別ヲナスハ本條ニ於テ論スヘキノ主点ナリトス、本條ノ前段ニ國務大臣ハ直チニ答辨ヲ爲シ又ハ答辨スヘキ期日ヲ定ムトアルヲ見レハ政府ハ其義務ヲ有スルガ如クニ思ハルレモ、其末段ニ若シ答辨ヲ爲サヽルトキハ其理由ヲ明示スヘシト定メアルヲ見ルトキハ政府ハ其義務ヲ負ハザルガ如クニモ考ヘラルヽナリ、左リナラス余輩ハ前段ハ勿論ノ事末段ニ依ルモ政府ハ答辨ノ義務ヲ有スル者ト斷言シテ差シ支ヘナキヲ信ズルナリ何トナレハ末段ニ理由ヲ明示スベシトアルハ取リモ直サス一種ノ答辨タルベキ者ナレハナリ蓋シ答辨ト理由ヲ明示スルトハ區別ナルニ相違ハナカルベキモ本條ニ答辨ヲナサズンバ其理由ヲ明示スベシトアルハ是レ政府ニ其義務ヲ負ハシメタル者ナリ政府既ニ其義務ヲ負フ者トスレハ之ヲ答辨ノ一種ト見ルモ差シ支ヘハナカルヘシ故ニ余輩ハ本條ニ依テ政府ハ議會ニ對シテ答辨ノ議務ヲ負フベキ者ト斷言スル所以ナリトス

第五十條　國務大臣ノ答辯ヲ得又ハ答辯ヲ得ザルトキハ質問ノ事件ニ付議員ハ建議ノ動議ヲ爲スコトヲ得

要領

本條ニハ國務大臣ノ答辨如何ニヨリテ議員ハ建議ヲ爲シ得ラルヽ旨

ヲ規定セリ

理由

議會ガ政府ニ對シテ質問ヲナスヤ徒ラニ之ヲ爲スニ非サルナリ立法ノ作用ヲ完全ナラシムニ在ルノミ、今若シ政府ガ質問ニ對シテ答辯ヲ爲スト爲サヽルニ拘ハラズ、議會ハ之レニ依テ彼ノ立法作用ヲ完全ナラシメンガ爲メニ其手段ヲ求メサルヘカラス本條ノ末段ニ質問ノ事件ニ付議員ハ建議ノ動議ヲ爲スコヲ得ルト定メタリ此ノ建議云々ノコハ則チ議會ガ立法作用ノ手段ヲ爲セル方法ナリトス是レ議會ノ質問ヲシテ徒ヅラゴトニナラザラシメンガ爲メニ本條ニ之ヲ規定シタル所以ナリ

第十一章　上奏及建議

本章ハ第五十一條及第五十二條ノ二箇條ヲ以テ成立シ其規定シタル所ノ條件ハ上奏及ヒ建議ニ關スルコ是ナリ以下條ヲ逐フテ述フル所

ノモノ有ラントス

第五十一條　各議院上奏セムトスルトキハ文書ヲ奉呈シ又ハ議長ヲ以テ總代トシ謁見ヲ請ヒ之ヲ奉呈スルコトヲ得

各議院ノ建議ハ文書ヲ以テ政府ニ呈出スヘシ

要領

本條第一項ニハ上奏スルニ付テノ手續及ヒ第二項ニハ政府ヘ建議スルノ手續ヲ規定シタルナリ

理由

憲法第四十九條ニ「兩議院ハ各々天皇ニ上奏スルコヲ得」ト定メ又タ憲法第四十條ニ兩議院ハ法律又ハ其他ノ事件ニ付キ各々其意見ヲ政府ニ建議スルコヲ得」ト定メアリ、本條ノ第一項及ヒ第二項ハ右ノ憲法ニ基イテ規定シタルモノトス余輩ハ憲法ヲ講論セシトキニ其第四十九條ニハ唯タ天皇ニ上奏スルヿヲ得ルトノミアリテ謁見云々ノ語ハ無カリシヲ以テ此レバ如何ヤト思ヒ居リシニ今本條ニ至リ規定シタル所ヲ見ルニ其第一項ノ末段ニ議長ヲ以テ總代トシ謁見ヲ請ヒ云々トアリ、余輩ハ之ヲ讀ンテ議會ノ權力ノ大ナルヲ喜コフヨリモ寧ロ天皇陛下ト議會トノ間ノ親密ニシテ他ヨリ之ヲ遮斷抑蔽スルノ雲霧ナキヲ喜フモノナリ併シ本項ニハ別ニ之ヨリ論スル所ノ者ハ無カルベシ、又タ第二項ニ各議院ノ建議ハ文書ヲ以テ政府ニ呈出スヘシトアリテ國務各大臣ニ面會スル云々ノ語ハ無カルベシト雖モ固ヨリ面會スルモ差シ支ヘ無カルベシト云フノ法意ナルハ明白ナリ然ルヲ國務大臣ニ面會シ得ラレザルモノト解スルガ知キハ實ニ誤リナリト云フベキナリ

第五十二條　各議院ニ於テ上奏又ハ建議ノ動議ハ三十八以上ノ贊成アルニ非ザレバ議題ト爲スヿヲ得ス

要領

本條ニハ上奏又ハ建議ヲ爲スニ付テノ要件ヲ規定シタルモノナリ

理由

議會ニ在テハ上奏及ヒ建議ハ重大ナル事件ト云フベキナリ彼ノ第四十一條ニ規定セル豫算ノ項モ又タ上奏及ヒ建議ト同一樣ニ重大ナル事件ナルヲ以テ法律ノ眼ヨリ之ヲ見レハ上奏建議及ヒ豫算ノ修正此ノ三者ニ對シテ輕重ヲ爲サヽルナリ故ニ此三者何レニモ皆ナ三十人以上ノ賛成者アラスンパ議題ト爲スヿヲ得ズト規定セリ而シテ本條ノ理由トスル所ノ者ハ矢張リ豫算ノ修正ノ條ト同一ニシテ其鄭重愼密ナランヿヲ冀望セシ法意ナリト知ルヘキナリ

第十二章　兩議院關係

貴族院衆議院ノ兩議院アレハ此兩議院ノ間ニ其議事ニ關シテ双方關係事件ノ在ル可キハ固ヨリ當然ノヿナリ是レ本章ニ兩議院ノ關係ニ

渉タル可キ件ヲ規定シタルナリ本章ハ第五十三條ヨリ第六十一條ニ至ル通計九箇條ヲ以テ成立ス

第五十三條　豫算ヲ除ク外政府ノ議案ヲ付スルハ兩議院ノ内何レヲ先ニスルモ便宜ニ依ル

要領

本條ニハ政府ヨリ兩議院ニ議案ヲ付スルニ付テハ如何ナスベキ乎ノ次第ヲ規定シタルナリ

理由

憲法第六十五條ニ「豫算ハ前ニ衆議院ニ提出スベシ」ト定メタリ本條ニ豫算ヲ除クト云ヘルハ無論豫算ハ衆議院ニ提出スベキヲ以テ豫算ヲ除ク云々ト掲ゲシナリ而シテ豫算ヲ除ク外即チ他ノ法律議案ハ政府ノ便宜ニ任カシテ兩議院ノ内何レヲ先キニ議案ヲ下付スルモ可ナリト本條ニ規定シタルハ如何ナル理由ノ在ル可キヤ之レニハ種々議論

ノ在ル可キコナレト余輩ハ本條ノ理由トスル所ハ畢竟是レ貴族院ト議院トノ間ヲ親密和調ナラシメテ軋轢ヲ生ゼシメザルニ在リト云ハントスルナリ然ル所以ノ者ハ若シ之レニ反シテ議案下付ハ必ス衆議院ヲ先キニスルトカ又ハ貴族院ヲ先キニスルトカ之ヲ確定シ置カバ一種ノ格段階級ヲ生シテ両議院ノ親密和調ヲ破リ以テ双方ノ間ニ軋轢ヲ生シテ云フ可ラサルノ弊ニ陥ヒラントス、斯ク論シ來レハ本條ノ両議院ノ内何レヲ先ニスルモ便宜ニ依ルト規定シタルハ正當ノコト云フベキナリ

第五十四條　甲議院ニ於テ政府ノ議案ヲ可決シ又ハ修正シテ議決シタルトキハ乙議院ニ之ヲ移スベシ乙議院ニ於テ甲議院ノ議決ニ同意シ又ハ否決シタルトキハ之ヲ奏上スルト同時ニ甲議院ニ通知スベシ

乙議院ニ於テ甲議院ノ提出シタル議案ヲ否決シタル

トキハ之ヲ甲議院ニ通知スヘシ

要領

本條第一項ニハ甲議院ニ於テ政府ヨリ下付ノ議案ヲ可決シ又ハ修正シテ議決シ之ヲ乙議院ヘ移シタルトキ乙議院ハ如何ナル手續ヲ爲スヤヲ規定セリ又タ第二項ニハ一方ノ議院ニテ起草セル議案ヲ他ノ一方ハ之ヲ否決シタルトキハ如何ニスヘキヤヲ規定セリ

理由

本條ハ理由トシテ論スルヨリモ寧ロ文章ノ解釋ニ取リ掛ルヲ可ナリトス其唯々手續ノミニ止リテ理由トシテ論スル程ノコニ非サルヲ以テナリ、偖テ本條ヲ解スルニハ先ツ憲法「第三十九條兩議院ノ一ニ於テ否決シタル法律案ハ同會期中ニ於テ再ヒ提出スルコヲ得ス」ト規定シタル此條項ヲ心得居ラサルヘカラズ、此條項ヲ心得居ラバ本條ヲ解スルコ難事ニ非ス、既ニ本條第二項ノ如キハ其末段ニ「否決シタルトキハ之ヲ甲議院ヘ通知スベシ」トアリ則チ通知スルニ止マリテ其議案ハ廢案トナリタルト云フノ意ナリ第二項ノ部ハ此ニテ述フル所ハ無カルベシ故ニ此ヨリ第一項ニ復リテ少シク解釋ヲ下サントス、第一項ノ末段ニ「乙議院ニ於テ甲議院ノ議決ニ同意シ又ハ否決シタルトキ」ハ云々トアリ此内ノ否決ト云ヘル二字ハ政府ノ議案ヲ否決シテ廢案トナシタルト云フ意ナリ此場合ニ之ヲ奏上スルハ固ヨリ當然ノコナリ之レニテ第一項モ述フ所ハ無カルベシ、要スルニ本條第一項第二項共ニ議案ノ否決セシ場合ト又一方ニテ議案ヲ修正シ他方ニテモ此ノ修正案ニ同意セシ場合トノ二個ノ手續ヲ規定シタル者ト知ルベシ前ニモ述ヘタル如ク本條ニ理由トシテ論ズル程ノ所ハナカルベキナリ故ニ此レニテ略ス

第五十五條　乙議院ニ於テ甲議院ヨリ移シタル議案ニ對シ之ヲ修正シタルトキハ之ヲ甲議院ニ回付スベ

シ甲議院ニ於テ乙議院ノ修正ニ同意シタルトキハ之ヲ奏上スルト同時ニ乙議院ニ通知スヘシ若之ニ同意セサルトキハ両議院協議會ヲ開クコトヲ求ムヘシ甲議院ヨリ協議會ヲ開クコトヲ求ムルトキハ乙議院ハ之ヲ拒ムコトヲ得ズ

要領

本條第一項ニハ一方ノ議院ニテ議案ヲ修正シテ他ノ議院ヘ移シ他ノ議院ハ此ノ修正案ニ同意セシ場合ト同意セザル場合トノ手續ヲ規定シ第二項ニハ両議院ノ間ニ協議會ヲ設クルニ付テノ關係ヲ規定セリ

理由

本條モ前條ト同一ニテ理由トシテ論スル所ハ無カルヘシ唯少シク述フル所ノ者ハ協議會ノ事是ナリ蓋シ甲議院ニテ望ム所ト乙議院ニテ望ム所ト各々其意見ヲ異ニスレハ是非トモ之ヲ調成スルノ道ヲ立テ

置カサルヘカラス協議會ハ則チ之ヲ調成スル所ノ場所ナリ本條第一項末段ニ協議會ヲ開クコヲ得ル旨ヲ規定シタルハ實ニ當ヲ得タリト云フ可シ殊ニ第二項ニ甲議院ヨリ協議會ヲ開クコヲ求ムル片ハ乙議院ハ之ヲ拒ムコヲ得スト定メタルガ如キモ甚タ必要ニシテ斯ク規定シ置カサレハ折角ノ協議會モ無功ニ屬スルナリ各國ノ例モ大概コノ協議會ヲ用井テ兩院ノ間ヲ調成セルモノヽ如シ

第五十六條　兩議院協議會ハ兩議院ヨリ各十人以下同數委員ヲ選擧シ會同セシム委員ノ協議案成立スルトキハ議案ヲ政府ヨリ受取リ又ハ提出シタル甲議院ニ於テ先ツ之ヲ議シ次ニ乙議院ニ移スヘシ

協議會ニ於テ成立シタル成案ニ對シテハ更ニ修正ノ動議ヲ為スコトヲ許サズ

要　領

本條第一項ニハ協議會ヲ開クニ就テノ手續ヲ規定シ第二項ニハ協議會ニ於テ成立シタル成案ハ如何ナル權力ヲ有スルヤヲ規定セリ

理由

本條第一項ノ前段ニ各々十八以下同數ノ委員ヲ選擧シ云々トアリ此ノ十八以下トハ甚タ人員ノ少ナルガ如キ思ヒ無キニシモ非サレ氏全体協議會ニ餘リ多數ノ人員ヲ以テ之ヲ組織スレハ或ヒハ錯雜混亂ノ患ナキニシモ非ズ故ニ成ルベク人員ノ少數ナルヲ企望シタルモノヽ如シ是レ本條ニ十八以下云々ト定メタル所以ナラン又タ本項ノ中段ニ協議案成立スルトキハ議案ヲ政府ヨリ受ケ取リ云々トアリ此レハ協議會ヲ開カサルノ前ニ政府ヨリ議案ヲ受ケ取リタルノ議院ヲ指シテ云フ者トス、其次ニ提出シタル甲議院云々トアルモ此レト同一ニテ矢張リ議院ニテ始メニ議案ヲ起草シテ提出セシ所ノ其議院ヲ指シテ云フ者トス此レニテ第一項ハ述ヘ畢リタルヲ以テ此ヨリ第二項ニ移リテ講過スヘシ本條第二項ニ「協議會ニ於テ成立シタル成案ニ對シテハ更ニ修正ノ動議ヲ爲スコヲ許サス」ト規定セリ是レ至當ノコナリ協議會ニ於テ成立シタル成案ニハ斯ノ如キノ權力ヲ與ヘ置カスンバ復タ再タヒ前ト同一ノ混亂ヲ生シテ終ニハ其結局ヲ見ル可ラサルニ至ラントス故ニ此ノ成案ニ對シテ更ニ修正ノ動議ヲ爲スコヲ許サスト規定セル所以ナリ

第五十七條　國務大臣政府委員各議院ノ議長ハ何時タリトモ兩院協議會ニ出席シテ意見ヲ述ブルコトヲ得

要　領

本條ニハ兩院協議會ト國務大臣政府委員及ヒ各議院ノ議長トノ關係ヲ規定セリ

理　由

國務大臣及ヒ政府委員ハ實際政治上ノ事實ニ通セル者ナリ又タ各議院ノ議長ハ議會ノ首領議院ノ總理ナリ是レ兩院協議會ナル團体ニハ他人ノ來テ意見ヲ述フルヲ許サヽレ𪜈國務大臣政府委員幷ニ各議院ノ議長ハ何時タリ𪜈兩院協議會ニ出席シテ意見ヲ述フルヿヲ得セシムル旨ヲ本條ニ規定シタル所以ナリ

第五十八條　兩院協議會ハ傍聽ヲ許サヽズ

要領

本條ニハ兩院協議會ハ公開セサル旨ヲ規定セリ

理由

兩院協議會ナル者ハ彼ノ常任委員會或ハ特別委員會抔ドノ類ト同一ノ性質ヲ有スルモノナルガイヘニ各委員會ト同樣ニ傍聽ヲ禁スルヿトセリ殊トニ此協議會ニ在テハ他ノ議員モ傍聽ヲ禁ゼリ是レ少シク酷ナルガ如クニ思ハルレ𪜈或ヒハ至當ノヿナラン、然ル所以ノ者ハ若シ之レニ傍聽ヲ許サハ傍聽セル議員ノ爲メニ協議會ヲ壓抑セルノヿナシトセス其協議會議員ノ少數ニシテ傍聽セル議員ノ多數ナルヲ以テノ故ナリ

第五十九條　兩院協議會ニ於テ可否ノ決ヲ取ルハ無名投票ヲ用ヰ可否同數ナルトキハ議長ノ決スル所ニ依ル

要領

本條ニハ協議會ニテ可否決ヲ取ルハ如何ニスル乎ヲ規定セルナリ

理由

投票ニ二類アリ一ハ記名投票ニシテ他ハ無名投票ナリ、本條ハ無名投票ヲ用ヰテ可否決ヲ取ルヿニ定メアリ無名投票ト記名投票トノ優劣ハ暫ラク措イテ論セス本條ニ無名投票ヲ用ユルハ至極適當ナリト思惟ス若シ記名投票ヲ用ユルヿトセハ多クノ議員ハ他ノ權力アル一二ノ議員ノ爲メニ己レノ說ヲ枉ゲテ心ナラズモ其說ニ同意スルノコナシトセズ、本條ハ此ノ弊ヲ防ガンガ爲メニ規定シタル者ナリトス他ハ論セスシテ能ク解シ得ラルヽヲ以テ贅辨ヲ費サヽルナリ

第六十條　兩院協議會ノ議長ハ兩議院協議委員ニ於テ各一名ヲ互選シ每會更代シテ席ニ當ヲシムベシ其ノ初會ニ於ケル議長ハ抽籤法ヲ以テ之ヲ定ム

要領

本條ニハ兩院協議會ノ議長ヲ選擧スルノ方法ヲ規定シタルナリ

理由

兩院協議會ノ議長ハ兩院各交代シテ之ヲ勤ムルト定メアルハ至當ノコナリ蓋シ角物事ハ一方ニ偏シ易スキモノニテ議會ノ如キモ大体ハ此弊ヲ免カル能ハサル者トス然ルニ本條ノ如キハ何レヲ重シトナシ何レヲ輕シトナス等ノ偏頗手段ヲ脫シテ双方ノ議院ヨリ交代法ヲ以テ

議長ノ席ニ當ラシムルハ實ニ正當ノコト云フベキナリ

第六十一條　本條ニ定ムル所ノ外兩議院交渉事務ノ規程ハ其ノ協議ニ依リ之ヲ定ムベシ

要領

本條ニハ兩議院協議會ニテ兩院交渉事務ノ細則ヲ規定シ得ラル旨ヲ明示セリ

理由

憲法第五十一條ニ「兩議院ハ此憲法及ヒ議院法ニ揭クルモノヽ外内部ノ整理ニ必要ナル諸規則ヲ定ムルコヲ得ル」ト規定セリ本條ハ此憲法ノ理由ニ依リテ兩院協議會ノ議會ニモ之ヲ適用スルコト定メタルハ要スルニ至當ノコト云フベキナリ

第十三章　請願

憲法第三十條ニ「日本臣民ハ相當ノ敬禮ヲ守リ別ニ定ムル所ノ規定ニ

従ヒ請願ヲ爲スヿヲ得」ト又タ憲法第五十條ニ両議院ハ臣民ヨリ呈出スル請願書ヲ受タルヿヲ得」ト定メアリ則チ本章ハ右ノ憲法ニ基ヒテ規定シタルモノニテ第六十二條ヨリ第七十一條ニ至ル通計十箇條ヲ以テ成立セルナリ

第六十二條　各議院ニ呈出スル人民ノ請願書ハ議員ノ紹介ニ依リ議院之ヲ受取ルベシ

要領

本條ニハ人民ノ請願書ハ各議院ニ於テ如何シテ之ヲ受ケ取ルヤノ手續ヲ規定セリ

理由

人民ノ請願書ハ議員ノ紹介ニ依リ議院之ヲ受取ルベシト本條ニ規定シタル所以ハ蓋シ鄭重愼密ヲ慮カリテノユヱナルト又タハ請願セル所ノ人民ノ願意情實ヲ議員ニ於ヒテ洞察シ得ラルヽノ便益アルトニ

由ルナリ議員ノ紹介ヲ要スルハ或ヒハ煩雜ニシテ無用ナルガ如ク思ハルレ𪜈右ノ鄭重愼密ナルト願意情實ヲ洞察シ得ラルヽノ便益アルトニ由テ其煩雜無用ナルニモ拘ハラズ之ヲ規定シタル所以ナリトス

第六十三條　請願書ハ各議院ニ於テ請願委員ニ付シ之ヲ審査セシム

請願委員請願書ヲ以テ規程ニ合ハズト認ムルトキハ議長ハ紹介ノ議員ヲ經テ之ヲ却下スベシ

要領

本條第一項ニハ請願書ヲ審査スベキ旨其第二項ニハ請願書ノ規程ニ合ハサル場合ノ手續ヲ規定セリ

理由

請願委員トハ前第二十條ニ規定セル所ノ委員ノ內ニテ常任委員ト云ベル者ノ一種ナリト知ルベシ、惜テ此ノ請願委員ニ請願書ヲ審査セシムル所以ノ者ハ請願書ニハ夫々規則ノアル有リテ妄リニ之ヲ爲スコヲ得サルナリ彼ノ憲法ニ相當ノ敬禮ヲ守リ別ニ定ムル規定ニ從ヒ云々トアリ此等ノ件ヲ請願委員ニ托シテ審査セシムルノ必要アルヲ以テナリ故ニ第二項ニ請願委員請願書ヲ以テ規程ニ合スト認ムル𪜈ハ議長ハ紹介ノ議員ヲシテ之ヲ却下スヘシト規定セリ未タ此ノ請願書ヲ議會ノ決議ヲ經スシテ之ヲ却下スルハ少シク酷薄ナルガ如キノ思ナキニシモ非サレ圧實際上ニ於テハ斯ク規定シ置カサレハ請願書ノ過多アル場合ニ一々皆ナ之ヲ議會ニ付スルコトセバ議會ハ煩雜錯騒ニ堪ヘサル而耳ナラス人民ノ請願書ハ堆々山ヲ爲シ議場ニ充滿スルノ不都合アルヲ以テノ故ニ少シク人民ニ酷薄ナルガ如クナレ圧斯クハ規定シタル所以ナリトス

第六十四條　請願委員ハ請願文書表ヲ作リ其ノ要領ヲ錄シ毎週一回議院ニ報告スヘシ

請願委員ハ特別ノ報告ニ依レル要求又ハ議員三十人以上ノ要求アルトキハ各議院ハ其ノ請願事件ヲ會議ニ付スベシ

要領

本條第一項ニハ請願委員ハ請願書ヲ審査シ畢レハ如何ナル手續ヲ爲スベキ乎ヲ規定シ第二項ニハ此請願書ヲ議會ノ會議ニ付スルノ要件ヲ規定セリ

理由

請願委員ハ請願書ヲ審査シ畢レハ則チ請願文書表ヲ作リ其要領ヲ錄シ毎週一回議院ニ報告スヘシト本條第一項ニ定メタルハ請願書審査後ノ手續ニシテ斯クアルベキハ至當ノコナルガイヘニ別ニ贅論ヲ要セスシテ可ナリ第二項ニハ之ヲ議會ノ會議ニ付スルノ各要件ヲ定メタリ曰ク請願委員特別ノ報告ニ依レル要求アルトキ曰ク議員三十人以

上ノ要求アル片則チ此二要件ナリ夫レ斯ノ如ク規定シタル所以ノ者ハ前ニモ論セシ通リ無用不必要ノ請願書ヲ以テ議會ヲ混雜錯騷ナラシメサランガ爲メナルヘキナリ

第六十五條　各議院ニ於テ請願ノ採擇スヘキコトヲ議決シタルトキハ意見書ヲ附シ其ノ請願書ヲ政府ニ送付シ事宜ニ依リ報告ヲ求ムルコトヲ得

要領

本條ニハ各議院ニ於テ請願書ノ採擇スベキヿヲ議決シタル片ハ其結局ハ如何ナスベキヤノ手續ヲ規定セリ

理由

本條ノ前段ニ規定セル所ハ固ト手續ノ事ナルガイヘニ別ニ論ズル程ニハ非ズ而シテ本條ノ末段ニ「事宜ニ依リ報告ヲ求ムルヿヲ得」ト規定セリ是レ甚ダ必要ノヿナリ然ル所以ハ其請願書ヲ政府ニ送付セバ政

府ハ之レニ對シテ其平素執行スル所ノ政治上實際ノ意見ヲ付シテ議會ニ回送スルノ手續ナルガイヘニ議會ハ政府ノ回送セル所ノ報告ニ依リテ其立法上ノ參考トナルヿ實ニ少々ニ非ザルナリ故ニ本條ノ末段ハ甚ダ必要ノ規定ナリト云フヲ得ラルベキナリ

第六十六條　法律ニ依リ法人ト認メラレタル者ヲ除ク外總代ノ名義ヲ以テスル請願ハ各議院之ヲ受クルコトヲ得ズ

要領

本條ニハ各議院ニ於テ法人ヨリノ請願書ハ受クルヿヲ得ルモ總代等ノ名義ヲ以テスル請願書ハ之ヲ受理スベカラザル旨ヲ規定セリ

理由

法人トハ自然人ノ集合セル團結体ヲ法律上ニテ一個人ト認メラレタル者ヲ云フ銀行、會社、ノ類是ナリ而シ本條ニ總代ノ名義ヲ以テスル請願書トアル其總代トハ假令自然人ノ集合セル團結体ナルモ法律上ニテ之ヲ一個人ト認メラレザル者ヲ云フ組合、政社ノ類是ナリ、本條ニ斯ク一ハ請願シ得ラレルヿトナシテ他ハ請願シ得ラレザルヿト定メタル所以ノ者ハ他ニアラズ凡ソ請願スルノ事タルハ憲法ニ於テ權利義務ヲ有セル一個人ニ限リテ之ヲ爲スヲ許シタレ𪜈其他ハ之ヲ許サザルナリ是レ本條ニ法人ナル者ハ法律上ニテ一個人ト認ムルヲ以テ之レニ請願スルヿヲ許セルナリ、左レ𪜈組合或ヒハ政社ノ如キハ前ニ述ヘタルガ如ク法律上ニテ一個人ト認メザルガ故ニ彼ノ憲法ノ原則ニ從フテ之レニ請願ヲ爲スヲ許サザルヿト規定シタルナリ本條ノ理由トスル所ノモノ之レニ外ナラズ

第六十七條　各議院ハ憲法ヲ變更スルノ請願ヲ受クルコトヲ得ズ

要領

本條ニ憲法ヲ變更スルノ請願ハ各議院ニ於テ受ケラレサル旨ヲ規定セリ

理由

憲法第七十三條「將來此憲法ノ條項ヲ改正スルノ必要アル𪜈ハ勅命ヲ以テ議案ヲ帝國議會ノ議ニ付スベシ」ト定メアルヲ以テ考フレハ憲法改正ノ議案ヲ起草スルハ天皇ノ大權ニ存ジテ帝國議會ハ之ヲ起草スルノ權ヲ有セザルナリ本條ニ「各議院ハ憲法ヲ變更スルノ請願ヲ受クルヿヲ得ズ」ト規定シタルハ各議院ハ憲法ヲ變更改正スルノ議案ヲ起草シ得ラレザルヲ以テ人民ヨリ之ヲ請願スルモ無功ニ屬スル以テナリ併シ議院ニ於テ起草シ得ラレル他ノ法律ニ附テノ請願ハ人民ヨリ之ヲ爲シ得ラル丶ハ固ヨリ當然ノヿナリ

第六十八條　請願書ハ總テ哀願ノ體式ヲ用ウベシ若請願ノ名義ニ依ラズ若ハ其ノ體式ニ違フモノハ各議

院之ヲ受クルコトヲ得ズ

要領

本條ニハ請願書ニシテ哀願ノ体式ト請願ノ名義トニ依ラザルモノハ各議院ニ於テ之ヲ受クルヿヲ得ザル旨ヲ規定セリ

理由

請願書ハ總テ哀願ノ體式ヲ用ウベシ」ト本條ノ前段ニ規定セリ此ノ文法ハ人民ニ示セルノ規定ニシテ議院ニ對シテ示セルノ規定ニ非ザルハ哀願ノ體式ヲ用ウベシト云ヘル語ニ依テ明ナリ然ルニ此ノ議院法ニ規定シタル者ハ議院ニ示セルノ法律タルニモ係ハラズ人民ニ示セルノ文法ヲ本條ニ之ヲ規定セルハ如何ナル次第ナルヤ且ツ本文ニ「哀願ノ體式ヲ用ウベシ」云々トアリ人民ノ權利ト云ヘル觀念ヨリ此ノ哀願ノ二字ヲ味ヘバ如何ン余輩ハ又タ前ト同樣ニ疑團ノ生ジテ之ヲ解スルニ苦シムヲ以テ暫ラク疑ヲ存ジテ讀者諸君ノ判斷ヲ煩ハサント

ズルナリ本條ハ之レテ講論スルノ要点ハ勿カルベキナリ他ハ諸願書ヲ受クルニ附テノ手續ナルガイヘニ之ヲ略ス

第六十九條　請願書ニシテ皇室ニ對シ不敬ノ語ヲ用井政府又ハ議院ニ對シ侮辱ノ語ヲ用井ルモノハ各議院之ヲ受クルコトヲ得ズ

要領

本條ニハ請願書ニシテ不敬又ハ侮辱ノ語ヲ用井タルモノハ各議院之ヲ受クルコトヲ得ザル旨ヲ規定セリ

理由

前條ニテハ請願書ニシテ請願ノ名義ト哀願ノ体式ニ違フモノハ各議院之ヲ受ケサルコトヲ規定セリ本條ニモ又タ此レト同一ニ請願書ニシテ皇室ニ對シ不敬ノ語ヲ用ヒ政府又ハ議院ニ對シ侮辱ノ語ヲ用井ルモノハ各議院之ヲ受クルコトヲ得ズト規定セリ前條本條共ニ皆ナ至當

ノ事ナランカ、左リナガラ本條ニ在テハ不敬ト云ヒ侮辱ト云ヒ文字ヨリ之ヲ見レハ判然トシテ疑フベキ点ハ無カル可シト雖圧之ヲ實際上ヨリ考ヘ來レハ之レハ不敬トナルベキヤ之レハ不敬トナラサルヤ或ヒハ之レハ侮辱トナルベキヤ之レハ侮辱トナラサルヤ容易ニ之レヲ判斷シ得ラレサルハ人々ノ能ク知ル所ナリ、去レバ本條ニ於テ別ニ論ズベキ所ノ者ハ在ラサレ圧唯々議會ノ請願委員ニ於テ寛大ノ心ヲ以テ之ヲ審査シ在ランヿヲ願フニ外ナラサルナリ

第七十條　各議院ハ司法及行政裁判ニ干預スルノ請願ヲ受クルコトヲ得ズ

要領

本條ニハ司法及ビ行政裁判ニ干豫スル請願書ニ付テノ條件ヲ規定シタルナリ

理由

司法裁判ハ一ノ獨立團体ナルガイヘニ他ヨリ之ヲ犯カシ又タハ干渉スベカラサル者トス行政裁判モ之レト同一ニテ他ヨリ之ヲ犯カシ又タハ干渉スベカラサル者トス本條ニ各議院ハ司法及行政裁判ニ干預スルノ請願ヲ受クルヿヲ得ズト定メタルハ立法部ナル議會ト雖𪜈司法行政ノ裁判ニ干預スルヿ能ハサルヲ以テ人民ヨリ之ヲ請願スルモ無効ニ属スルガ故ナリ

第七十一條　各議院ハ各別ニ請願ヲ受ケ互ニ相干預セズ

要領

本條ニハ請願書ハ各議院ノ間互ニ相關係セサル旨ヲ規定セリ

理由

立法上ノ議案ニ關スルモノハ各議院互ニ相ヒ干預スルハ勿論ノ事ナレ𪜈本條ニ掲ゲタル請願ハ未ダ立法上ノ議案ト名ツク可キモノニ非

サルガイヘニ此請願ニ付テハ各院ノ間ハ互ニ相干預セサルヿハ至當ノヿナリ本條ノ理由トスル所ノ者ハ之レニ外ナラズ

第十四章　議院ト人民及官廳地方議會トノ關係

本章ハ議院ト人民トノ關係ハ如何ン、議院ト官廳トノ關係ハ如何ン、議院ト地方議會トノ關係ハ如何ン、此等ノ條件ヲ規定シタル者ニテ第七十二條ヨリ第七十五條ニ至ル通計四箇條ヲ以テ成立セリ

第七十二條　各議院ハ人民ニ向テ告示ヲ發スルコトヲ得ズ

要領

本條ニハ各議院ハ人民ニ向テ告示權ヲ有セサル旨ヲ規定セリ

理由

告示權トハ行政權ニ屬スルモノニシテ行政上ノ意思ヲ人民ニ向テ表

白スルモノタルナリ夫レ議院ナル者ハ立法權ニ於テハ充分ノ權利ヲ有スル者ナレ𪜈人民ニ向テ表白スル行政上ノ告示權議院ノ得テ有スベカラサル權ナルハ法學上ノ原則ナリトス本條ニ各議院ハ人民ニ向テ告示ヲ發スルヿヲ得ズト禁タルハ右ノ原則ヲ適用シタル者ナリ

第七十三條　各議院ハ審査ノ爲ニ人民ヲ召喚シ及議員ヲ派出スルコトヲ得ズ

要領

本條ニハ議院ニ於テ人民ニ向ヒ召喚權ヲ有セサルト並ニ議員ヲ他ヘ派出セシムルノ權ヲ有セサル旨ヲ規定セリ

理由

召喚權トハ行政權司法權ヲ執行スルニ付テハ必要アル者ナレ𪜈立法權ヲ執行スルニ付テハ不必要ニシテ無用ナルノミナラズ立法權ニ隨從スルモノニ非ス故ニ本條ニ各議院ヨリ審査ノ爲メニ人民ヲ召喚ス

ルヿヲ禁セシナリ、而シテ本條ノ末段ニ各議院ヨリ審査ノ爲メニ議員ヲ派出スルヿヲ得ズト定メタハ如何ンコレモ前ト同様ニテ立法權ノ有スル權利ニアラズ若シ之ヲ立法權ニ屬スル者トセハ立法權ハ宛モ行政權ト異ナル所ヲ見サルカ如キノ不都合ナシトセサルナリ是レ本條ニ各議院ハ議員ヲ派出スルヿヲ得ズト規定シタル所以ナリトス

第七十四條　各議院ヨリ審査ノ爲ニ政府ニ向テ必要ナル報告又ハ文書ヲ求ムルトキハ政府ハ秘密ニ渉ルモノヲ除ク外其ノ求ニ應ズベシ

要領

本條ニハ必要ナル報告又ハ文書ニ付テ各議院ト政府トノ關係ヲ規定シタルナリ

理由

各議院ヨリ審査ノ爲メニ政府ニ向テ必要ナル報告又ハ文書ヲ求ムル

ハ政府ノ意見ヲ聞テ立法作用ヲ完全ナラシメンガ爲メナルヲ以テ政府ハ其求メニ應シテ報告又ハ文書ヲ送付スルノ義務ヲ有スルハ固ヨリ當然ノ事ナリ、去レド行政上ノ事ハ往々秘密ニ渉タル事件モナシトセズ然ルニ此秘密ニ渉タル事件モ尚ホ議會へ送付セサルベカラサルトセハ爲メニ或ヒハ國家ノ組織ヲ破リ社會ノ紛亂ヲ來タスノ害トナルモ知ルベカラズ故ニ秘密ニ渉タル報告又ハ文書ハ之ナ立法部ナル議會へ送付セサルモ政府自身ノ自由ニ放任シ置カサルベカラズ是レ本條ニ政府ハ秘密ニ渉タルモノヲ除ク外其求メニ應ズベシト規定シタル所以ナリ

第七十五條　各議院ハ國務大臣及政府委員ノ外他ノ官廳及地方議會ニ向テ照會往復スルコトヲ得ス

要領

本條ニハ各議院ト官廳及地方議會トノ關係如何ンヲ規定シタルナリ

理由

議會ガ立法作用ヲ充タサンガ爲メニ國家ノ組織社會ノ狀勢地方ノ景況等ヲ知ラントセバ國務大臣及ヒ政府委員ニ就テ其說明ヲ求メ得ラルヽハ前々條ヨリ種々講論シタルヲ以テ之レニ附テハ疑ヒハ無カルベキナリ是レ本條ノ末段ニ他ノ官廳及ヒ地方議會ニ向テ照會往復スルヿヲ得ズト禁ジタル所以ナリ蓋シ此等ノ官廳及地方議會ニ向テ照會往復セザルモ國務大臣及ヒ政府委員ニ就テ充分ニ行政上ノ狀態ヲ說明シ得ラルヽヲ以テナリ

第十五條　退職及議員資格ノ異議

本章ニハ議員ガ退職者ト認メラルヽ場合又ハ議員ノ資格ニ附テ異議ヲ生ゼシ場合ニハ如何ナスベキヤ等ノ條件ヲ規定シタルナリ本章ハ第七十六條ヨリ第八十條ニ至ル凡テ五箇條ヲ以テ成立セリ

第七十六條　衆議院ノ議員ニシテ貴族院議員ニ任セ

ヲレ又ハ法律ニ依リ議員タルコトヲ得ザル職務ニ任ゼラレタルトキハ退職者トス

要領

本條ニハ衆議院議員ニシテ退職者トナルベキ場合ヲ規定シタルナリ

理由

本條ニ衆議院議員ニシテ退職者トナルベキ場合二個アリ曰ク貴族院ノ議員ニ任セラレシ𪜈曰ク法律ニ依リ議員タルヿヲ得ザル職務ニ任ゼラレタル𪜈則チ是ナリ何ガ故ニ衆議院議員ニシテ貴族院ノ議員ニ任ゼラルレバ退職者トナルベキヤ答テ曰ク一人ニシテ同時ニ二個ノ任ヲ負フヿ能ハザルヲ以テナリ又タ次ノ法律ニ依リ議員タルヿヲ得サル職務ニ任ゼラレシ𪜈トハ衆議院議員撰擧法第九條ニ宮內官裁判官會計撿査官、收稅官、警察官ハ被撰擧人タルヿヲ得ズ」トアリ此等ノ官吏ニ任ゼラレシ場合ヲ云フ、而シテ此等ノ官吏ニ任ゼラレシ𪜈ハ直チ

ニ退職者トナルベキハ固ヨリ當然ノコナリ蓋シ其被撰擧權ノ資格ナケレバナリ

第七十七條　衆議院ノ議員ニシテ選擧法ニ記載シタル被選ノ資格ヲ失ヒタルトキハ退職者トス

要領

本條ニハ衆議院ノ議員ニシテ其資格ヲ失ヒタルヲ以テ退職者トナルベキ件ヲ規定セリ

理由

衆議院議員撰擧法第三章ノ條項ニ被撰擧權ノ資格ヲ失ヒシ場合ヲ規定セリ本條ニ衆議院ノ議員ニシテ撰擧法ニ記載シタル被撰ノ資格ヲ失ヒタル者ハ退職者トスト規定セリ此ノ被選ノ資格ヲ失ヒタル者トハ右第三章ニ記載シタル場合ナリトス而シテ其資格ヲ失ヒシヲ以テ退職者トナルベキハ前條ト同一ノ理由ニシテ固ヨリ當然ノコナリト

ス

第七十八條　衆議院ニ於テ議員ノ資格ニ付異議ヲ生シタルトキハ特ニ委員ヲ設ケ時日ヲ期シ之ヲ審査セシメ其報告ヲ待テ之ヲ議決スヘシ

要領

本條ニハ衆議院議員ノ資格ニ異議ヲ生セシ場合ニハ如何ナル手續ヲ以テ之ヲ處分スルヤ則チ此レ等ノ手續ヲ規定セリ

理由

議會ノ裁判權トハ議會ニ於テ裁判スルヿヲ云フ則チ本條ノ如キハ其一例ナリ本條ニ議員ノ資格ニ異議ヲ生ジタルトキハ特ニ委員ヲ設ケ時日ヲ期シ之ヲ審査セシメ云々ト定メテ他ノ官廳ニ之ヲ爲サシメズ議會自身ニ之ヲ審査シテ議決スルハ如何ナル理由ニ基ヅクモノナルヤ他ニアラズ蓋シ議會自身ニ之ヲ審判スルハ他官廳ニ之ヲ爲サシムル

ヨリモ甚ダ簡畧ニシテ錯騷ナラズ且ツ此等ノ事件ハ議會內ノコナル
ヲ以テ議會自身ニ之ヲ審判スルハ當然ノ次第ナルガ故ナリ各國ノ例
モ大概皆ナ此レト同一ニ議員ノ身上ニ關スルコハ議會ニ於テ裁判權
ヲ有セルヲ常トセリ是レ本條ニ斯クハ規定セル所以ナリトス

第七十九條　裁判所ニ於テ當選訴訟ノ裁判手續ヲ爲シタルモノハ衆議院ニ於テ同一事件ニ付審査スルコトヲ得ズ

要領

本條ニハ議員ノ身上ニ付キ司法裁判所ニテ裁判手續ヲ爲シ終リタル者ハ衆議院ニテ之レニ對スル裁判權ヲ有セザル旨ヲ規定セリ

理由

一事再理セズトハ法律ノ原則ナリ本條ニ議員ノ身上ニ付キ司法裁判
所ニテ當選訴訟ノ裁判手續ヲ爲シタルモノハ衆議院ニテ同一事件ニ

付審査スルヿヲ得ズト規定シタルハ則チ右ノ一事再理セズト云ヘル法律ノ原則ヲ適用シタル者ナリ而メ當選訴訟ノ手續ハ衆議院議員選擧法第十二章當撰訴訟ノ部ニ規定シタルヲ以テ同章ニ就テ參照セバ右ノ手續ハ明白ニ知リ得ラルベシ

第八十條　議員其ノ資格ナキコトヲ證明セラルヽニ至ルマデハ議院ニ於テ位列及發言ノ權ヲ失ハズ但シ自身ノ資格審査ニ關ル會議ニ對シテハ辯明スルコトヲ得ルモ其ノ表決ニ預カルコトヲ得ズ

要領

本條ハ議員其ノ資格ナキヿヲ證セラルヽニ至ルマデハ議會ニ於テ其議員ノ發言及ヒ表決等ノヿハ如何スベキヤノ條件ヲ規定シタルナリ

理由

如何ナル惡事ヲ爲セシ者ト雖モ裁判所ニ於テ罪狀ノ宣告ヲ受ケザル

迄ハ之ヲ罪人ト云フヲ得ザルハ少シク法學ヲ研究セシ者ノ知ル所ナリ、本條ノ前段ニ議員其資格ナキヿヲ證明セラル丶ニ至ルマデハ議院ニ於テ位列及ヒ發言ノ權ヲ失ハズト規定シタルハ右ノ理由ヲ適用シタルニ外ナラズ又タ本條ノ後段ニ但シ自身ノ資格審査ニ係ル會議ニ對シテハ辨明ヲスルヿヲ得ルモ其表決ニ預カルヿヲ得ズト規定シタルハ實ニ至當ノヿナリ、何トナレバ自身ノヿヲ審査セラル丶ニ對シテ之ヲ辨明スルハ是レ至當ノヿナラズヤ、左リナガラ其議決ヲ爲スニ方リ已レ其議決ノ數ニ預カルヿヲ得ザルモ是レ亦タ至當ノヿナラズ乎

第十六章　請暇辭職及補闕

本章ハ議員ノ請暇ニ關スルヿ議員ノ辭職ニ關スルヿ及ヒ議員ノ補闕ニ關スルヿ等ノ條件ヲ規定シタルモノニシテ第八十一條ヨリ第八十四條ニ至ル凡テ四箇條ヲ以テ成立セリ

第八十一條　各議院ノ議長ハ一週間ニ超エザル議員

ノ請暇ヲ許可スルコトヲ得其ノ一週間ヲ超ユルモノハ議院ニ於テ之ヲ許可ス期限ナキモノハ之ヲ許可スルコトヲ得ス

要領

本條ニハ議員ノ請暇ヲ爲スニ付テノ處分方ヲ規定シタル者ナリ

理由

俗言ノ一歩ハ一歩ヨリ重ク、一句ハ一句ヨリ重クト云ヘル語ハ本條ニモ適用シ得ラルヽナリ、本條ノ前段ニ各議院ノ議長ハ一週間ニ超エザル議員ノ請暇ヲ許可スルコヲ得ト規定シタルハ則チ極テ輕少ナル請暇ナルヲ以テ之ヲ許スノ權ヲ議長ニ與ヘタルハ至當ノコナリ又本條ノ中段ニ其一週間ヲ超ユルモノハ議院ニ於テ之ヲ許可スト規定シタルハ前段トハ其請暇日數ノ長キヲ以テ之ヲ許スノ權ヲ議長ニ與ヘズシテ議院全体ニ計リテ之ヲ許ルセルハ其當ヲ得タルナリ而シテ本條ノ末段ニ期限ナキモノハ之ヲ許可スルヿヲ得ズト規定シタルモ又タ適當ノ制裁ナル可キナリ斯ク規定シ置カズンバ議會ニ重ンズ可キ所ノ者ヲ見ザルガイヘニ或ロハ議會ヲ玩弄スルノ議員ヲ生ズルモ計カラレザレバナリ、ソコデ余輩ハ本條ノ始メニ俗言ヲ掲ゲタルガ是レ至當ノヿナラント信ズルナリ

第八十二條　各議院ノ議員ハ正當ノ理由ヲ以テ議長ニ届出スシテ會議又ハ委員會ニ闕席スルコトヲ得ズ

要領

本條ニハ會議又ハ委員會ニ闕席セル議員ニ就テノ條件ヲ規定セルナリ

理由

前條ニ議員ガ議會ヲ玩弄セルヿヲ述ベ置ケリ此レハ本條ニモ適用シ得ラルヽノ說ナリトス本條ニ各議院ノ議員ハ正當ノ理由ヲ以テ議長

ニ屆出テスシテ會議又ハ委員會ニ欠席スルヿヲ得ズト規定シタルハ則チ是ナリ然ルニ若シ議員ニ於テ之ヲ闕席セバ如何スベキヤ後ノ第九十九條ニ之レガ處分法ヲ定メタリ故ニ同條ニ就テ之チ見レバ明瞭ナリ

第八十三條　衆議院ハ議員ノ辭職ヲ許可スルコトヲ得

要領

本條ニハ議員ノ辭職ヲ爲スニ付テノ條件ヲ規定セリ

理由

議會ハ議員ノ身上ニ付キ裁判權ヲ有スルヿハ前第七十八條ノ規定スル所タリ議會ニシテ裁判權ヲ有スルトセバ議院ニ於テ議員ノ辭職ヲ許可スルカ如キハ固ヨリ至當ノヿト云フベキナリ本條ニ衆議院ハ議員ノ辭職ヲ許可スルヿヲ得ト規定シタルハ右ノ理由ナルニ外ナラズト

ス

第八十四條　何等ノ事由ニ拘ラス衆議院議員ニ闕員ヲ生シタルトキハ議長ヨリ内務大臣ニ通牒シ補闕選擧ヲ求ムベシ

要領

本條ニハ議員補闕選擧ノ手續ヲ規定セリ

理由

衆議院議員ニシテ辭職或ハ退職セシトキハ議長ヨリ内務大臣ニ通牒シ補欠選擧ヲ求ムベシトハ本條ノ規定スル所ナリ夫レ議會ガ議員ノ資格ヲ審査シ議員ノ辭職ヲ許可シ及ヒ議員ノ請暇ヲ認許スルガ如キハ議院内ノコナルガイヘニ議會ニ於テ之ヲ處置スルノ權ヲ有スルハ前々條ヨリ述ベタル通リナリ然ルニ本條ノ如キハ之レト異トナリ議院外ニ在ル所ノ處分ナルヲ以テ之ヲ政務官ニ托スルハ當然ノコナリ殊

トニ此處分ヲ爲スニハ立法權ノ有セザル告示權ヲ以テ之レガ處分ヲ爲サヽルベカラズ是レ本條ニ議長ヨリ内務大臣ニ通牒シ補闕選擧ヲ求ムベシト規定シタル所以ナリ

第十七章　紀律及警察

本章ニハ議會ニ於テ其紀律秩序ヲ保維センガ爲メニ警察權ヲ執行スルノ條件ヲ規定シタルモノナリ本章ハ第八十五條ヨリ第九十三條ニ至ル凡テ九箇條ヲ以テ成立セリ

第八十五條　各議院開會中其ノ紀律ヲ保持セムガ爲内部警察ノ權ハ此ノ法律及各議院ニ於テ定ムル所ノ規則ニ從ヒ議長之ヲ施行ス

要　領

本條ニハ開會中其紀律ヲ保持スルニ付キ警察權ヲ執行スルハ如何ニシテ之ヲ執行スルヤ右等ノ條件ヲ規定シタルナリ

理由

凡テ警察權ナル者ハ容易ニ執行スベカラサル者ナリ然ルヲ妄リニ執行セン乎紀律ヲ保持セントシテ反テ紀律ヲ破リ秩序ヲ維持セントシテ反テ秩序ヲ紊タス等ノ事アリ愼シマザル可ケンヤ是レ本條ニ内部警察ノ權ハ此法律及各議院ニ於テ定ムル所ノ規則ニ從ヒ議長之ヲ施行スト規定シタル所以ノ者ハ妄リニ此警察權ヲ執行セザランガ爲メナリ然カリ之ヲ妄用セザル𪜈ハ議會内ノ紀律秩序ヲ保持スルニ付キ甚ダ必要ノ權タルナリ

第八十六條　各議院ニ於テ要スル所ノ警察官吏ハ政府之ヲ派出シ議長ノ指揮ヲ受シム

要領

本條ニハ警察官吏ハ政府之ヲ派出シ議長ノ指揮ヲ受クル旨ヲ規定セリ

理由

警察權ハ行政權ノ一種ナルカイヘニ實際ニ於テハ政府常ニ之ヲ監督指掌セリ是レ本條ニ警察官吏ハ政府之ヲ派出スト規定シタル所以ナリ又タ其末段ニ議長ノ指揮ヲ受ケシムルト規定シタルハ議會ハ一ノ團体ニシテ其門戸ハ鐵門鐵戸ナリトス故ニ警察官ト雖モ妄リニ此鐵門鐵戸ヲ通過シテ其團体ヲ侵害スベカラズ是レ議長ノ指揮ヲ受ケテ警察權ヲ執行セシムル所以ナリトス

第八十七條　會議中議員此ノ法律若ハ議事規則ニ違ヒ其ノ他議場ノ秩序ヲ紊ルトキハ議長ハ之ヲ警戒シ又ハ制止シ又ハ發言ヲ取消サシム命ニ從ハザルトキハ議長ハ當日ノ會議ヲ終ルマデ發言ヲ禁止シ又ハ議場ノ外ニ退去セシムルコトヲ得

要領

本條ニハ議長ガ議員ニ向ヒ警戒、制止、又ハ發言禁止、議場退去等ノ警察權ヲ執行セシムル旨ヲ規定セルナリ

理由

警戒トハ其心ニ非ヲ悟ラシメテ擧働發言ノ傲慢ナラシメサルヲ云フ制止トハ以來ニ向テ其擧働發言ノ傲慢ナルヲ制シ止ムルヲ云フ、發言ヲ取リ消サシムルトハ既ニ述ベタルノ發言ヲ取リ消サシムルモノニシテ以來ニ向テハ關係ノ無キモノヲ云フ、發言ヲ禁止スルトハ是非善惡ニ係ハラズ當日中ノ發言ヲ總ベテ禁止シテ言ハシメサルヲ云フ、議場退去トハ其議場ヲ退去セシメテ入ラシメサルヲ云フ以上ニ記載シタルモノハ文學ノ解釋タルニ過ギザレ𪜈本條ニ於テハ別ニ論スベキノ要點ハ無カルベキヲ以テ之ヲ列記セルナリ併シ以上ニ記セシ警戒制止等ノ事ハ則チ警察權ノ執行タルベキヲ承知シ居ラサルベカラザルナリ

第八十八條　議場騷擾ニシテ整理シ難キトキハ議長ハ當日ノ會議ヲ中止シ又ハ之ヲ閉ヅルコトヲ得

要領

本條ニハ議場騷擾ニシテ整理シ難キトハ議長ハ非常權ヲ執行スル旨ヲ規定セリ

理由

本條ノ如キハ止ムヲ得サルノ場合ナルヽ以テ議長ニ當日ノ會議ヲ中止シ又ハ之ヲ閉ツルヿヲ得サシムルノ權ヲ與ヘ置モ至當ノヿタルナリ、佛國ニテハ斯カル場合ニハ議長ハ常ニ所持シ居ル所ノ頭巾ヲ直ニ冠フリ其ノ儘ニテ議場ヲ退ケリ然カスル㕝ハ忽チニ議會ハ靜謐ニナルナリ、然ル所以ハ議長ガ頭巾ヲ冠スルハ議會ヲ中止スルト云ヘル昔日ヨリノ習慣ナリ故ニ此場合ニハ議會ハ忽チニ靜謐トナルナリ、他國ノ例ハ大概皆ナ我國ノ條件卽チ本條ノ如キト同一樣ニ之ヲ規定セル

ナリ

第八十九條　傍聽人議場ノ妨害ヲ爲ス者アルトキハ議長ハ之ヲ退場セシメ必要ナル場合ニ於テハ之ヲ警察官廳ニ引渡サシムルコトヲ得

傍聽席騷擾ナルトキハ議長ハ總テノ傍聽人ヲ退場セシムルコトヲ得

要領

本條第一項第二項トモニ傍聽人ニ對シ議長ガ警察權ヲ執行スル條件ヲ規定シタルナリ

理由

前二條ハ議長ガ議員ニ對シテ警察權ヲ執行スル旨ヲ規定シタル者ナレ氏本條ハ議長ガ傍聽人ニ對シテ警察權ヲ執行スル旨ヲ規定シタルナリ故ニ本條ノ理由トスル所ハ前條ノ理由トスル所ト異ナル無キヲ

以テ署シテ之ヲ述ベズ併シ本條ノ如キモ議會內ノ警察權トシテハ必要ナル條件ナリトス

第九十條　議場ノ秩序ヲ紊ル者アルトキハ國務大臣政府委員及議員ハ議長ノ注意ヲ喚起スルコトヲ得

要領

本條ニハ議場ノ秩序ヲ紊ル者アル時ハ議長ハ他ヨリ注意ヲ喚起セラルベキ旨ヲ規定セリ

理由

國務大臣及ヒ政府委員ハ議會ヲ組織スルノ一部ニハ非ザレ氏議會ニ對シテハ密接ノ關係ヲ有スルモノナリ又タ議員ハ議會ヲ組織スルノ一部ナルハ勿論ノコナリ是レ本條ニ議場ノ秩序ヲ紊タル者アルトキハ國務大臣、政府委員及ビ議員ハ議長ノ注意ヲ喚起スルコヲ得ト規定シタル所以ナリ蓋シ國務大臣等ハ議會ト密接ノ關係ヲ有シ又タ議員

ハ議會ノ一部ナルヲ以テノ故ナリ

第九十一條　各議院ニ於テ皇室ニ對シ不敬ノ言語論說ヲ爲スコトヲ得ズ

要領

本條ニハ皇室ニ對スル不敬ノ言語論說ハ議員ニ於テ愼シム可キノ條件ヲ規定シタルナリ

理由

夫レ皇室ハ社會ノ最上種族ニシテ國家ヲ統治スルノ大權ハ是ヨリシテ出ツル者ナリ、假令議會ハ立法ノ首府ニシテ議員ハ發言ノ自由ヲ有スル者ナルモ皇室ニ對シ不敬ノ言語、不敬ノ論說ヲ爲スガ如キハ最モ愼マザル可ラズ然ルヲ議員ハ發言ノ自由ヲ有スルナリトテ皇室ニ對スル不敬ノ言語論說ヲ爲スヲモ之ヲ放任シ置カバ是レ由々シキ大事ヲ惹キ起スナリ爲メニ國家ノ紀律ハ紊タレ社會ノ秩序ハ破ルヽニ至ルナランン本條ニ於テ各議員ハ皇室ニ對シ不敬ノ言語論說ヲ爲スコヲ得ズト禁ジタル固ヨリ其所ナリ然ルニ若シ議員ニシテ不敬ノ言語論說ヲナサバ如何ナル處分ヲ要スルト云ヘバ唯々本法、第十八章ノ懲罰ニ該當スル者ニシテ刑法即チ議院外ニ於テ其裁判ヲ受クルコハナカルベシ憲法第五十二條ニ兩議院ノ議員ハ議院ニ於テ發言シタル意見及ビ表決ニ付院外ニ於テ責ヲ負フコナシト規定セルハ即チ是ナリ

第九十二條　各議院ニ於テ無禮ノ語ヲ用井ルコトヲ得ス及他人ノ身上ニ涉リ言論スルコトヲ得ス

要領

本條ニハ無禮ノ語ヲ用ヒ又ハ他人ノ身上ニ涉リ言論スルコハ議員ニ於テ愼シム可キノ條件ヲ規定セリ

理由

前條ニハ皇室ニ對シ不敬ノ言語論說ヲ爲スハ議員ノ愼シム可キ点ナ

ルヲ規定セリ本條ニハ一般ニ付テノ人々ニ對シテ無禮ノ言語又ハ身上ニ涉リテ言論スルヿヲ得サル旨ヲ規定セリ然リ本條ニハ一般ノ人々ニ付テノ規定ナレ𪜈多分ハ議員互相ノ間或ヒハ行政官ニ對スルノ條件ナリト見ルモ善カルベキナリ本條ノ理由トスル所ハ議員ヲシテ無禮傲慢ノ暴言ヲ發セシメズ以テ議會ノ地位ヲ高ムルニ在ルノミ、去リナカラ本條モ前條ト同一ニテ議員ノ發言ニ付テ院外ニ於テ其責ヲ負ハザルハ勿論ノヿナリ

第九十三條　議院又ハ委員會ニ於テ誹毀侮辱ヲ被リタル議員ハ之ヲ議院ニ訴ヘテ處分ヲ求ムベシ私ニ相報復スルコトヲ得ス

要領

本條ニハ誹毀侮辱ヲ被リタル議員ハ之ヲ議院ニ訴ヘテ處分ヲ求ムベキ旨ヲ規定セリ

理由

報復主義ノ刑罰ハ昔時野蠻ノ時代ニ在テハ盛ンニ行ハレタレ圧今日ハ何レモ皆ナ之ヲ忌ムヿトナレリ然ル所以ノ者ハ反テ之レガ爲メ社會ノ秩序ヲ破リ國家ノ紀律ヲ紊ダシテ刑罰ノ目的トスル所ヲ取リ違ヘルノ不都合ヲ生ズレバナリ故ニ本條ノ如キモ私ニ相報復スルヿヲ得ズト規定セリ蓋シ議會内ニ在テモ斯ク規定シ置クヿハ必要ノヿタルナリ殊ニ本條ニハ斯ヽル場合ニ之ヲ議院ニ訴ヘテ處分ヲ求ムベシト規定シタルヲ以テ實際ニハ毫モ差シ支ヘヲ生ズルノヿハナカルベキナリ

第十八章　懲罰

夫レ議會ナル者ハ立法權ヲ有スルノミニテ裁判權及行政權ヲ有セザルハ今更ラ喋々ヲ要セザルモ可ナリ然レ圧議會ガ立法ノ作用ヲ充タサンガ爲メニ議院内ニ於テ議會ハ裁判權及ピ行政權ヲ有セルナリ則

チ前第十七章紀律及ヒ警察ノ部ハ議會ガ行政權ヲ有スルノ一例ナリ

又タ本章ノ如キハ議會ガ裁判權ヲ有スルノ一例ナリトス故ニ學者ハ之ヲ議會ノ行政權議會ノ裁判權ト云ヘリ此ノ兩權共ニ議會ガ立法ノ作用ヲ充タサンガ爲メニハ實ニ必要ノ權タルナリ本章ハ懲罰ノ部ニシテ議院法最終ノ章ナリ第九十四條ヨリ第九十九條ニ至ル凡テ六箇條ヲ以テ成立ス

第九十四條　各議院ハ其ノ議員ニ對シ懲罰ノ權ヲ有ス

要領

本條ニハ議會ハ懲罰權ヲ有スル旨ヲ規定セリ

理由

議員ノ發言ハ議院外ニ其責ヲ負ハズトハ憲法ノ規定スル所ナレモ議院內ニ於テハ其責ヲ負ハザルヲ得ズ前第十七章紀律及警察ノ部ニ規

定シタル條件ニ違悖セバ是非トモ之ヲ罰スルノ道ナカラザルベカラズ是レ本條ニ各議院ハ其議員ニ對シ懲罰ノ權ヲ有スト規定シタル所以ニシテ議院ニ之ヲ罰スル權ヲ與ヘタルモノトス

第九十五條　各議院ニ於テ懲罰事犯ヲ審査スル爲ニ懲罰委員ヲ設ク

懲罰事犯アルトキハ議長ハ先ツ之ヲ委員ニ付シ審査セシメ議院ノ議ヲ經テ之ヲ宣告ス

各委員會又ハ各部ニ於テ懲罰事犯アルトキハ委員長又ハ部長ハ之ヲ議長ニ報告シ處分ヲ求ムベシ

要　領

本條第一項ニハ懲罰委員ヲ設クルノ件第二項ニハ之ヲ宣告スルノ件第三項ニハ懲罰事犯ヲ發見セシ片之レガ處分ヲ求ムルノ件ヲ規定セリ

理由

議會ニ於テ懲罰權ヲ有スル以上ハ議院ニ於テ懲罰事犯ヲ審査スル爲メニ懲罰委員ヲ設ケ置クハ當然ノヿナリ是レ本條第一項ニ規定シタル所以ナリ、懲罰事犯ヲ宣告スルヿハ重大ノ事件ナリ故ニ之ヲ議長一人ノ掌理ニ托セズシテ議院全体ノ議決ヲ經テ之ヲ宣告スベキハ是レ亦タ當然ノヿナリ本條第二項ニ規定シタルモノ則チ是ナリ、而シテ本條第三項ニ各委員會又ハ各部ニ於テ懲罰事犯アルトキハ委員長又ハ部長ハ之ヲ議長ニ報告シ處分ヲ求ムベシト定メタルハ畢竟處分ヲ求ムルニ付テノ手續マデノヿナルガイヘニ別ニ理由トシテ論スベキ程ニハ非ズ唯タ至當ノヿト云フヨリ外ニ述ブルヿハ無カルベキナリ

第九十六條　懲罰ハ左ノ如シ

一　公開シタル議場ニ於テ譴責ス

二　公開シタル議場ニ於テ適當ノ謝辭ヲ表セシム

三　一定時間出席ヲ停止ス
四　除名
衆議院ニ於テ除名ハ出席議員三分ノ二以上ノ多數ヲ以テ之ヲ決スヘシ

要領

本條第一項ニハ懲罰ノ科目ヲ規定セリ第一譴責、第二謝辭、第三出席停止第四除名是ナリ第二項ニハ除名ヲ爲スニ付テノ要件ヲ規定セリ

理由

前第九十四條ニハ各議院ハ懲罰權ヲ有スルノ件ヲ規定シ之レニ次イテ第九十五條ニハ懲罰事犯ヲ審査シ宣告スルノ件ヲ規定セリ然レ𪜈未ダ懲罰スベキ罰科ハ何々ナルヤヲ規定セザルナリ則チ本條ニ至リテ此ノ科目ヲ規定シタルハ至當ノ順序ナリトス而シテ本條ハ其科目ヲ四類ニ區別セリ曰ク譴責、曰ク謝辭、曰ク出席ヲ停止ス、曰ク除名是ナ

リ此レ等ノ科目ヲ以テ懲罰スルハ固ヨリ至當ノヿニシテ間然スル所ハ無カルベシ併シ其内ノ除名ノ罰ハ議員ノ身上ニ取リテ容易ナラザルノ罰則ナルヲ以テ第二項ニ衆議院ニ於テ除名ハ出席議員三分ノ二以上ノ多數ヲ以テ之ヲ決スベシト規定シタルハ固ヨリ其所ナリ他ノ懲罰ハ普通會議法ノ法則ニ依リ過半數ニテ議決ヲ爲シ宣告スルヿナレ𪜈此除名ニ限リ三分ノ二以上ノ議決ニ由ラズンバ宣告スルヿ能ハザル所以ノ者ハ是レ罰則ノ重大ナルニ由レバナリ

第九十七條　衆議院ハ除名ノ議員再選ニ當ル者ヲ拒ムコトヲ得ス

要領

本條ニハ除名セラレタル議員ニシテ再選ニ當ル場合ハ如何ニスベキヤ之ヲ規定シタルナリ

理由

議員ニシテ除名ノ宣告ヲ受クレバ其宣告ヲ受ケタルト同時ニ其身ハ清潔ナル良民タルベキナリ蓋シ除名ノ宣告ヲ受クレバ其宣告ガ取リモ直サズ罰ニシテ他ニハ毫モ罰トテハ無カルベシトハ法律ノ原則トシテ差シ支ヘハ無キナリ故ニ其宣告ヲ受ケタルト同時ニ其身ヲ清潔ナル良民ナリト云フモ亦タ宜ベナラズヤ本條ニ衆議院ハ除名ノ議員再選ニ當ル者ヲ拒ムヿヲ得ズト規定シタルハ右ノ理由アレバナリ殊トニ一般人民ノ望ミニ由リテ再選セラルガ如キハ實ニ代議士タルニ充分ノ資格アルモノト云ハザルヲ得ザルナリ

第九十八條　議員ハ二十人以上ノ賛成ヲ以テ懲罰ノ動議ヲ爲スコトヲ得

懲罰ノ動議ハ事犯アリシ後三日以內ニ之ヲ爲スベシ

要　領

本條第一項第二項共モニ各議員ハ懲罰ノ動議ヲ起シ得ラルヽニ附テ

ノ條件ヲ規定シタルナリ

理由

議會ニ於テ懲罰事犯ノ審査ヲ爲スニ方リ他ノ議員之ヲ懲罰事犯ニ非ズト思惟スル時ハ議員一人ニテハ不都合ナルモ二十八以上ノ贊成者ヲ得レバ以テ其動議ヲ起シテ該審査ヲ排斥スルコトヲ得セシムルノ權ヲ各議員ニ與ヘタルハ本條ニ規定スル所ナリ且ツ斯ル動議ヲ起スニハ二十八以上ノ贊成者ヲ得ルヲ要スルノミナラズ事犯アリシ後チ三日內ニ之ヲ爲スベシト第二項ニ規定シタルモ固ヨリ正當ノコトナリ

第九十九條　議員正當ノ理由ナクシテ勅諭ニ指定シタル期日後一週間內ニ召集ニ應セザルニ由リ又ハ正當ノ理由ナクシテ會議又ハ委員會ニ欠席スルニ由リ若ハ請暇ノ期限ヲ過ギタルニ由リ議長ヨリ特ニ招狀

ヲ發シ其ノ招狀ヲ受ケタル後一週間內ニ仍故ナク出席セザル者ハ貴族院ニ於テハ其ノ出席ヲ停止シ上奏シ勅裁ヲ請フベク衆議院ニ於テハ之ヲ除名スベシ

要領

本條ニハ議員懲罰事犯ニ付キ勅裁ヲ請フベキ懲罰又ハ除名スベキ罪科ノ種類ヲ規定シタルナリ

理由

本條第九十九條ハ議院法最終ノ條項ナルヲ以テ本條ニテ議院法ノ講述ハ止ムベキナリ、偖テ本條ノ前段ニ議員正當ノ理由ナクシテ勅諭ニ指定シタル期日後一週間內ニ召集ニ應セザルニ由リ又ハ正當ノ理由ナクシテ云々ト揭記シタルハ則チ勅裁ヲ請ヒ又ハ除名スベキ懲罰事犯ノ種類ヲ規定シタル者ナリ、斯ク之ヲ規定シタルモ故ヘナキニ非ズ是レ譴責、謝辭、又ハ出席停止等ニテ罰スル極メテ輕微ナル懲罰事犯ニモ或ハ勅裁ヲ請ヒ若クハ除名スル等ノ重大ナル罰科ヲ以テ之ヲ罰スル等ノコアレバ當ニ刑ノ不公平ナル而耳ナラズ實ニ議員ヲ蔑視スルノ甚ダシキ處置ナリト云ハザルヲ得ザル不都合ナル次第ナルヲ以テ本條ニ於テ特ニ之ヲ懲罰スルノ種類ヲ規定シテ妄リニ勅裁ヲ請ヒ若クハ除名スル等ノ事ノ無カラシメントノ法意ナルニ外ナラザルナリ

衆議院議員選擧法

衆議院議員選擧法ハ第一章ヨリ第十四章ニ至リ第一條ヨリ第百十一條ニ至ル章數凡テ十四箇章條數凡テ百十一箇條ヲ以テ成立セリ此ノ選擧法ハ帝國憲法第三十五條ニ「衆議院ハ選擧法ノ定ムル所ニ據リ公選セラレタル議員ヲ以テ組織ス」ト云ヘル條項ニ基キテ之ヲ規定セルナリ

第一章　選擧區畫

本章ハ選擧法ノ第一章ニシテ選擧區畫ニ附テノ條件ヲ規定セリ選擧區畫トハ議員ヲ選擧スルニ全國ヲ若干部ニ區分シ其一區域中ヨリ各々議員ヲ選擧ス此區域ヲ選擧區ト云フ選擧區畫トハ則チ是ナリ本章ハ第一條ヨリ第五條ニ至ル凡テ五箇條ヲ以テ成立セリ

第一條　衆議院ノ議員ハ各府縣ノ選擧區ニ於テ之ヲ選擧セシム其ノ選擧區及各選擧區ニ於テ選擧スベキ

定員ハ此ノ法律ノ附錄ヲ以テ之ヲ定ム

要領

本條ノ前段ニハ衆議院ノ議員ハ選擧區ヨリ選擧スベキ旨ヲ規定シ後段ニハ選擧地ノ區畫及ヒ議員ノ定員等ハ附錄ヲ以テ之ヲ定ムル旨ヲ規定セリ

理由

或人曰ク「議員ヲ選擧スルニ選擧區ヲ定ムレバ一國ノ代議士トシテ耻ヅルナキノ人物ヲ選擧スルコ能ハズ故ニ選擧區ハ全廢シ只全國ニ通シテ博ク選擧セバ善良ナル議員ヲ得ルノミナラズ最モ代議政治ノ本趣意ニ適スルナリト然レ𪜈是レ却テ實際ニ於テ不都合ヲ生ズルナリ何トナレバ此法ニ依レバ選擧區ヲ設ケザルガイヘニ盛ンナル土地ハ常ニ勢力アルヲ以テ多數ノ議員ヲ出ダシ之レニ反シ盛ンナラザルノ土地ハ勢力ヲ有セザルヲ以テ常ニ議員ヲ出タスコ能ハザルガ如キノ

不都合ヲ生ズルハ見易キノ道理ナリ是レ豈ニ代議政治ノ本趣意ニ背ク者ニ非ズシテ何ゾヤ本條ニ衆議院ノ議員ハ各府縣ノ選擧區ニ於テ之ヲ選擧セシムト規定シタルハ正當ノコナリ而シテ本條ノ後段ニ規定シタル其選擧區及ビ各選擧區ニ於テ選擧スベキ定員ハ此法律ノ附錄ヲ以テ之ヲ定ムトアリ、此レハ選擧法ノ内ニ於テハ尤モ必要ナル條件ナレドモ實地ノ上ニ關係スル者ナルガイヘニ理由トシテ之ヲ論ズルハ甚ダ窮スルヲ以テ茲ニ之ヲ講述セザルナリ

第二條　府縣知事ハ其ノ府縣ノ選擧區ノ選擧ヲ監督ス

一選擧區ノ選擧ハ郡長又ハ市長其ノ選擧長トナリ之ヲ管理ス

要　領

本條第一項ニハ府縣知事ト府縣選擧區トノ關係、第二項ニハ一選擧區

ト郡長及ヒ市長トノ關係ヲ規定セリ

理由

議員ノ職掌トスル所ハ立法作用ニ外ナラザレ𪜈議員ヲ選擧スルニ付テノ告示万端ハ立法作用ニ非ズシテ行政權ニ屬スルモノナリ府縣知事ハ府縣ノ長ニシテ其地方行政ノ首領タルモノナリ本條第一項ニ府縣知事ハ其府縣ノ選擧區ノ選擧ヲ監督スト定メアルハ固ヨリ其所ナリ何トナレバ議員ヲ選擧スルニ付テノ關係ハ行政權ニ屬スルヲ以テ之ヲ監督スルハ地方行政ノ首領タル府縣知事ヲ以テ之レニ充ツルヲ正當トスレバナリ然レバ本條第二項選擧區ノ選擧ハ郡長又ハ市長其選擧長トナリ之ヲ管理スト定メアルハ如何ン此レモ前項ト同樣ニテ正當ナリトス郡長及ヒ市長ハ其郡及ヒ市ニ於テハ行政權ヲ有スルヲ以テ郡長市長ニ其選擧區ノ選擧ヲ管理セシメルハ猶ホ府縣知事ガ府縣ノ選擧ヲ監督スルト同一ナルヲ以テ何レモ皆ナ正當ナリト云ハザ

ルヲ得ズ

第三條　一選擧區ニシテ數郡市ニ渉ルトキハ府縣知事ハ其ノ郡長又ハ市長ノ一人ヲ命シ選擧長タラシムベシ

要領

本條ニハ一選擧區ニシテ數郡市ニ渉リシ時ノ選擧長ハ何人ナルヤ之ヲ規定セリ

理由

本條ノ理由トスル所ハ前二ケ條ノ理由トスル所ト同一ニテ異ナル所ヲ見ザルガイヘニ茲ニ之ヲ論ゼザルナリ而シテ本條ノ規定ハ固ヨリ當然ニシテ間然スル所ハナカルベキナリ

第四條　一市ノ域内ニ於テ數選擧區アルトキハ府縣知事ハ區長ヲシテ其ノ撰擧長タラシムベシ

要領

本條ニハ一市内ニ於テ數選擧區アル片ハ何人ヲ以テ選擧長トナラシムベキヤ之ヲ規定セリ

理由

本條モ矢張リ前條ト同樣ニシテ則チ選擧長ヲ定ムルノ手續迄ニ過ギザルガイヘニ前條ト同樣ニ贅論ヲ爲サヽルベシ且ツ本條ノ規定モ固ヨリ至當ノコナリトス

第五條　選擧ニ關ル費用ハ地方税ヲ以テ支辨スベシ

要領

本條ニハ選擧ニ關スル費用ノ出所ヲ規定セリ

理由

衆議院議員ハ一國ノ法律ヲ議スル者ナルガイヘニ其關係スル所ハ重モニ國家ニアレ圧之ヲ選擧スルハ選擧區劃ノ定メアリ且ツ府縣内ニ

ハ數撰擧區アルヲ以テ之レニ付テノ費用ハ或ヒハ國家ノ負擔卽チ國庫ヨリ出ツベキガ如ク思ハレ𪜈決シテ然ラス地方稅ノ負擔トナサヾルベカラザルナリ何トナレバ此費用ハ撰擧スルニ付テノ費用ニテ之ヲ撰擧スルハ府縣ノ撰擧區ヨリ撰擧スルヲ以テ其費用ヲ府縣ノ地方稅ヨリ之ヲ支出スルハ正當ナレバナリ

第二章　撰擧人ノ資格

本章ハ撰擧人ノ資格ヲ規定シタル者ナリ凡ソ議員ヲ撰擧スルニ二個ノ種類アリ一ヲ有限撰擧ト云ヒ他ヲ普通撰擧ト云フ有限撰擧トハ一國人民ニシテ代議士ヲ選ブヲ得ルモノハ何圓以上ノ租稅ヲ拂フ者或ヒハ所得稅ヲ納ムル者ニ限ルトテ人民ノ財產ニ法律ヲ以テ限界ヲ定メ其餘ノ人ニハ一切撰擧ノ權利ヲ與ヘザル者ナリ又タ普通撰擧トハ之レニ反シ瘋癲白痴等自然ノ制限ノ外ハ財產ヤ貧富ナドニ因テ區別ヲ立ツルコナク人民平等ニ撰擧ヲナスノ權利ヲ有スルヲ云フナリ此

ノ両者ノ利害得失ニ就テハ未ダ學者ノ議論一ニ定マラズ何ニハ兎モアレ我國ハ有限撰擧ノ法ヲ採レリ然レバ本章ニ撰擧人ノ資格ヲ規定シ置クコハ固ヨリ其所ナリ本章ハ第六條第七條ノ二箇條ヲ以テ成立セリ

第六條　撰擧人ハ左ノ資格ヲ備フルコトヲ要ス

第一　日本臣民ノ男子ニシテ年齢滿二十五歳以上ノ者

第二　選擧人名簿調製ノ期日ヨリ前滿一年以上其ノ府縣内ニ於テ本籍ヲ定メ住居シ仍引續キ住居スル者

第三　選擧人名簿調製ノ期日ヨリ前滿一年以上其ノ府縣内ニ於テ直接國税拾五圓以上ヲ納メ仍引續キ納ムル者

但シ所得稅ニ付テハ人名簿調製ノ期日ヨリ前滿三年以上之ヲ納メ仍引續キ納ムル者ニ限ル

要領

本條ニハ撰擧人ノ資格ヲ規定シタルモノニテ其種類三個アリ第一年齡ノ制限、第二住居ノ制限、第三財產ノ制限則チ是ナリ

理由

年齡ノ少キモノハ智識ト經驗トニ乏シキハ自然ノ道理ナリ智識ト經驗トニ乏シキ者ニ議員ヲ撰擧スルノ權ヲ與フレバ其弊タル少々ニ非ザルナリ奸猾ナル佞者ニ誘導セラレテ不當ナル議員ヲ撰擧スルノ弊アリ是レ本條ニ日本臣民ノ男子ニシテ年齡滿二十五歲以上ト規定シタル至當ノコナリ又タ飄泊浮浪ニシテ一定ノ住居ヲ定メサル者ニ撰擧權ヲ與フルガ如キハ論ゼズシテ其不當ナルヲ知ル本條ニ撰擧人名簿調製ノ期日ヨリ前滿一年以上其ノ府縣內ニ於テ本籍ヲ定メ住居シ

仍ホ引續キ住居スル者ト規定シタルハ固ヨリ至當ノヿナリ、且ツ又タ財產ノ多少ニ由テ撰擧ノ資格ヲ法律ニテ制限スルハ有限選擧タルベキ旨ヲ前ニ述ベ置ケリ之レニ就テハ學者ノ議論未ダ一ニ歸セザルガイヘニ余輩ハ茲ニ之ヲ論述セサルベキナリ左リナガラ本條ノ財產制限モ甚ダシキ財產ノ制限ニモ非サレバ先々幼稚ナル我國ニ在テハ之ヲ適當ナリト云フモ敢テ過言ニ非ザルベキナリ本條ニ直稅所得稅ノヿヲ記セリ此區別ハ明治二十一年七月十三日大藏省告示第九十五條ヲ以テ告示アリタリ之ヲ參照セバ明白ナリ

第七條　家督ニ由リ財產ヲ相續シタル者ハ其ノ財產ニ付前財產主ノ納稅額ヲ以テ其ノ納稅資格ニ算入ス

要　領

本條ニハ家督相續ニ就テ選擧資格ニ關スル條件ヲ規定セリ

理　由

家督相續ニ由テ財産ヲ受ケ得タル者ハ前財産主ノ財産ニ就テハ總ベテノ權利義務ヲモ受ケ得ル者タルハ法律上ニテ許ルスベキノ原則ナリ本條ニ家督ニ由リ財産ヲ相續シタル者ハ其財産ニ付前財産主ノ納税額ヲ以テ其納税資格ニ算入スト規定シタルハ則チ家督相續セシ者ハ前財産主ノ權利義務ヲ受ケ得タルト云フノ原則ニ適合スル者ナルヲ以テ本條ノ規程スル所ハ至當ノコト云フベキナリ

第三章　被選人ノ資格

前條ハ選擧人ノ資格ヲ規定シタル者ナレ𪜈本章ハ其被選擧人ノ資格ヲ規定シタル者ナリ本章モ前條ト同ジク普通被選擧法ニ非ズシテ有限被選擧法ナリト知ルベキナリ本章ハ第八條ヨリ第十三條ニ至ル凡テ六箇條ヲ以テ成立セリ

第八條　被撰人タルコトヲ得ル者ハ日本臣民ノ男子滿三十歳以上ニシテ撰擧人名簿調製ノ期日ヨリ前滿

一年以上其ノ選擧府縣内ニ於テ直接國稅拾五圓以上ヲ納メ仍引續キ納ムル者タルベシ
但シ所得稅ニ付テハ人名簿調製ノ期日ヨリ前滿三年以上之ヲ納メ仍引續キ納ムル者ニ限ル

要領

本條ニハ被選擧人ノ資格ヲ規定セリ則チ年齡ノ制限及ヒ財產ノ制限是ナリ

理由

本條ノ理由トスル所ハ前第六條ノ理由ト同一ニテ只選擧人ト被選擧人ト區別アル迄ノコナリ故ニ本條ニハ贅辨ヲ費サヽルヲ以テ前第六條ヲ參考スベキナリ

第九條　宮内官裁判官會計撿査官收稅官及警察官ハ被撰人タルコトヲ得ズ

前項ノ外ノ官吏ハ其ノ職務ニ妨ゲザル限ハ議員ト相兼ヌルコトヲ得

要領

本條第一項ニハ官吏ニシテ被選擧人ト爲ルヲ得サルモノ並ニ第二項ニハ官吏ト雖モ職務ヲ妨ケサルモノハ議員ト爲ルヲ得ラルヽ等ノ條件ヲ規定セリ

理由

宮内官ヲシテ被選擧人タルヲ得サラシムル所以ノ者ハ皇室ノ地位ヲ清潔ナラシムルニ在リ宮内官ハ皇室ト深ク關係ヲ持ツモノナレバ之ヲ議員タラシメハ或ハ皇室ノ名ヲ冠シ若クハ皇室ノ實ヲ稱ヘテ議會場裡ニ囂々タラシムルモノナシトセズ斯ノ如キハ實ニ皇室ニ汚点ヲ附シテ其尊嚴ヲフモノト云フ可キナリ是レ宮内官ヲ被選人タラシメザル所以ナリトス、裁判官ノ職トスル所ノ者ハ人民ノ權利義務ヲ唯々一片ノ宣告ヲ以テ左右シ得ラルヽ者ナルガイヘニ之ヲ議員トナセバ或ヒハ敵トスル所ノ人民ニ對シテ不公平ナル裁判ヲ與フルコナシトセズ是レ裁判官ヲ議員トナラシメサル所以ナリトス又タ會計撿査官或ハ收税官ノ如キハ財産ニ關スルノ職務ナルヲ以テ之ヲ議員トナサシメバ財産ノ名ヲ借リテ他ノ議員ヲ籠絡スル而耳ナラズ其職ヲモ傷ツクルコナシトセズ是レ會計撿査官收税官ヲ被選人タラシメサル所以ナリトス又タ警察官ノ如キハ裁判官ト同樣ニテ人民ノ權利義務ヲ左右シ得ラレ其眼光ヤ我々人民ノ最モ恐ルヽ所ノ者ナリ是ソ警察官ヲシテ被選擧人タラシメサルニ在リ是故ニ本章第一項ニ宮内官裁判官會計撿査官收税官及ヒ警察官ハ被選人タルコヲ得サル旨ヲ規定シタル所以ナリトス左リナガラ官吏ト雖ヒ皆々議員トナルニ害アルモノニ非ズ却テ官吏ト議院トノ間ヲシテ圓滑親密ナラシムルノ利益アルモノモアリトス故ニ官吏ニシテ議員トナルモ其職務ヲ妨ゲサル

限リハ議員トナラシムルモ決シテ差シ支ヘハ無カルベキナリ是レ本條第二項ニ前項ノ外ノ官吏ハ其職務ニ妨ゲザル限リハ議員ト相兼ヌルヿヲ得ト規定シタル所以ナリトス

第十條 府縣及郡ノ官吏ハ其ノ管轄區域内ニ於テ被選人タルコトヲ得ス

要領

本條ニハ府縣及ヒ郡ノ官吏ハ被選人トナルヲ得ザル旨ヲ規定セリ

理由

官吏ニシテ人民ト最モ直接ノ關係ヲ有スル者ハ府縣及ヒ郡ノ官吏トス故ニ府縣及ヒ郡ノ官吏ヲシテ被選人タルノ地位ヲ得セシメバ前條ニ規定シタル會計檢査官收税官及警察官ト同一ノ弊害ナシトセズ且ツ選擧ノ際ニ當リテ種々ノ弊害アルベキハ推シテ知ルベキナリ是レ本條ニハ府縣及ヒ郡ノ官吏ハ其管轄區域内ニ於テ被選人タルヿヲ得

ズト規定シタルハ至當ノコナリ

第十一條　撰擧ノ管理ニ關係スル市町村ノ吏員ハ其ノ撰擧區ニ於テ被撰人タルコトヲ得ス

要領

本條ニハ市町村ノ吏員ニシテ被選人タルヲ得ザル者ヲ規定セリ

理由

本條ノ理由トスル所ハ前條ト同一ノ弊害アルベキヲ以テ斯クハ規定シタル所以ナリトス故ニ別ニ喋々ヲ要セザルモ前條ニ依テ明瞭ナリトス

第十二條　神官及諸宗ノ僧侶又ハ教師ハ被選人タルコトヲ得ス

要領

本條ニハ神官及諸宗ノ僧侶又ハ教師ニ關スルコヲ規定シタリ

理由

昔ヨリ宗敎家ガ政治ニ干渉セシトキモ政治ガ宗敎ニ立入リテ干渉セシトキモ双方何レモ社會ト國家ニ害ヲ與ヘシハ今日迄ノ經驗ニテ明白ナリ本條ニ神官及諸宗ノ僧侶又ハ敎師ハ被選人タルコヲ得ズト規定シタルハ右ノ理由ニ基イテ宗敎ト政治ノ混合ヲ避ケンガ爲メニ外ナラズ

第十三條　府縣會ノ議員ニシテ衆議院ノ議員ニ選擧セヲレ當撰ヲ承諾シタルトキハ其ノ前職ヲ辭スベキモノトス

要領

本條ニハ衆議院議員ト府縣會議員ト兼子シム可ラサル旨ヲ規定セリ

理由

議院法第七十六條ニ「衆議院議員ニシテ貴族院議員ニ任セラレシトキハ退

職者トス」ト規定セリ是レ本條ニ規定シタル所ト同一ノ理由ニテ一人ニテ二職ヲ兼子シメザル所以ナリトス

第四章　選擧人及被撰人ニ通スル規定

前第二章ハ被選擧人ニ關セズ選擧人ノミニ關スル資格ヲ規定セリ又タ次ノ第三章ハ選擧人ニ關セズ被選人ノミニ關スル資格ヲ規定セリ本章ハ之レト異ニシテ選擧人及ヒ被選人ニ通スルノ資格ヲ規定セル者ナリ本章ハ第十四條ヨリ第十七條ニ至ル凡テ四箇條ヲ以テ成立セリ

第十四條　左ノ項ノ一ニ觸ルヽ者ハ選擧人及被撰人タルコトヲ得ス

一　瘋癲白癡ノ者

二　身代限ノ處分ヲ受ケ負債ノ義務ヲ免レザル者

三　公權ヲ剝奪セラレタル者又ハ停止中ノ者

四　禁錮ノ刑ニ處セラレ滿期ノ後又ハ赦免ノ後滿三年ヲ經サル者

五　舊法ニ依リ一年以上ノ懲役若ハ國事犯禁獄ノ刑ニ處セラレ滿期ノ後又ハ赦免ノ後滿三年ヲ經ザル者

六　賭博犯ニ由リ處刑ヲ受ケ滿期ノ後又ハ赦免ノ後滿三年ヲ經ザル者

七　選擧ニ關ル犯罪ニ由リ選擧權及被選權ノ停止中ノ者

要領

本條ニハ前記第七項ノ部ニ相當スル者ハ撰擧人被撰人タルコトヲ得サル旨ヲ規定セリ

理由

第一瘋癲白痴ノ者ニ其資格ヲ與ヘザル所以ハ選擧ヲ爲スモノハ議員ト爲ルモ智識乏キガ故ニ到底爲シ能ハザルニ由レバナリ、第二身代限ノ處分ヲ受ケ負債ノ義務ヲ免レザル者ニ其資格ヲ與ヘザル所以ハ議會ノ地位ヲ高ムルニ在ルノミナラズ彼レ等ノ如キハ未タ一人前ノ獨立男子ト云フヲ得ザレバナリ、第三、第四、第五、第六、第七、ノ項ニ該當スル者ヲ撰擧人被撰人タルヿ得サラシムル所以ハ議會ノ地位ヲ高尚ナラシメ、議會ヲ清潔ノ地位タラシメ、議會ノ府ニ信用ヲ容レシメ議會ヲ德望ノ府トナラシムルニ在リ蓋シ彼等ノ如キハ第二項ノ身代限リノ處分ヲ受ケシ者ト同樣未タ一人前ノ獨立男子ト云フヲ得ズ前者ハ私人互相ノ間ニ義務ヲ欠キテ未タ之ヲ果ザヽル者ナレド第三、第四等ノ如キニ在テハ社會ニ對シテ義務ヲ欠キ罪ヲ受ケテ未ダ之ヲ果サヽル者ナリ然ルニ此項ノ中ニ滿期赦免後、三年ヲ經ザレバ以テ其資格ヲ與ヘザルノ次第ト云フハ既ニ義務ハ果シタル者ナレ𪜈社會ガ未タ此等ノ

人ニ疑ヲ容レ恐レヲ懷キテ充分ニ信用ヲ爲サヾルニ由ル者トス

第十五條　陸海軍軍人ハ現役中選擧權ヲ行フコトヲ得ス及被選人タルコトヲ得ス其ノ休職停職ニ在ル者亦同シ

要　領

本條ニハ陸海軍人ハ撰擧人被撰人タルヿヲ得ザル旨ヲ規定セリ

理　由

立法ト軍務トノ混合ニ由テ社會ニ害毒ヲ與フルハ彼ノ宗教ト政治ノ混合ニ由ツテノ害毒ヨリ尙ホ甚ダシトス軍人ニシテ立法權ヲ有スルトセバ立法ハ軍人ノ左右スル所トナリテ暴動國乱等ヲ釀生スルハ尤モ見易キノ道理ニシテ又タ今日迄ノ經驗ニ由ルモ明白ナリ本條ニ陸海軍軍人ハ現役中選擧權ヲ行フヿヲ得ズ及ヒ被選人タルヿヲ得ズ其休職停職ニ在ルモ亦同シ」ト規定シタルハ實ニ至當ノヿナリ

第十六條　華族ノ當主ハ衆議院議員ノ選擧人及被撰人タルコトヲ得ス

要領

本條ニハ華族ト衆議院ノ關係ヲ規定セリ

理由

立憲君主國ニテハ上院ハ帝王ノ藩屏ナリ華族ハ帝王ノ爪牙ナリト云ヘドマサカ去ル道理ハナカルベキト思ハル何ニハ兎モ角モ本條ハ右ノ道理ニ基イテ規定シタル者ナランカ何トナレバ華族ト衆議院ノ關係ヲ一ニ爲サシメサレバナリ若シ夫レ華族ト衆議院トノ關係ヲ一ニナサシメンヿ華族ノ地位ハ我々人民ノ地位ト同一ニテ更ニ高下ナクシテ其尊嚴ト威望トハ飛散シ去テ在ラザルナリ斯ノ如クンバ何ニヲ以テカ上院ハ帝國ノ藩屏ト爲ルヲ得ンヿ何ヲ以テカ華族ハ帝王ノ爪牙トナルヲ得ンヿ本條ニ華族ノ當主ハ衆議院議員ノ選擧人及ヒ被選

擧人タルヿヲ得ズト規定シタルハ則チ右ノ道理ニ基礎ヲ取リシニ非ル無ランヤ余輩ハ充分ニ本條ノ規定シタル理由ノ在ル所ヲ見ルニ苦シム者ナルヲ以テ先ツ以上ノ如クニ述ベ置ケリ

第十七條　刑事ノ訴ヲ受ケ拘留又ハ保釋中ニ在ル者ハ其裁判確定ニ至ルマデ選擧權ヲ行フコトヲ得ス及被選人タルコトヲ得ス

要領

本條ニハ刑事ノ訴ヲ受ケ其裁判確定ニ至ラサル者モ選擧權及ヒ被選擧權ヲ有セザル旨ヲ規定セリ

理由

刑事ノ訴ヲ受ケ拘留又ハ保釋中ニ在ル者ハ彼レ社會ニ疑ヲ受ケ未ダ其疑ヲ晴ラサズ晴天白日ノ身トナリ居ラザル者ナリ是レ本條ニ彼レヲシテ選擧權被選擧權ヲ有セシメザルニ在リ正サニ至當ノ法規ナリ

ト云フ可キナリ

第五章　選擧人名簿

本章ハ選擧人名簿ニ關スル條件ヲ規定シタル者ナリ抑々選擧人名簿ハ選擧セラレタル議員ヲ選擧スルニ付テノ本原トモ云フ可キ必要ナル帳簿ヲ以テ此帳簿ニハ規則ニ從フテ明瞭ニ確實ニ鄭寧ニ之ヲ記載シ置カザル可ラズ本章ハ第十八條ヨリ第二十九條ニ至ル凡テ十二箇條ヲ以テ成立セリ

第十八條　選擧長ハ每年四月一日ヲ期トシ各町村長ヲシテ一ノ投票區域内ニ於テ選擧資格ヲ有スル者ヲ調査シ人名簿二本ヲ調製シ同月二十日マデニ其ノ一本ヲ差出サシムベシ

撰擧人名簿ハ選擧人ノ姓名官位職業身分住所生年月納ムル所ノ直接國稅ノ總額並ニ納稅地ヲ記載スベシ

要領

本條第一項ニハ選擧人名簿ヲ調製スルノ手順ヲ規定シ、第二項ニハ其名簿ニ記載スベキ要件ヲ規定セリ

理由

選擧人名簿ヲ調製スルノ手順ハ本條第一項ノ通リシ善カルベシ他ニ論ズルノ點トテハ無シ第二項ニ選擧人名簿ニ記載スベキ所ノ要件ヲ規定シアルハ則チ選擧人ノ資格ニ關スルヲ以テ之ヲ記載スルニハ最モ注意ヲ爲サヽル可カラズ若シ之レニ誤謬アレバ夫々之ヲ匡正スルノ道ハアレ圧之ヨリシテ種々ノ混雜ヲ生シ容易ナラザル葛藤ヲ起コスニ至ルハ己ニ各國ノ經驗ニアル所ノ者ナリ而シテ此第二項モ別ニ論ズル所モナケレ圧聊サカ疑點ノアルハ此要件ノ中ニ直接國税ノミアリテ所得税ノ目ヲ揭グザルハ如何ノ譯ナルヤ或ヒハ之レニテ可ナルヤ暫ク記シテ疑ヲ存シ置クヿトセリ

第十九條　市ニ於テハ左ノ方法ニ依リ選擧人名簿ヲ調製スベシ

第一　一市又ハ市内ノ一區ヲ以テ一選擧區ト爲シタル場合ニ於テハ撰擧長其ノ人名簿ヲ調製スベシ

第二　市内ニアル數區ヲ合シテ一選擧區ト爲シタル場合ニ於テハ各區長ヲシテ其ノ區內人名簿ヲ調製シ選擧長ニ差出サシムベシ

第三　郡市ヲ合シテ一撰擧區ト爲シタル場合ニ於テ郡長其ノ選擧長トナリタルトキハ市長ヲシテ其ノ人名簿ヲ調製シ之ヲ差出サシムベシ

第四　第三ノ場合ニ於テ市長其ノ選擧長トナリタルトキハ市長其ノ市內ノ人名簿ヲ調製スベシ

要領

本條ニハ市ニ於テノ選擧人名簿ヲ調製スルノ方法ヲ規定シ其方法ヲ四類ニ區分セルナリ

理由

第一、第二、第三、第四トモニ皆ナ明瞭ニシテ解釋ヲ爲スノ點モ無ク又タ理由トシテ論スル所モ無カルベキナリ故ニ他ハ之ヲ略セリ

第二十條　選擧人其ノ住居スル投票區域ノ外ニ於テ直接國稅ヲ納ムルトキハ納稅地ノ町村長又ハ市長若ハ區長ノ證狀ヲ得テ選擧人名簿調製ノ期日マデニ其ノ投票ヲ管理スル町村長又ハ市長若ハ區長ニ差出スベシ

要領

本條ニハ選擧人其住居スル投票區域ノ外ニ於テ直接國稅ヲ納ムル者

ニ付テノ手續ヲ規定セリ

理由

本條ノ場合ニ在テ之ヲ其納税地ヲ管理スル町村長又ハ市長若ハ區長ヨリ證明狀ヲ受ケ得テ共選擧人ノ投票ヲ管理セル郎チ本籍ノ在ル所ノ町村長又ハ市長若クハ區長ニ之ヲ差シ出サシムルノ手順ヲ規定シタルモノニシテ固ヨリ至當ノ法規ト云フベキナリ

第二十一條　選擧長ハ各町村長又ハ市長若ハ區長ヨリ差出シタル選擧人名簿ヲ合シ一選擧區ヲ以テ一册トシ選擧管理ノ郡役所又ハ市役所若ハ區役所ニ備置キ其ノ副本ヲ府縣知事ニ送致スベシ

要領

本條ニハ選擧人名簿二册ノ内一册ハ選擧管理ノ郡役所又ハ市役所若クハ區役所ニ備ヘ置キテ他ノ一册郎チ副本ハ監督者ナル府縣知事ヘ送

致スルニ付テノ手續ヲ規定セリ

理由

第三十七條ニ選擧人ハ選擧ノ當日本人自ラ投票所ニ至リ選擧人名簿ノ對照ヲ經テ投票ヲナスベシト定メアルヲ以テ其選擧ヲ爲スノ時ニ方リ便利ノ爲ニ本條ニ於テ諸方ヨリ差出シタル選擧人各簿ヲ合シ一選擧區ヲ以テ一冊ノ名簿ヲ調製セシムヘキヲ規定セリ而シテ人名簿副本ヲ府縣知事ニ送致スルハ則チ府縣知事ハ府縣選擧區ノ選擧ヲ監督スル者ナルガ故ナリ

第二十二條　選擧長ハ毎年五月五日ヨリ十五日間一撰擧區選擧人名簿ノ寫ヲ其ノ撰擧管理ノ郡役所又ハ市役所若ハ區役所ニ於テ縱覽セシムベシ

要領

本條ニハ選擧人名簿ヲ人民ニ縱覽セシムルノ手續ヲ規定セルナリ

理由

選擧人ヘ五月五日ヨリ十五日マデ十日間選擧人名簿ヲ縱覽セシムル所以ハ其人名簿ニ誤謬ノアルヤ無キヤヲ人民ニ認メセシムル迄ノ事ナリ且ツ之ヲ五月ニ縱覽セシムルハ既ニ通常七月一日ニ選擧ノ投票ヲ爲スモノナルガイヘニ其都合ヲ計リテ之ヲ五月トセシ所以ナリ

第二十三條　凡テ選擧資格アル者選擧人名簿ニ於テ人名ノ脫漏又ハ誤載アルコトヲ發見シタルトキハ其理由書及證憑ヲ具ヘテ縱覽期限內ニ撰擧長ニ申立テ其ノ改正ヲ求ムルコトヲ得

縱覽期限ヲ經過シタル後前項ノ申立ヲ爲スモ其ノ効ナシ

要領

本條ニハ選擧人名簿ニ於テ人名ノ脫漏又ハ誤載アリシ場合ニ付テノ

手續ヲ規定シタルナリ

理由

選擧人名簿ニ誤謬アルヲ發見セシ時ハ其理由及証憑ヲ具ヘ云々ト規定シタルハ其理由及証憑ニ依テ之ヲ確實ナラシメンガ爲メナリ且ツ縱覽期限內ニ於テ選擧長ニ申立ヲ云々ト定メタルモ至當ノコト云フベシ、而シテ第二項ニ縱覽期限ヲ經過シタル後前項ノ申立ヲ爲スモ其効ナシト規定シタルハ斯ク制限ヲ附ケ置カズンバ前項ノ末段ニ縱覽期限內ニ申立ツ可シト定メタルモ何ノ効用ヲ爲サヾルヲ以テナリ

第二十四條　選擧長ニ於テ脫漏ノ申立ヲ受ケタルトキハ其ノ理由及證憑ヲ審査シ申立ヲ受ケタル日ヨリ二十日以內ニ之ヲ判定スベシ若其ノ申立ヲ以テ正當ナリト判定シタルトキハ直ニ其ノ人名ヲ記載シ其ノ由ヲ當人所在地ノ町村長又ハ市長若ハ區長ニ通知シ

併セテ撰擧區內ニ告示スベシ

要領

本條ニハ選擧長ニ於テ脫漏ノ申立ヲ受ケシ場合ニハ如何ニ之ヲ取扱フヤ其手續ヲ規定セリ

理由

選擧長ニ於テ脫漏ノ申立ヲ正當ナリト判定シタルニ於テハ之ヲ選擧區內ニ告示スベキハ至當ノヿニシテ敢テ論ズ可キニ非ズ

第二十五條　撰擧長ニ於テ誤載ノ申立ヲ受ケタルトキハ其ノ理由及證憑ヲ審查シ必要ナル場合ニ於テハ申立人又ハ被告人ヲ召喚審問シ申立ヲ受ケタル日ヨリ廿日以內ニ之ヲ判定スベシ若誤載ナリト判定シタルトキハ直ニ之ヲ削除シ其ノ由ヲ被告人所在地ノ町村長又ハ市長若ハ區長ニ通知シ併セテ撰擧區內ニ告

示スヘシ

要領

本條ハ選擧長ニ於テ誤載ノ申立ヲ受ケタルトキハ如何ニ之ヲ取扱フヤ其手續ヲ規定セリ

理由

選擧人名簿ヲ改正スルニ二種類アリ一ハ人名脱漏ノ改正他ハ人名誤載ノ改正是ナリ而シテ前條ハ人名脱漏ノ場合ノ取扱ヲ規定シ本條ハ人名誤載ノ場合ノ取扱ヲ規定シタル者ニシテ其理由トスル所ハ前條ト異ナルナキヲ以テ茲ニ之ヲ論セズ殊ト(ニ)前條本條トモニ文意明瞭ニシテ解釋ニ困難ヲ感ズルノ所ハ無カルベキナリ

第二十六條　申立人又ハ被告人ニ於テ撰擧長ノ判定ニ服セザルトキハ撰擧長ヲ被告トシ判定ノ日ヨリ七日以内ニ始審裁判所ニ出訴スルコトヲ得

要領

本條ニハ申立人又ハ被告人ニ於テ選擧長ノ判定ニ服セサルトキハ之ヲ裁判所ヘ出訴スルコヲ得ル旨ヲ規定セリ

理由

本條ノ場合ニ於テ之ヲ始審裁判所ヘ出訴シ得ラルヽハ固ヨリ當然ノ規定ナリトス本條モ義理明瞭ナルヲ以テ別ニ之ヲ論ズルノ必要ハ無カルベキナリ

第二十七條　始審裁判所ニ於テ前條ノ訴訟ヲ受取リタルトキハ他ノ訴訟ノ順序ニ拘ラズ速ニ其ノ裁判ヲ爲スベシ

要領

本條ニハ始審裁判所ニ於テ右ノ訴訟ヲ受取リタル場合ニ其裁判ヲ爲スニ付テ他ノ訴訟トノ關係ヲ規定シタルナリ

理由

選擧ニ關スルノ訴訟ハ速ニ之ヲ裁判セスンハ投票選擧ノ時日ニ差支ヘヲ來タシ万事不都合ナルヲ以テ則チ本條ニ始審裁判所ニ於テ前條ノ訴訟ヲ受ケ取リタルトキ他ノ訴訟ノ順序ニ拘ハラズ速ニ其裁判ヲ爲スベシト規定シタル所以ナリトス是レ至當ノコナリ

第二十八條　前條ニ於ケル始審裁判所ノ裁判ハ控訴スルコトヲ許サス但シ大審院ニ上告スルコトヲ得

要領

本條ニハ選擧ニ關スル訴訟ハ控訴スルコヲ許サヾルコヲ規定セリ

理由

通常民事ニ關スル訴訟ハ皆ナ控訴ヲ許セドモ選擧ニ關スル訴訟ニ限リ獨リ控訴ヲ許サヾル所以ハ前條ニモ述ベタル通ニテ此選擧ニ關スルノ訴訟ハ最モ至急ヲ要スルモノナルガ故ニ通常民事ノ訴訟類トハ

同一ニ之ヲ見ルベカラザルニ由ルナリ然レ𪜈始審裁判所ノミニテハ又タ不安心ノ思ヒ無キニ非ス故ニ大審院ニ之ヲ上告スルヿヲ許ルセシハ實ニ正當ノヿナリ

第二十九條　選擧人名簿ハ六月十五日ヲ以テ確定期限トシ次年ノ調製ノ日マデ之ヲ据置クベシ但シ裁判言渡書ニ依リ改正スヘキモノハ撰擧長ニ於テ其ノ言渡書ヲ受取リタル時ヨリ二十四時内ニ之ヲ改正シ其ノ由ヲ申立人又ハ被告人所在地ノ町村長又ハ市長若ハ區長ニ通知シ併セテ撰擧區内ニ告示シヘシ

要　領

本條ニハ選擧人名簿ノ確定期限ヲ定メ且ツ裁判言渡書アリシニ付キ之レニ關スル總ベテノ手續ヲ規定セリ

理　由

選擧人名簿ニ確定期限ヲ定メ置クコトハ甚ダ必要ナリ若シ之ヲ定メ置カズンハ投票ヲ為ストキニ方リテ其人名簿ニ關スル種々ノ混雜ヲ來タシテ紛然タルヲ免カレサルニ至ル可キナリ本條ニ選擧人名簿ニ六月十五日ヲ以テ確定期限トシ次年ノ調製ノ日マテ之ヲ据ヘ置ク可シト規定シタルハ固ヨリ其所ナリ其他本條ニ就テハ論スルノ要点モ無カルベキナリ殊トニ本條ノ末段ノ如キハ前第二十四條及ヒ第二十五條ト同様ニテ異ナル無キヲ以テ贅言ヲ費サヽナリ

第六章　選擧ノ期日及投票所

議員ヲ選擧スルノ日ヲ法律ヲ以テ之ヲ規定シ置クヿハ甚ダ必要タルナリ又タ投票場所ハ如何ニシテ之ヲ設置スルヤ之ヲ規定シ置クヿモ同ジク必要タルナリ本章ハ則チ此等ヲ規定セルノ法規ナリトス第三十條ヨリ第三十三條ニ至ル凡テ三箇條ヲ以テ成立セリ

第三十條　撰擧ノ投票ハ通常七月一日ニ之ヲ行フ但

シ衆議院解散ヲ命ゼラレタルトキハ勅令ヲ以テ臨時選擧ノ期日ヲ定メ少クトモ三十日以前ニ公布スヘシ

要領

本條ニハ投票ノ期日ハ全國同一ニ七月一日ニ定メタレ𪜈其末段ニ臨時選擧ノ場合ニハ右ノ例規ニ依ラサル旨ヲ規定セリ

理由

投票ヲ爲スニ全國同一ノ期日ニ依テ之ヲ爲サヽルノ國モアリ例セハ甲選擧區ノ投票ハ一日トシ乙ハ二日トシ丙ハ三日ニ之ヲ爲スガ如キノ法ニ依テ投票セルガ如キ是ナリ然レ𪜈此ノ法ニ依テ投票ヲ爲セバ稍々錯雜ノ困難ヲ來タシ奸惡其間ニ乘シテ奸ヲ逞フシ惡ヲ遂ゲントスルノ弊ヲ見ルニ至ラントス故ニ投票ハ全國同一ニ同期日ニ之ヲ爲スノ法ハ至極適當ニシテ其害トテハ無カルベキナリ本條ニ撰擧ノ投票ハ通常七月一日ニ之ヲ行フトアルハ則チ全國同一ニ同期日ニ之ヲ

爲スノ法ナルガイヘニ甚ダ善ル可キナリ然リ之レヲ七月一日ニ定メ置クモ臨時撰擧ノ場合ハ其例外タルハ固ヨリ當然ノコナリ故ニ本條ノ末段ニ衆議院解散ヲ命セラレタル片ハ勅令ヲ以テ臨時撰擧ノ期日ヲ定メ少クトモ三十日以内ニ公布スベシト規定セルハ至當ノコタルベキナリ

第三十一條　投票所ハ町村役場又ハ町村長ノ指定シタル場所ニ於テ之ヲ設ケ町村長之ヲ管理ス

要領

本條ニハ投票所ハ何レノ場所ヲ以テ之レニ充ツルヤ且ツ之ヲ管理スルハ何人ナルヤ之ヲ規定セリ

理由

本條ノ規定スル所ニ依レバ投票所二箇所アリ曰ク町村役場曰ク町村長ノ指定シタル場所是ナリ而シテ此ノ投票所ヲ管理スル者ハ町村長

ナリトス偖テ本條ニ於テハ別段論議スル点モ無カルベキヲ以テ贅辯ハ畧シ置キ唯々本條ノ規定ハ正當ノコトナリト云フヨリ他ニハ申分ナカルベシ

第三十二條　一町村ニ於テ選擧人少數ニシテ一ノ投票所ヲ設クルニ足ラザルキハ數町村ヲ合併スルコトヲ得

此ノ場合ニ於テハ郡長ハ府縣知事ノ認可ヲ經テ合併ノ町村及投票所並ニ投票所管理ノ町村長ヲ指定スベシ

要領

本條第一項ニハ數町村ヲ合併シテ投票所ヲ設クルノ變則ヲ規定シ第二項ニハ前項ニ就テノ總テニ關スル方法ヲ規定セルナリ

理由

數町村ヲ合併メ一個ノ投票所ヲ設クルハ是レ一ノ便方ト云フベキナリ撰擧人少數ナルニモ拘ハラズ尙モ通例ノ法ニ從テ一町村ニ一投票所ヲ設クルトセバ別ニ不便ト云フニハ非サレ𪜈唯々無用ノ手數ニシテ何ノ効用モ無カルベキナリ故ニ本條ニハ斯ノ如キ場合ニ於テハ數町村ヲ合併シテ一個ノ投票所ヲ設置スルヿヲ得ルト云ヘル一ノ便方ヲ規定セリ然レ𪜈此ノ場合ニハ郡長ハ府縣知事ノ認可ヲ經テ合併ノ町村及ヒ投票所幷ニ投票所管理ノ町村長ヲ指定スベシト規定セルハ至當ノヿニテ之ヲ妄リニ爲ス可ラサルノ法意ナランカ

第三十三條　町村長ハ其ノ管理スル投票區域內ニ於ケル撰擧人中ヨリ立會人二名以上五名以下ヲ定メ遲クトモ選擧ノ期日ヨリ三日以前ニ之ヲ本人ニ通知シ選擧ノ當日投票所ニ參會セシムヘシ

立會人ハ正當ノ事故ナクシテ其ノ職ヲ辭スルコトヲ

得ス

要領

本條第一項ニハ投票立會人ヲ設クルノ手續ヲ規定シタル者ニテ其第二項ニハ立會人ハ事故ナクシテ其職ヲ辭スルヿヲ得サル者ヲ規定セリ

理由

投票ノ件ハ議員ヲ撰擧スルノ手續中ニ於テハ最モ明瞭ニ確實ニ之レガ條件ヲ規定シ置カサルベカラザル者ナリ故ニ次章ニ於テ之ヲ明確ニ規定セルハ固ヨリ其所ナリ而シテ本條ニハ投票立會人ヲ要スルノ條件ヲ規定セリ是レ投票ヲ爲スノ際ニ方リテ其投票ニ誤謬詐僞ノアル可キヲ無カラシメンガ爲メニ之ヲ設クルモノナレバ此投票立會人ハ投票ノ際ニハ甚ダ必要タル可キモノナリ、其レ然リ然ルニ立會人ニシテ故ヘナク其職ヲ辭スル等ノヿアレバ實ニ不都合ナルベキハ固ヨリノコナルヲ以テ之ヲ防グノ道ヲ立テ置カザルベカラズ本條第二項ニ立會人ハ正當ノ事故ナクシテ其職ヲ辭スルコヲ得ズト規定シタルハ則チ之ヲ防クノ方法ナリト云フ可キナリ

第七章　投票

前條ニ於テ述ベタル通リ實ニ投票ノ件ハ最モ明瞭ニ嚴重ニ確實ニ鄭寧ニ苟クモ奸惡ノ其間ニ乘シテ奸ヲ逞フシ惡ヲ遂ケ或ヒハ脫漏誤記等ノ無カラシメン樣ニ法律ヲ以テ之カ條件ヲ規定シ置ザル可ラザルハ勿論ノコナリトス是レ本章ノ在ル所以ナリ偖テ本章ハ第三十四條ヨリ第四十五條ニ至ル凡テ十二箇條ヲ以テ成立セルナリ

第三十四條　投票ハ午前七時ニ始メ午後六時ニ終ル

要領

本條ニハ投票當日ノ開閉刻限ヲ規定セリ

理由

投票ハ午前七時ニ始メ午後六時ニ終ルトハ本條ニ規定セル所ナリ投票ヲナスニ晝間之ヲ爲シテ夜間ニ之ヲ爲サシメザル所以ノ者ハ兎角夜間ハ曖昧糢糊ニシテ誤謬ニ流レ易キガ故ニ晝間ニ之ヲ爲シテ其誤謬ヲ來タスノ道ヲ防クニ在リ本條ニ投票ハ晝間ニ限ルト規定セルハ至當ノコナリ

第三十五條　投票函ハ二重ノ蓋ヲ造リ二種ノ鑰ヲ設ケ其ノ一ハ町村長之ヲ管守シ其ノ一ハ立會人之ヲ管守スヘシ

要領

本條ニハ投票函ニ對スル嚴重ナル方法ヲ規定セリ

理由

若シ夫レ投票函ハ一重ノ蓋ニシテ一種ノ鑰ノミナレバ之ヲ私スルニ甚ダ便利ナリ是レ豈ニ投票函ヲ嚴重ニ取締ルノ方法ナランヤ本條ニ

投票函ハ二重ノ蓋ヲ造リ二種ノ鑰ヲ設クルト規定セルハ甚ダ良方法ト云フベキナリ殊トニ二種ノ鑰ノ內ニテ一ハ町村長之ヲ管守シ他ノ一ハ立會人之ヲ管守スト規定セルガ如キハ其用意ノ綿密ナル町村長モ之ヲ私スルニ由ナク況ンヤ立會人ニ於テヲヤ實ニ本條ハ投票函ニ對スル嚴重ナルノ方法ナリト云フ可キナリ斯ノ如クシテ以テ吾人ハ投票函ニ信用ヲ置クニ足ルト云フモ敢テ過言ニハ在ラザル可キナリ

第三十六條　町村長ハ投票ノ初ニ當リ立會人ト共ニ參會シタル選擧人ノ面前ニ於テ投票函ヲ開キ其ノ空虛ナルコトヲ示スヘシ

要領

本條ニハ撰擧人ヲシテ投票函ニ疑惑ヲ懷カシメサルノ方法ヲ規定セリ

理由

撰擧人ノ面前ニ於テ投票函ヲ開キ其空虚ナルコヲ示ス所以ノ者ハ撰擧人ヲシテ投票函ニ疑惑ヲ懷カサシメザルノ方法ニシテ且ツ町村幷ニ立會人モ此投票函ニ私ヲ爲サント欲スルモ之ヲ爲シ得ザラシムルノ方法ナリトス故ニ本條ハ前條ト同樣ニ投票函ニ對シテ嚴重ナル取締リヲ爲ザンガ爲メノ規定ナリト云フ可キナリ

第三十七條　選擧人ハ選擧ノ當日本人自ラ投票所ニ至リ選擧人名簿ノ對照ヲ經テ投票スヘシ

要領

本條ニハ撰擧人ハ本人自ラ投票所ニ至リテ投票ヲ爲ス可キ旨ヲ規定セリ

理由

他人ニ投票ヲ托シテ撰擧ヲ爲ストセン乎是レ詭僞誤謬ヲ來タスノ基ナリ投票ハ本人自ラ投票所ニ至リ之ヲ爲スハ實ニ正當ノ手順ナリト

ス且ツ撰擧ヲ爲スニ撰擧人名簿ノ對照ヲ經テ投票ヲ爲スハ是レモ矢張リ脫漏誤載ノ不都合ナキヲ慮ルニ由ルナリ本條ニ撰擧人ハ撰擧ノ當日本人自ラ投票所ニ至リ撰擧人名簿ノ對照ヲ經テ投票ヲ爲スベシト規定シタル至當ノヿナリ

第三十八條　投票用紙ハ各府縣各々一定ノ式ヲ用井撰擧ノ當日投票所ニ於テ町村長ヨリ之ヲ各選擧人ニ交付スベシ

撰擧人ハ投票所ニ於テ投票用紙ニ被選人ノ姓名ヲ記載シ次ニ自己ノ姓名住所ヲ記載シテ捺印スヘシ

要領

本條第一項ニハ投票用紙ハ全國皆ナ一定ノ用紙ヲ用ユベキヲ定メ第二項ニハ投票ニハ自己ノ姓名ヲモ記載スベキ旨ヲ規定セルナリ

理由

投票用紙ハ全國皆ナ一定ノ用紙ヲ用ユベキ所以ハ他ニ在ラズ明瞭的確ニシテ誤謬ヲ來タサヽルト且ツ撰擧後之ヲ調査スルニ錯雜ナラズシテ明確ナルニ在リ是レ本條第一項ニ規定シタル所以ニシテ並ニ又タ其投票用紙ヲ町村長ヨリ之ヲ各撰擧人ニ交付スベシト定メタルモ右ト同樣ノ主意ニテ共ニ至當ノコタルベキナリ、而シテ本條第二項ニ撰擧人ハ投票所ニ於テ投票用紙ニ被撰人ノ姓名ヲ記載シ次ニ自己ノ姓名住所ヲ記載シテ捺印スベシト規定セリ全体投票ヲ爲スノ法ニ二類アリ一ヲ記名或ハ公開投票ト云ヒ他ヲ無記名或ヒハ秘密投票ト云フ是ナリ公開投票トハ投票用紙ニ自巳ノ姓名ヲ記載スルモノニテ秘密投票トハ之ニ自己ノ姓名ヲ記載セザルモノナリ、此ノ公開投票ト秘密投票トハ何レカ採ル可キ乎何レカ採ル可ラサル乎其利害得失ニ至テハ双方トモニ各々在ルコニテ未ダ學者ノ說、一ニ定マラザルナリ故ニ之ヲ論ズルハ暫ク措キ本項ニ立チ戻リテ聊サカ述プ所ノ者アラントス、本項ノ規定スル所ニ由レハ投票ヲ爲スノ法ハ無記名投票一名秘密投票ヲ採ラスシテ記名投票一名公開投票ノ法ヲ採レリ思フニ公開投票ハ人員ノ多ナル片ニ之ヲ用ユルヲ常トシ又タ秘密投票ハ人員ノ少ナル片ニ之ヲ用ユルヲ常トセリ故ニ議院法第五十九條ニ兩院協議會ニ於テ可否ノ決ヲ取ルハ無名投票ヲ用ユヘシト規定シタルハ則チ人員ノ少ナルニ依レリ然レ𪜈本項ノ如キハ人員實ニ多ナルヲ以テ公開投票ノ法ヲ採リシニ由ルナラン、偖テ前ニモ述ヘタル通リ此秘密投票ト公開投票トノ利害得失ハ容易ニ知リ得ザルヲ以テ先ツ本項ニ對スルノ意見ハ此レニ止メテ直チニ次條ニ移ラントス

第三十九條　撰擧人ニシテ文字ヲ書スルコト能ハザルノ由ヲ申立ツルトキハ町村長ハ吏員ヲシテ代書セシメ之ヲ本人ニ讀ミ聞カセ捺印投票セシメ其ノ由ヲ投票明細書ニ記載スヘシ

要領

本條ニハ選擧人ニシテ文字ヲ書スルヿ能ハザル場合ニ就テノ手續ヲ規定セリ

理由

本條ノ場合ニ就テハ是非トモ之ヲ處置スルノ道ヲ立テ置カザル可ラザルハ敢テ異論ヲ要セザルナリ故ニ此場合ニ町村長ハ吏員ヲシテ代書セシメ之ヲ本人ニ讀ミ聞カセ捺印投票セシメ其由ヲ投票明細書ニ記載スベシト規定シタルハ固ヨリ至當ノヿナリ

第四十條　二人以上ノ議員ヲ選擧スベキ選擧區ニ於テハ連名投票ヲ用ウヘシ

要領

本條ニハ連名投票ヲ用ユルノ場合ヲ規定セリ

理由

二人以上ノ議員ヲ選擧スベキ選擧區ニ於テハ連名投票ヲ用ウヘシト規定シタルハ是レ手數ヲ省キタル迄ノ便方ト云フニ止マルベキナリ他ニ理由トテハ無カルベシ

第四十一條　選擧人名簿ニ記載セヲレタル者ノ外投票スルコトヲ得ス但シ選擧人名簿ニ記載セヲルヘキ裁判言渡書ヲ所持シ選擧ノ當日投票所ニ至ル者アルトキハ町村長ハ投票用紙ヲ交付シ投票セシメ其ノ由ヲ投票明細書ニ記載スヘシ

要領

本條ニハ投票ハ選擧人名簿ニ記載セラレサル者ハ之ヲ爲ス事ヲ得ザル旨ヲ規定シ尙ホ後段ニハ前段ノ變例アルベキ場合ヲ規定セルナリ

理由

議員ヲ選擧スル時ニ選擧人名簿ハ確定タルベキノ効ヲ有スル者ナリ

故ニ選擧人名簿ニ記載セラレザルモノハ投票スルヿヲ得ズト規定シタルハ固ヨリ其所ナリ然ルニ此レニ變例アル場合アリ則チ本條ノ後段ニ選擧人名簿ニ記載セラルベキ裁判言渡書ヲ所持シ選擧ノ當日投票所ニ至ル者アリシ場合是ナリ此場合ニハ町村長ハ投票用紙ヲ交付シ投票セシメ其由ヲ投票明細書ニ記載スベキ者トス是レ本條ノ規定スル所ニシテ至當ノヿタルベキナリ

第四十二條　投票終ルノ時期ニ至リタルトキハ町村長ハ其ノ由ヲ告ケ投票函ヲ閉鎖スヘシ投票函閉鎖ノ後ハ總テ投票スルコトヲ許サス

要領

本條ニハ投票函閉鎖ノ後ハ總テ投票スルヿヲ得サル旨ヲ規定セリ

理由

前第三十四條ニ投票ハ午前七時ニ始メ午後六時ニ終ルト規定アリ然

レハ本條ノ投票終ルノ時期トハ則チ此午後六時タルベキナリ此午後六時ヲ過クレバ縦令如何ナル實情アルモ決シテ投票シ得ラレザル者トス是レ本條ノ規定スル所ニシテ間然スル所ハ無カルベキナリ

第四十三條　町村長ハ投票明細書ヲ作リ投票ニ關ル一切ノ事項ヲ記載シ立會人ト共ニ署名スヘシ

要領

本條ニハ町村長及立會人ト投票明細書トノ關係ヲ規定セリ

理由

投票ニ關スルコハ町村長之ヲ管理セリ故ニ町村長ハ投票ノ當日ニ其投票ノ事務ヲ取扱ヒシ一切ノ事項ヲ投票明細書ニ記載スベキハ當然ノコナリ而シテ立會人ガ此投票明細書ニ町村長ト共ニ署名スルハ何レモ當日ノ事務ヲ取扱ヒシ所ノ責任アルヲ以テ則チ之レニ署名スルハ固ヨリ其所ナリトス

第四十四條　町村長ハ一名又ハ數名ノ立會人ト共ニ投票ノ翌日投票函及投票明細書ヲ併セテ選擧管理ノ郡役所又ハ市役所若ハ區役所ニ送致スヘシ

要領

本條ニハ町村長ガ投票ニ關スル最終ノ手續ヲ規定シタル者ナリ

理由

本條ハ文意明瞭ニシテ解釋ニ苦シムノ所トテハ無カルベキナリ殊ト町村長ガ投票ニ關スル最終ノ手續ヲ規定シタル迄ノコニシテ別段論辨ヲ費サズシテ可ナリ

第四十五條　一撰擧區内ニアル島嶼ニシテ前條ノ期限内ニ投票函ヲ送致スルコト能ハザル情況アルトキハ府縣知事ハ人名簿確定ノ日ヨリ選擧ノ期日マデノ間ニ於テ適宜ニ其ノ投票ノ期日ヲ定メ選擧會ノ期日

マデニ其ノ投票函ヲ送致セシムルコトヲ得

要領

本條ニハ一選擧區ニアル島嶼ニシテ通常ノ法規ニ從フ可ラサル場合ニ之ヲ如何ニナスカヲ規定セルナリ

理由

島嶼ノ如キハ假令一撰擧區內ニ在ルモ距里遠クシテ通常ノ土地トハ同視スベカラザルモノ往々ニシテコレ有リ故ニ此等ノ島嶼ニ就テハ變例ヲ設ケザルベカラザルナリ本條ハ則チ此變例ヲ規定シタルノ法規ニシテ文意最モ明瞭ナルガイヘニ本條ニ對シテハ敢テ贅辨ヲ費サヽルモ善カルベシト思ハル只本條ノ如キ場合ニ在テハ實際上差支ヘヲ生セザル樣ニ規定シ置クヲ以テ足レリトス

第八章　選擧會

前章ニ於テハ投票ニ關スル條件ヲ規定シ了レリ本條ハ則チ此投票ニ

依テ撰擧會ヲ開クニ關スル總テノ條件ヲ規定シタルモノナリ本章ハ第四十六條ヨリ第五十七條ニ至ル通計十二箇條ヲ以テ成立セリ

第四十六條　撰擧會ハ撰擧管理ノ郡役所又ハ市役所若ハ區役所ニ於テ之ヲ開ク

要領

本條ニハ撰擧會ヲ開クノ場所ヲ規定シタルナリ

理由

撰擧會ハ選擧管理ノ郡役所又ハ市役所若ハ區役所ニ於テ之ヲ開クハ固ヨリ其所ナリ猶ホ投票所ハ町村役場ニ於テ之ヲ設ケルト同一理由ニシテ共ニ至當ノコタルニナリ

第四十七條　選擧長ハ各投票所ヨリ參會シタル立會人ノ中ヨリ抽籤ヲ以テ撰擧委員三名以上七名以下ヲ定ムヘシ

要領

本條ニハ投票立會人ノ中ヨリ撰擧委員ヲ定ム可キノ手順ヲ規定セルナリ

理由

投票所ニ其立會人ヲ要スルハ投票ニ關スル詐僞誤謬ノ無カラシメンガ爲メナリ本條ニ選擧長ハ各投票所ヨリ參會シタル立會人ノ中ヨリ抽籤ヲ以テ選擧委員三名以上七名以下ヲ定ムベシト規定シタルハ右投票所ニ立會人ヲ要スルト同一ニテ矢張リ其詐僞誤謬ノ無カラシメンガ爲メナリトス

第四十八條　選擧長ハ投票函送達ノ翌日撰擧委員立會ノ上各投票函ヲ開キ投票ノ總數ト投票人ノ總數トヲ計算スヘシ若投票ト投票人トノ總數ニ差異ヲ生シタルトキハ其ノ由ヲ選擧明細書ニ記載スヘシ

要領

本條ニハ投票函ヲ開クニ就キ總ヘテ之ニ關スルノ條件ヲ規定シタルモノナリトス

理由

本條ハ投票函開函ノ條件ヲ規定シタルヲ以テ甚ダ必要ナル條項ナリトス故ニ其手續ノ如キハ最モ確實ニ最モ嚴重ニ之ヲ定メ置カザルベカラサルハ勿論ノコナリ今本條ヲ一見スルニ的確明瞭毫モ疑ヲ容ルベキノ點ハ無ク故ニ亦タ之ヲ論ズルノ必要モ無カルベサナリ

第四十九條　總數ノ計算ヲ終リタルトキハ撰擧長ハ選擧委員ト共ニ投票ヲ點撿スヘシ

要領

本條ニハ投票點撿ノ件ヲ規定シタルノ條項ナリトス

理由

本條ニ於テハ投票總數ノ計算ヲ終リ則チ終局ノ場合ニ臨ミテ尚ホ之ヲ確カメンガ爲メニ撰擧長ハ撰擧委員ト共ニ投票ヲ点撿スベキハ固ヨリ至當ノ〻ナリト云フヨリ他ニ論ズルヿハ無カルベシ

第五十條　各撰擧區ノ撰擧人ハ其ノ選擧會ニ參觀ヲ求ムルコトヲ得

要領

本條ニハ撰擧會、參觀ノ件ヲ規定セルナリ

理由

凡ソ事物ノ詭計、虚僞誤認、謬忘等ノ無カラシメンヿヲ要スルハ秘密手段ニテハ迚テモ出來得ベカラザルナリ、晃々タル白日晴天ノ道ニ由テ之レニ當ラザルベカラズ是レ或ヒハ之ヲ防クノ道ナランカ、其レハ偖テ措キ本條ニ各選擧區ノ選擧人ハ其選擧會ニ參觀ヲ求ムルヿヲ得ト規定シタルハ是レ取リモ直サズ右ノ秘密手段ヲ避ケテ晴天白日ノ道ニ由テ選擧會ヲ開クモノト云フ可キナリ斯ノ如クシテ漸ク投票ノ詭僞誤謬ヲ避クルニ庶幾ン乎殊トニ選擧人ハ之レニ由テ選擧ノ公平ナルヲ信ジテ疑惑ナク其胸中ニ懷カザルニ至ラントス故ニ本條ハ實ニ正當ノ法規ナリト云フヲ得ベキナリ

第五十一條　左ニ掲グル投票ハ無効トス

一　選擧人名簿ニ記載ナキ者但シ裁判言渡書ヲ所持シタルニ依リ投票シタル者ハ此限ニ在ラズ

二　成規ノ用紙ヲ用ヰザルモノ

三　撰擧人自巳ノ姓名ヲ記載セザルモノ

四　資格ナキ被撰人ノ姓名ヲ記載スルモノ但シ連名投票ニ列記スル人員中資格アル者ニ付テハ其ノ効アルモノトス

五　誤字又ハ汚染塗抹毀損ニ依リ記載スル所ノ選擧

人又ハ被選人ノ姓名ヲ認知スヘカラザルモノ但シ通常ノ假名字ヲ用ヰ又ハ誤字ニ係ルモ明ニ其ノ姓名ヲ認知スルコトヲ得ルモノハ此ノ限ニ在ラズ

六 第三十八條第二項ニ規定シタル外他ノ文字ヲ記載シタルモノ但シ被選人ノ指名ヲ誤ヲザル爲ニ其ノ官位職業身分住所ヲ附記シ又ハ敬稱ヲ用ヰタルモノハ此ノ限ニ在ラス

要領

本條ニハ投票ノ無効トナルベキ六個ノ要件ヲ規定セルナリ

理由

(一)此項ノ解釋ハ前第四十一條選擧人名簿ニ記載セラレタルモノヽ外投票スルヿヲ得ズ云々ト定メアル此條ヲ參照スレバ理由明瞭タルベ

キナリ(二)前第三十八條ニ投票用紙ハ各府縣名々一定ノ式ヲ用ヒ云々ト定メアルヲ參照スレバ本項モ明瞭タルベキナリ、(三)此項モ前第三十八條第二項ニ自己ノ姓名住所ヲ記載シテ捺印スヘシトアルヲ見レバ明瞭ナリトス、(四)前(第一)ノ項ハ投票人ノ資格ニ關スル者ナレモ此項ハ被選人ノ資格ニ關スルコヲ規定セリ又タ此項ノ末段ノ規定ハ前第四十條ニ二人以上ノ議員ヲ選擧スベキ選擧區ニ於テハ連名投票ヲ用ユベシトアル條項ヲ參照スレバ明瞭ナリ(五)(六)ノ二項ハ最モ親切丁寧ニ規定シタルモノニテ之ヲ市町村制第二十三條ト比較スレバ甚ダ明瞭ニシテ賺然タル所ハ無カルベキナリ、

第五十二條　投票効力ノ有無ニ付疑義アルトキハ選擧委員ノ意見ヲ聞キ選擧長之ヲ決定ス此ノ決定ニ對シテハ選擧會場ニ於テ異議ヲ申立ツルコトヲ得ス

要領

本條ニハ投票効力ノ有無ニ付選擧會ニ於テ異議ヲ申立ツルヿヲ得サル旨ヲ規定セリ

理由

本條ノ前段ニ規定シタル所ハ明瞭ニシテ疑ヲ容ルベキナシ然ルニ其末段ニ選擧會場ニ於テ異議ヲ申立ツルヿヲ得ズト規定セリ此場合ニハ如何ニスベキヤ第十二章當選訴訟ノ部ニ規定シタル條件ヲ參照スレバ實際上ノ手續ハ得テ知ラルベキナリ

第五十三條　無効ノ投票ハ抹線ヲ加ヘ其ノ由ヲ撰擧明細書ニ記載シ一箇年間保存シ期限ヲ經過シタル後之ヲ燒棄ツベシ

要領

本條ニハ無効トナルベキ投票ハ如何ニ爲シ置ク乎ヲ規定セルナリ

理由

無効ノ投票ニ抹線ヲ加ヘルハ有効投票トノ錯雜ヲ避ケンガ爲メナリ又タ其由ヲ選擧明細書ニ記載シ一箇年間保存シ置クハ、後日ニ葛藤ノ生ゼシ場合ヲ慮リテ之ヲ以テ證據立デンガ爲メナリ、又タ末段ニ期限ヲ經過シタル後之ヲ燒棄ツヘシト定メタルハ最早一年後ニハ之ニ關シテ訴訟ヲ起コスモ無効ニシテ爲シ得ラレサルヲ以デナリ、本條ハ此ヨリ他ニ述ブル所ノ点ハ無カルペキナリ

第五十四條　一投票ニシテ其ノ選擧スヘキ定員ヨリ多キ被選人ノ姓名ヲ記載シタルトキハ其ノ定員ニ超エタル人名ヲ末尾ヨリ除却スヘシ

連名投票ニシテ其ノ撰擧スヘキ定員ニ足ヲザルトキハ現ニ記載シタル者ノミヲ計算スヘシ但シ一人ノ姓名ヲ複記シタル者ハ一人トシテ之ヲ計算スヘシ

要領

本條第一項ニハ一投票ニ多數ノ被選人ヲ記載セル場合第二項ニハ少數ノ被選人ヲ記載シ或ハ一人ノ姓名ヲ複記シタル場合ニ之ヲ如何ニスベキヤヲ規定シタルナリ

理由

一投票ニ定員ヨリ多數ノ被選人ヲ記載セル場合ニハ末尾ノ人名ヨリ之ヲ除却スルハ畢竟一ノ制裁ニシテ斯ク規定シ置カズンハ之ヲ處スルニ道ナキヲ以テナリ、第二項ニ連名投票ニシテ其選擧スヘキ定員ニ足ラサル𬼀ハ現ニ記載シタル者ノミヲ計算スヘシト定メタルハ固ヨリ至當ノヿナリ其末段ニ但シ一人ノ姓名ヲ復記シタル者ハ一人トシテ之ヲ計算スベシト規定セルモ同シク至當ノヿタルナリ

第五十五條　投票ハ六十日間郡役所又ハ市役所若ハ區役所ニ保存シ期限ヲ經過シタル後之ヲ燒棄ツヘシ

要領

本條ニハ投票ハ六十日間後ニ之ヲ燒棄ツヘキ旨ヲ規定セルナリ

理由

無効投票ハ之ヲ一年間保存シ置キテ後ニ之ヲ燒棄ツルノ規定ナルモ有効投票即チ本條ニ規定シタル投票ハ六十日間後ニ之ヲ燒キ棄ツ可キト定メアリ其異ナル所以ノ者ハ彼レハ一年間ノ期限ヲ經過セサル迄ハ訴訟ヲ起コスノ道アレ𪜈此レハ六十日間ヲ經過スレハ訴訟ヲ起コスヿノ出來ザルガ故ナリトス

第五十六條　選擧ニ關リ訴訟又ハ告訴告發アルトキハ第五十三條第五十五條ノ期限ヲ經過スルモ裁判確定ニ至ルマデ其ノ投票ヲ保存スベシ

要領

本條ニハ選擧ニ關シ訴訟ノ起コリシ塲合ニ該投票ハ確定裁判ニ至ルマテ之ヲ保存スベキ旨ヲ規定セルナリ

理由

前第五十三條第五十五條ノ場合ハ未タ訴訟ノ起ラサルニ就テノ規定ナレ𪜈本條ハ既ニ一タヒ訴訟事件ノ起リシ𪜈ニ關シテノ規定ナリトス故ニ彼レ此レ其投票保存期限ヲ異ニシタルナリ本條ニ於テハ裁判確定ニ至ルマテ其投票ヲ保存スヘシト規定セリ是レ裁判確定後ハ之レニ對シテ訴訟ヲ起シ得ラレサルモ確定セル迄ハ何時ニテモ訴訟ヲ起コシ得ラルレハナリ本條ト第五十三條第五十五條トノ異ナル点ハ茲ニ在リトス

第五十七條　選擧長ハ選擧明細書ヲ作リ選擧點撿ニ關ル一切ノ事項ヲ記載シ選擧委員ト共ニ署名ノ上之ヲ保存スヘシ

要領

本條ニハ選擧長ガ選擧ニ關スル最終ノ手續ハ如何ニ之ヲ爲ス乎ヲ規

定セルナリ

理由

選擧長ハ選擧ニ關スル一切ノ事務ヲ管理スルモノナリ然レハ其選擧ニ際シテ取扱ヒシ巨細ノ事皆ナ之ヲ選擧明細書ニ記載シ且ツ之レニ立會セシ所ノ選擧委員ト共ニ署名シテ之ヲ保存シ置クベキハ固ヨリ當然ノ事ナリ是ニ於テ始メテ選擧ノ事件ハ其最終ヲ告ゲタルモノニテ之ヲ爲サヽル迄ハ未タ選擧ノ結果ヲ盡サヽルモノトス

第九章　當選人

本章ハ當選人ニ關スル總テノ條件ヲ規定シタル者ニテ第五十八條ヨリ第六十五條ニ至ル凡テ八箇條ヲ以テ成立セリ

第五十八條　投票總數ノ最多數ヲ得タル者ハ之ヲ當選人トス

投票同數ナルトキハ生年月ノ長者ヲ以テ當選人トス

同年月ナルトキハ抽籤ヲ以テ之ヲ定ムベシ

要領

本條第一項ニハ當選トナルベキ要件ヲ規定シ第二項ニハ當選人トナルベキ要件ニ關スル手順ヲ規定セルナリ

理由

最多數ノ投票ヲ得タル者ヲ以テ當選人ト爲スヘキハ普通法律上ノ原則ナルガ故ニ之レニ異論ヲ立ツル者ハ無キナリ本條第一項ニ最多數ノ投票ヲ得タル者ヲ以テ當選人ト爲ストハ卽チ此原則ヲ適用シタルモノナリ第二項ニ投票同數ナルトキハ生年月ノ長者ヲ以テ當選人ト爲ストシ定メタルハ年長者ヲ貴ブト云ヘル道德上ノ主義ヲ適用シタルモノナラン又タ其末段ニ同年月ナルトキハ抽籤ヲ以テ之ヲ定ムヘシト規定シタルハ公平ヲ貴トブト云ヘル法律上ノ主義ヲ適用シタル者ナリ

第五十九條　當撰人定マリタルトキハ撰擧長ハ直ニ

其ノ姓名及投票ノ數ヲ府縣知事ニ屆出ヘシ

要領

本條ニハ既ニ當選人定マリシ場合ニ府縣知事ニ之ヲ屆出ツヘキ手續ヲ規定セルナリ

理由

府縣知事ハ其府縣ノ選擧區ノ選擧ヲ監督スル者ナルヲ以テ當選人既ニ定マリタル以上ハ之ヲ管理スル選擧長ヨリ直ニ其當選人ノ姓名及投票ノ數ヲ監督者タル府縣知事ヘ屆出ツヘキハ普通ノ手續ニシテ至當ノコト云フヘキナリ

第六十條　府縣知事前條ノ屆出ヲ受ケタルトキハ各當撰人ニ通知シ其ノ姓名ヲ管內ニ告示スヘシ

要領

本條ニハ府縣知事ニ於テ當選人ノ姓名ヲ管內ヘ告示スヘキ旨ヲ規定

セリ

理由

前條ニ述ヘタル通リ府縣知事ハ選擧ヲ監督スル者ナルヲ以テ選擧長ヨリ當選人ノ姓名ヲ屆出アリシヲ受ケタル片ハ則チ之ヲ各當選人ニ通知シ其姓名ヲ管內ニ告示スベキハ固ヨリ至當ノコナリ

第六十一條　當撰人當選ノ通知ヲ受ケタルトキハ其ノ當選ヲ承諾スルヤ否ヲ府縣知事ニ屆出ベシ

要領

本條ニハ當選人ガ當選ヲ承諾スルトセサルニ拘ハラス之ヲ府縣知事ヘ屆出ツペキ手續ヲ規定セルナリ

理由

人ハ自由ナリ故ニ議員ニ當選セラルヽモ之ヲ承諾スルト、セサルハ議員自身ノ自由ニ捨テ置キ他ヨリ之ヲ強制スベキ者ニ非ス本條ニ當選人當選ノ通知ヲ受ケタル𪜈ハ其當選ヲ承諾スルヤ否ヲ府縣知事ニ屆出ヘシト規定シタル則チ右ノ理由ニ基イテ規定シタル手續ニシテ固ヨリ至當ノコタルベキナリ

第六十二條　一人ニシテ數撰擧區ノ當選人トナリタル者當撰ノ通知ヲ受ケタルトキハ何レノ選擧區ノ當選ヲ承諾スル旨ヲ府縣知事ニ屆出ヘシ

要領

本條ニハ選擧人ニシテ數選擧區ノ當選人トナリシ場合ニ於テ之ヲ如何ニスベキヤノ手順ヲ規定セルナリ

理由

一府縣内ニ住居スル者ハ其ノ府縣ノ内ニ在テ何レノ選擧區ヨリモ選擧シ得ラルヽ者ニテ決シテ當選擧區内ニ住居スル者ノミヲ選擧スルトヿ云フ譯ニ非サルガ故當選人ニシテ數選擧區ヨリ選擧セラルヽノ場

合アルベキハ勿論ノコナリ、此場合ニ於テハ當選人ハ何レノ選擧區ノ選擧ヲ受クルモ當選人ノ自由ナルガ故ニ何レカノ當選ヲ受ケシ時ニ其當選ヲ承諾セシ旨ヲ府縣知事ニ届出ツレハ其ニテ善カルベキナリ

第六十三條　選當人其ノ府縣内ニ在ル者ハ十日以内其ノ府縣外ニ在ル者ハ二十日以内ニ當選承諾ノ届出ヲ爲サヽルトキハ其ノ當撰ヲ辭シタルモノト見做スヘシ

要領

本條ニハ當選人ノ届出ニ關スル條件ヲ規定シタル者ナリ

理由

本條ハ文意明瞭ナルガイヘニ別段論述スル所モ無カルベキナリ只本條ニハ府縣内ニ在ル者ハ十日以内、其府縣外ニ在ル者ハ二十日以内ニ届出テ方ノ制限ヲ附シタル迄ノコニシテ斯ク制限ヲ附シ置カズンハ

實際上ノ取扱ヒニ不都合ナルヲ以テノ故ニ斯クハ本條ニ規定シタル者ナラン

第六十四條　當撰人ニシテ其ノ當撰ヲ辭シ又ハ期限內ニ其ノ當選ノ承諾ヲ屆出サルトキハ府縣知事ハ選舉ノ期日ヲ定メ其ノ選舉長ニ命シ再ヒ選舉ヲ行ハシムヘシ但シ第五十八條第二項ノ場合ニ於テ抽籤ニ依リ當選ヲ得タル者其ノ當選ヲ辭シ又ハ其ノ承諾ヲ屆出サルトキハ抽籤ニ依リ當撰ヲ失ヒタル者ヲ以テ當選人ト定ムヘシ

要領

本條ニハ當選人ガ當選ヲ辭シタル時ニ再選舉ヲ爲スノ手順ヲ規定シタレ𪜈後段ニハ以上前段ノ手順ニ依ラサル旨ヲ規定セリ

理由

第五十八條第二項ニハ「投票同數ナルトキハ生年月ノ長者ヲ以テ當選人トス同年月ナルトキハ抽籤ヲ以テ之ヲ定ムヘシト」定メアリ此場合ノ如キハ假令ヒ一方ノ者ハ議員ノ地位ヲ履ムコトハ得サレトモ當選者タルノ資格ハ有スル者ナリ、故ニ本條ノ前段ノ場合ニ際スルモ此ノ法ニ依テ再選ヲ爲サス、則チ前選擧ノトキヨリ當選者タルノ資格ヲ有スル者ヲ直チニ其後任者ト爲スハ固ヨリ至當ノコトナリ

第六十五條　各選擧區ノ當撰人確定シタルトキハ府縣知事ハ當選證書ヲ付與シ及管內ニ告示シ並ニ當選人ノ資格ヲ錄シテ內務大臣ニ具申スヘシ

要領

本條ニハ府縣知事ガ選擧ニ關スル最終ニ爲スヘキ手續ヲ規定シタル者ナリ

理由

府縣知事ガ選擧ニ關スル最終ノ手續ニ三個アリ、第一當選人ニ當選證書ヲ附與スルコト、第二當選者ノ姓名ヲ管內ニ告示スルコト、第三當選者ノ資格ヲ錄シテ內務大臣ニ具申スルコト卽チ是ナリ本條ニ於テ理由トスル所ノ者ハ前第五十九條ニ當選人定マリタル件ハ選擧長ハ直ニ其姓名及ヒ投票ノ數ヲ府縣知事ニ屆出ツベシ」ト規定セル所ト同一ノ理由ニシテ異ナル所ヲ見サルガ故ニ茲ニ喋々ヲ費サヽルナリ

第十章　議員ノ任期及補闕選擧

本章ニハ議員ノ任期ハ何ケ年ナルヤ及ヒ補闕選擧ハ如何ニシテ之ヲ爲スヤ此等ニ關スルノ條件ヲ規定セル者ニシテ第六十六條第六十七條及ヒ第六十八條ノ三箇條ヲ以テ之ヲ規定セリ

第六十六條　議員ノ任期ハ四箇年トス但シ任期ヲ終リタル後仍選擧ニ應スルコトヲ得

要領

本條ニハ議員ノ任期並ニ之ニ關スルノ要件ヲ規定セリ

理由

本條ニ於テ論スル所ノ点ハ議員任期ノ長短論是ナリ、任期ノ短カキヲ主張スルモノ曰ク社會ハ常ニ變動シ人民ノ思想モ隨テ變化スルモノナレハ代議士モ之レニ比例シテ變化セサレハ民心ニ反スルノミナラス任期長ケレハ議員自ラ安心ヲナシ威ヲ張リテ自巳ノ利ヲ先ニシ人民ヲ疎ンジテ絕ヘテ活潑壯快ナル擧動ヲ成サヽルナリ故ニ議員ノ任期ハ短キヲ要スト、又タ任期ノ長キヲ主張スルモノ曰ク議員ノ貴フ所ハ熟練ト經驗ニ富ニ在リ之ヲ得ルハ任期ノ長キヲ要ス每年選擧ノ如キハ改選ノ切迫ナルガ爲メニ議員ノ才能ヲ充分ニ發スル能ハサルベシ故ニ議員ノ任期ハ長カラザル可ラズト思フニ両者各々偏スル所アルガ如シ任期ハ決シテ短キニ偏スヘカラズ又タ長キニ過クヘカラズ今各國ノ例ヲ見ルニ英國ハ七年ニシテ合衆國ハ二年ナリ蓋シ英國ハ長キニ失スルト云フ可シ合衆國ハ短キニ失スルト云フ可キナリ故ニ余輩ハ本條ニ規定スル所ノ四箇年ノ任期ハ實ニ適當ノ任期ナリト信スルモノナリ且ツ本條ノ後段ニ但シ任期ヲ終リタル後仍ホ選擧ニ應スルヿヲ得ト規定セルハ至當ノヿタルベキナリ

第六十七條　議員ノ闕員アルニ由リ內務大臣ヨリ補闕選擧ヲ開クベキ旨ヲ命セラレタルトキハ府縣知事ハ其ノ命ヲ受ケタル日ヨリ二十日以內ニ闕員ノ選擧區ニ限リ臨時撰擧ヲ行ヒ補闕議員ヲ選擧セシムベシ

要領

本條ニハ議員ニ闕員アリタル時ハ臨時選擧ヲ行フベキ手順ヲ規定セルナリ

理由

本條ニ議員ノ闕員アリタル場合ニ臨時選擧ヲ行フベシトノミ規定シ

テ他ノ手續ハ掲ケザレ𪜈矢張リ普通撰擧ト同一ノ手續ニ依テ之ヲ選擧スルモノタルハ勿論ノコトナリ

第六十八條　補闕議員ノ任期ハ前議員ノ任期ニ依ル

要領

本條ニハ補闕議員ノ任期ヲ規定シタルモノナリ

理由

補闕選擧ニ依テ當選トナリシ議員ハ前任議員ノ跡ヲ嗣クモノナルガ故ニ其任期モ前任議員ト同一ニナスベキハ固ヨリ當然ノコトナリ

第十一章　投票所取締

本章ハ投票所取締ノ條件ヲ規定セルモノトス偖テ我國モ國會卽チ帝國議會ヲ開クノ運ニ際會セリ然ラハ政黨ノ諸方ニ起ルベキハ勢ノ然ラシムル所トス政黨ノ起ルハ喜ミスベキモ亦タ其弊ナシトセス議員ヲ選擧セル投票所ニ於テ大ニ此弊ヲ見ルナラン其自黨ノ勢ヲ盛ナラ

シメンガ爲メニ投票ノ當日ニ至リ投票所ニ於テ他黨ノ人ヲ敵トシテ喧嘩騷動暴行ヲナサヽルニモ非サルベキナリ是レ以テ防禦セサルベカラス、本章ニ投票所取締ノ條件ヲ規定シタルハ之レ有ルヲ以テナリ

本章ハ第六十九條ヨリ第七十七條ニ至ル凡テ九箇條ヲ以テ成立ス

第六十九條　投票管理ノ町村長ハ投票所ノ秩序ヲ保持シ必要ナル塲合ニ於テハ警察官吏ノ處分ニ付スルコトヲ得

要領

本條ニハ投票管理ノ町村長ハ投票所ヲ管理スベキ爲メニ時ニ或ハ處分ヲ警察官吏ニ求メ得ラルヽ旨ヲ規定セリ

理由

投票管理ノ町村長ハ投票所ノ秩序ヲ保持シ必要ナル塲合ニ於テハ警察官吏ノ處分ニ付スルヿヲ得ト本條ニ規定セルハ至當ノヿニシテ斯

ク規定シ置カザレハ投票所ノ秩序ヲ保持シ得ヘカラズシテ錯雜混同甚シキニ至テハ選擧人ヲシテ投票ヲモ爲シ能ハザルニ立チ至ラントスルノ紛擾ヲ來タスヿ有ラントスレハナリ

第七十條　凡テ戎器又ハ兇器ヲ携帶スル者ハ投票所ニ入ルコトヲ許サズ

要領

本條ニハ兇器ノ類ヲ携帶スル者ハ投票所ヘ入ル可ラサル旨ヲ規定セリ

理由

選擧資格ヲ有スルモノト雖𪜈本條ニ規定シタル如キ者ヲ所持スレハ決シテ投票所ニ入ルヲ許サヽル所以ノ者ハ投票所內ニ於テ混雜騷動ノ起ルアランヿヲ豫防シタルマデナリ

第七十一條　選擧人ニ非ザル者ハ投票所ニ入ルコト

ヲ許サズ

要領

本條ニハ前條ト同樣ニ投票所ヘ入ルヿヲ許サレザル者ノ一ヲ規定セルナリ

理由

投票所ニ入ルハ選擧ヲ爲スガ爲ナリ選擧人ニ非スシテ投票所ヘ入ルモ何ノ用カ之レ有ラン乎偶々以テ混雜騷動ヲ來タス有ラントスルナリ是レ本條ニ選擧人ニ非サル者ハ投票所ニ入ルヿヲ許サヽル所以ナリ

第七十二條　投票所ニ於テハ一切ノ演説討論及喧噪ニ渉リ又ハ他人ノ投票ヲ勸誘スルコトヲ禁ズ

要領

本條ニハ投票所ニ於テハ演舌討論等ノ類ヲ爲スヘカラサル旨ヲ規定

セリ

理由

投票所ニ於テハ選擧人靜肅謹嚴ニシテ他ヲ犯カスガ如キノ擧動アルヘカラサルナリ若シ投票所ニテ演舌討論等ヲナスガ如キヿアレハ爲メニ錯雜ヲ生ズルノミナラズ將サニ他人ヲ犯カシテ其投票ニ間違ヲナサシムルヿナシトセザルナリ是レ本條ニ於テ堅ク之ヲ禁ゼシ所以ナリ

第七十三條　投票所ニ於テ秩序ヲ紊ル者アルトキハ町村長ハ之ヲ警戒シ其ノ命ニ從ハザルトキハ之ヲ投票所ノ外ニ退出セシムヘシ

要領

本條ニハ投票所ニ於テノ町村長ノ職權ヲ規定シタルモノナリ

理由

投票所ニ於テ秩序ヲ紊ル者トハ前條ニ規定セル演舌討論等ノ類ヲ投票所ニ於テ爲スヲ云フ、此レ等ノ者アレハ町村長ハ之ヲ警戒スルハ至當ノコナリ然ルニ尙ホ其命ニ從ハサル時ハ之ヲ投票所ノ外ニ退出セシメテ其秩序ヲ保持セザル可ラザルナリ

第七十四條　投票所ノ外ニ退出セシメタル者ハ犯罪者ヲ除ク外其ノ投票ヲ爲サシムル爲ニ再ビ投票所ノ內ニ呼入ルヽコトヲ得

要領

本條ニハ投票所ノ外ニ退出セシメタル者モ尙ホ再ヒ投票所ニ呼ヒ入レラルヽコアルヲ規定セリ

理由

犯罪者ハ己ム犯罪者ニ非サル以上ハ縱令一タヒ投票所外ヘ退出セラルヽモ、選擧資格ヲ有スル者ナルヲ以テ妄リニ選擧權ヲ剝奪スヘカラ

ザルナリ故ニ本人ノ擧動ニシテ靜粛謹嚴ニナリシ場合ニハ再タヒ投票所ヘ入レテ投票ヲ爲サシムルハ固ヨリ至當ノヿタルナリ

第七十五條　投票所ニ參會シタル選擧人ニシテ刑法又ハ此ノ法律ノ罰則ヲ犯シタル者ハ投票スルコトヲ禁シ其ノ姓名事由ヲ投票明細書ニ記載スヘシ

要領

本條ニハ投票所ニ參會シタル選擧人ト雖圧犯罪アレハ投票スルヿヲ得ザル旨ヲ規定セリ

理由

此法律ハ兎モ角刑法ヲ犯シタル者ニ悉皆投票ヲ爲スヿヲ禁シタルハ餘リ酷ナルガ如クニ思ハルヽナリ刑法ノ中ニテモ重罪ハ可ナリ輕罪モ大概ハ可ナリ左リナガカ極メテ輕微ナル違警罪ヲ犯セシ者モ之ヲ禁スルトハ豈ニ酷ナラサルヲ得ン乎其レ然リ然リト雖圧是レ余輩ガ

學識ノ未タ足ラザルガイヘニ斯ク思フナリ決シテ本條ニ瑕瑾アリト云フニハ非ス本條ハ實ニ正當タルヘキハ固ヨリ信スル所ナリトス而シテ本條ノ末段ニ其姓名事由ヲ投票明細書ニ記載スヘシト定メアルハ至當ノ手順ナリ

第七十六條　投票ニ關ル異議ノ申立ニ付町村長ノ決定ニ對シテハ投票所ニ於テ不服ヲ申立ツルヿヲ得ス

要領

本條ニハ投票ニ關スル異議ノ申立アリシ場合ニ就テノ取扱ヲ規定セルナリ

理由

町村長ハ投票ヲ管理スルモノナルヲ以テ本條ノ如キ異議ノ申立ニ付キ町村長之ヲ決定スルハ至當ノヿナリ尙ホ之ノ決定ニ對シテハ投票所ニ於テ不服ヲ申立ツルヿヲ得ズト規定シタルモ固ヨリ其所ナリ斯

ク規定シ置カズンバ混同錯雜シテ其日ノ中ニ於テ投票ヲ爲シ能ハザルガ如キ結果ヲ生スルニ至ランドス

第七十七條　選擧管理ノ郡役所又ハ市役所若ハ區役所ニ於テ選擧會ノ參觀ヲ求ムル者ハ總テ第六十九條ヨリ第七十三條ニ至ルマデノ例ニ照シ選擧長之ヲ處分スヘシ

要領

本條ニハ選擧會ノ時ニモ本章中ノ五箇條ハ之ヲ適用セル旨ヲ規定セルナリ

理由

其性質トスル所ノ者ハ選擧會ノ时モ投票所ニ於テ投票ヲ爲ス时モ同一ニシテ異ナル所ハナキナリ故ニ本條ニ選擧會ノ時ト雖𪜈本章ノ第六十九條ヨリ第七十三條マテノ五箇條ハ之ヲ適用スル旨ヲ規定セル

所以ナリ

第拾二章　當選訴訟

本章ハ第七十八條ヨリ第八十八條ニ至ル凡テ十一箇條ヲ以テ成立シ規定スル所ハ當選ニ關スル訴訟ノ條件ナリトス

第七十八條　各選擧區ニ於テ當撰ヲ失ヒタル者當撰人ノ當撰ヲ無効トスルノ理由アリト認ムルトキハ當選人ヲ被告トシ第六十五條ニ掲ケタル當選人ノ姓名告示ノ日ヨリ三十日以内ニ控訴院ニ出訴スルコトヲ得

其ノ期限ヲ經過シタル後出訴スルモ其ノ効ナシ

要領

本條第一項ニハ當選訴訟ヲ爲スニ就テノ要件ヲ規定シ第二項ニハ期限後ノ訴訟ハ無効タル可キヲ規定セリ

理由

當選訴訟ハ之ヲ控訴院ニ出訴スルト定メアルハ甚タ此訴訟ヲ重ンシタルノ法意ナリ控訴院ハ始審裁判所ノ上ニ位シテ大審院ニ次クノ所ノ高キ地位ニ在ル裁判所ナルヲ今當選訴訟ヲ控訴院ニ爲スト規定シタルハ則チ之ヲ重ンジタルノ故ナラシ本條ハ別段論スル所モナク唯ヽ正當ノ規定ナリト云フヘキナリ第二項ノ規定スル所モ一ノ制限ヲ附ケタルモノニテ是レモ至當ノコタルナリ

第七十九條　原告人ハ訴訟狀ト共ニ保證金トシテ金三百圓又ハ之ニ相當スル公債證書ヲ控訴院書記局ニ預置クヘシ

要領

本條ニハ原告人ヨリ保證金三百圓ヲ控訴院書記局へ預ケ置クヘキ旨ヲ規定セリ

理由

本條ニ保證金ヲ控訴院書記局ニ預ケ置ク所以ノ者ハ妄リニ當選訴訟ヲ爲サシメサルト又タ原告敗訴セシ片ニ裁判費用ヲ徵收スルニ付テ大ニ便トスル所アルヲ以ナリ本條ノ理由トスル所ノ者ハ之レニ外ナラストス

第八十條　原告人敗訴ノ場合ニ於テ裁判言渡ノ日ヨリ七日以內ニ一切ノ裁判費用ヲ納完セサルトキハ保證金ヨリ之ヲ控除シ仍足ヲサルトキハ之ヲ追徵スヘシ

要領

本條ニハ裁判費用ニ關スルノ要件ヲ規定セリ

理由

敗訴者ヨリ裁判費用ヲ納完スルハ普通民事訴訟ニ於テモ斯ク規定シ

アルハ皆ナ人々ノ知ル所タリ故ニ此當選訴訟ニモ矢張リ民事訴訟ト同一ニ敗訴者ヨリ徵收スルコト規定セルハ至當ノコタルナリ前第七十九條ニ保證金ヲ書記局ヘ預ケ置クト規定セルモ之ヲ慮リテノ故ナルヘキナリ

第八十一條　同一ノ當選人ニ對シ二人以上ノ原告人訴訟ヲ爲シタルトキハ控訴院ハ一ノ裁判言渡書ヲ以テ各訴訟人ニ宣告スルコトヲ得

要領

本條ニハ同一ノ當選人ニ對シ二人以上ノ原告人ヨリ訴訟ヲ爲セシ場合ニ就テノ手順ヲ規定シタルナリ

理由

本條ノ末段ニ控訴院ハ一ノ裁判言渡書ヲ以テ各訴訟人ニ宣告スルコトヲ得ト規定シタルハ二個ノ裁判言渡書ヲ要セサルガ故ナリ何トナ

レハ同一ノ事件ニテ同一ノ當選人ニ對シテノ訴訟ナルヲ以テ二個ノ裁判言渡書ヲ爲スモ同一ノ言渡書ナレハナリ故ニ本條ニ斯ク規定シタル所以ナリトス

第八十二條　審判中衆議院解散ノ命アルキハ控訴院ハ其ノ訴訟ヲ棄却スヘシ

要領

本條ニハ衆議院解散ヲ命セラレシ場合ニ當選訴訟ハ如何ニ之ヲ爲スカヲ規定シタルナリ。

理由

衆議院解散ヲ命セラルレハ衆議院議員ハ其解散ト同時ニ議員職ヲ解カレシ者タルナリ故ニ此場合ニハ縱令當撰訴訟ノ最中ナルモ既ニ議員職ヲ解カレシ者ナルカ故ニ之ヲ出訴スルモ何ノ効ヲモ爲サヽルナリ、本條ニ審判中衆議院解散ノ命アルトキハ控訴院ハ其訴訟ヲ棄却ス

ヘシト規定シタルハ右ノ理由ニ基キシ者ナランカ

第八十三條　原告人訴訟ヲ願下グルトキハ同時ニ其ノ由ヲ新聞紙又ハ其ノ他ノ方法ヲ以テ公告スヘシ

要領

本條ハ原告人ニ於テ當選訴訟ヲ願下ゲシ時ノ手續ヲ規定セルナリ

理由

議員ノ職ヤ重シ故ニ一タヒ當選訴訟ノ起ルヤ世人ハ之レニ着目シ或ハ新聞ニ雜誌ニ之ガ風評ヲ傳ヘテ紛然タル者アラントス是レ本條ニ原告人訴訟ヲ願下グルトキハ同時ニ其由ヲ新聞紙又ハ其他ノ方法ヲ以テ公告スヘシト規定シタルハ右ノ理由アルヲ以テ世間ノ紛然タル風評ヲ靜カナラシメンガ爲メナリ

第八十四條　控訴院ハ當撰訴訟ヲ審判スルニ當リ本訴ニ關係スル刑法又ハ此ノ法律ノ犯罪者ニ對シ直ニ

處刑ノ言渡ヲ爲スコトヲ得但シ此ノ場合ニ於テハ檢察官ヲシテ立會ハシムヘシ
當撰訴訟ニ關係セサル場合ニ於ケル此ノ法律ノ犯罪者ハ所轄刑事裁判所ニ於テ之ヲ裁判ス

要領

本條第一項ニハ當撰訴訟ニ關スルノ犯罪第二項ニハ之レニ關セサル此法律ノ犯罪者ヲ裁判スルニ就テノ裁判管轄ヲ規定セルナリ

理由

當選訴訟卽チ本訴ニ關係スル刑法又ハ法律ノ犯罪者ニ對シ控訴院ニ於テ直チニ處刑ノ言渡ヲ爲ス所以ノ者ハ前ニモ述ヘタル通リ議員職ヲ重ンシタルカ故ナリトス此場合ニ檢察官ヲ立會ハシムルハ刑事裁判ニ於テ普通ノ規定ナリト云フヘキナリ是レ本條第一項ニ規定セル者ニテ至當ノコト云フヘシ、又タ第二項ニハ當撰訴訟卽チ本訴ニ關係セサル犯罪者ハ所轄刑事裁判所ニ於テ之ヲ裁判スト規定セルハ此ノ場合ニハ議員タルノ職ニ關係セザルカ故ニ普通人民ト同一ノ取扱ヲ爲シタルモノトス此第二項モ至當ニシテ間然スル所ハナキナリ

第八十五條　控訴院ニ於テ當撰訴訟ヲ判定シタルトキハ其ノ裁判言渡書ノ謄本ヲ内務大臣ニ送附スヘシ若衆議院開會スルトキハ併セテ之ヲ議長ニ送附スヘシ

要領

本條ニハ當選訴訟ノ判決アリシ場合ニ付テノ手續ヲ規定シタル者ナリ

理由

之ヲ判決セシ時ハ其裁判言渡書ノ謄本ヲ内務大臣ニ送付スルハ至當ノ手續ナリ、並ニ衆議院開會スル片ハ併セテ之ヲ其議長ニ送付スルモ

前段ト共ニ至當ノコトタルヘキナリ

第八拾六條　當選訴訟ニ付控訴院ノ裁判ニ對シテハ
大審院ニ上告スルコトヲ得

要領

本條ニハ當撰訴訟ニ付テノ裁判ニ對シテハ大審院ニ上告シ得ラルヽ旨ヲ規定セリ

理由

大審院ノ裁判ハ最終ノ裁判ニシテ又タ結局ノ裁判タル可キモノナリ故ニ當選訴訟ニ就テ其裁判ニ不服アルニ於テハ之ヲ大審院ニ上告シテ最終ノ裁判ヲ受ケ得ラルヽハ固ヨリ其所ナリ

第八拾七條　訴訟ノ目的タル當選人ハ其ノ裁判確定
ニ至ルマデ衆議院ニ列席スルノ權ヲ失ハズ

要領

本條ニハ裁判確定ニ至ル迄ハ當選人ハ議會列位權ヲ失ハサル旨ヲ規定セリ

理由

訴訟事件ニ於テ人ヲシテ黑白ナラシメ、人ヲシテ東西ナラシメ、人ヲシテ天地月鼈ナラシムル者ハ獨リ確定裁判ノ効ヲ竢ツニ由ラサルハナキナリ、本條ニ訴訟ノ目的タル當選人ハ其裁判確定ニ至ルマテ衆議院ニ列席スルノ權ヲ失ハスト規定シタルハ右ノ理由ニ基キタルモノニシテ至當ノコタルヘキナリ

第八拾八條　當撰訴訟ニ付本章ニ規定シタルモノヽ外總テ普通ノ訴訟手續ニ依ル

要領

本條ニハ當選訴訟モ普通ノ訴訟手續ニ依ルヘキコ在ルヲ規定セリ

理由

此第十二章ニ掲ゲタル條項ハ當選訴訟ニノミ特別ニ關スルノ手續ヲ規定シタル者ナレ𪜈此レノミニテハ决シテ訴訟ノ手續ヲ終ヘタル者ト云フ可ラズ他ニ種々ノ手續アルベキハ勿論ノコナリ故ニ本條ニ當選訴訟ニ付本章ニ規定シタルモノヽ外總テ普通ノ訴訟手續ニ依ルト規定シタルハ固ヨリ至當ノコナリ

第拾三章　罰則

凡ソ法律ニシテ其法律タルノ効ヲ顯ハス所ノ者ハ數千條數百條ノ罪狀ヲ掲示シ置クモ何ノ効モ無カルベキナリ制裁卽チ罰則ナル者アリテ始メテ其効ヲ顯著ナラシムル者トス本章ハ罰則ノ部ニシテ投票或ハ選擧ヲナスノ場合ニ夫ソレ〻規定シタル所法律ニ背キタル者ハ本章ニ規定シタル制裁ヲ受ク可キモノトス本章ハ第八十九條ヨリ第百五條ニ至ル凡ヘテ十七箇條ヲ以テ成立セリ

第八拾九條　納税額年齡住所及其ノ他撰擧資格ニ必

要ナル事項ヲ詐稱シ撰擧人名簿ニ記載セラレタル者ハ四圓以上四拾圓以下ノ罰金ニ處ス

要領

本條ニハ選擧ノ資格ニ關スル罰則ヲ規定セルモノナリ

理由

前第二章選擧人ノ資格第三章被選人ノ資格並ニ第四章選擧人及ヒ被擧人ニ通スル規定等ノ章ニ揭ゲアル選擧ノ資格ヲ詐稱シテ撰擧人名簿ニ記載セラレタルモノハ本條ニ規定シタル所ノ罰則ニ處セラルヽモノナリ

第九拾條　投票ヲ得又ハ他人ニ投票ヲ得セシメ若ハ他人ノ爲ニ投票ヲ爲スコトヲ抑止スル目的ヲ以テ直接又ハ間接ニ金錢物品手形若ハ公私ノ職務ヲ撰擧人ニ授與シ又ハ授與スルヿヲ約束シタル者ハ五圓以上

五拾圓以下ノ罰金ニ處ス
其ノ授與又ハ約束ヲ受ケタル者亦同シ

要領

本條ニハ投票ニ關シ不正ノ物品ヲ授與シ又ハ其約束ヲ爲シタルモノ並ニ其授與又ハ約束ヲ受ケタル者ニ關スル罰則ヲ規定セルナリ

理由

本條ニ於テ別ニ論スル所ノ点ナカルベキナリ畢竟本條ハ未ダ本人ノ目的ハ達シ得ラレズ則チ投票ヲ得タルニモ非ズ他人ニ投票ヲ得セシメタルニモ非ズ若クハ他人ノ爲メニ投票ヲ爲スコヲ抑止シタルニモ非ズ只此ノ目的ヲ以テ本條ニ記スル所ノ者ヲ授與或ハ授與スルノ約束ヲナシタル迄ノコナリ此レニテ双方共ニ本條ニ規定スル所ノ罰則ニ處セラルヽモノナリトス

第九拾一條　直接又ハ間接ニ金錢物品手形若ハ公私

ノ職務ヲ撰擧人ニ授與シ又ハ授與スルコヲ約束シテ投票ヲ得又ハ他人ニ投票ヲ得セシメ若ハ他人ノ爲ニ投票ヲ爲スコトヲ抑止シタル者ハ刑法第二百三拾四條ノ例ヲ以テ論ズ

其ノ授與又ハ約束ヲ受ケ投票ヲ爲シ又ハ投票ヲ爲サヾル者亦同ジ

要領

本條ニハ授與約束等ヲ爲シテ已ニ不正ノ所爲ヲ遂ゲタル者ニ關スル罰則ヲ規定セルナリ

理由

本條ハ前條ト異ナル所トテハ無カルベケレドモ其異ナル所ノ点ト云フハ已ニ目的ヲ遂ゲタルモノニテ則チ投票ヲ得又ハ他人ニ投票ヲ得セシメ若ハ他人ノ爲メニ投票ヲ爲スコヲ抑止シ了リタル者ヲ罰スルノ

点ニアリ故ニ前條ハ未タ目的中ノ内ニ在ル者ナレ𪜈此レハ目的ヲ達シテ投票等ヲモ得タルモノナリトス、故ニ前條ハ其罰則輕ルケル𪜈本條ハ刑法ニ依テ處セラレ其罰則前條ヨリ重キハ能ク權衡ヲ得タルモノト云フ可シ

第九拾二條　投票ヲ得又ハ他人ニ投票ヲ得セシメ若ハ他人ノ爲ニ投票ヲ爲スコトヲ抑止スル目的ヲ以テ選擧人ニ暴行ヲ加ヘタル者ハ一月以上六月以下ノ輕禁錮ニ處シ五圓以上五拾圓以下ノ罰金ヲ附加ス

要領

本條ニハ投票ニ關スル件ニ付不正ノ目的ヲ以テ選擧人ニ暴行ヲ加ヘタル者ヲ罰スルノ制裁ヲ規定セリ

理由

本條ハ第九十條ト同樣ニ不正ノ目的ヲ持チ居ルノミナラズ選擧人ニ

暴行ヲ加ヘタルガ如キハ其罪實ニ惡ム可シ故ニ本條ハ第九十條ヨリ重クシテ一月以上六月以下ノ輕禁錮ニ處シ五圓以上五十圓以下ノ罰金ヲ附加スルハ其當ヲ得タルモノナリ

第九拾三條　選擧人ニ暴行ヲ加ヘテ投票ヲ得又ハ他人ニ投票ヲ得セシメ若ハ他人ノ爲ニ投票ヲ爲スコトヲ抑止シタル者ハ三月以上二年以下ノ輕禁錮ニ處シ十圓以上百圓以下ノ罰金ヲ附加ス

要領

本條ハ選擧人ニ暴行ヲ加ヘテ旣ニ投票事件ニ關スル不正ノ目的ヲ達シ得タル者ニ就テノ罰則ヲ規定セルモノナリ

理由

本條ハ第九十一條ニ比較ヲ取リテ罰則ヲ設ケタル者ナルヲ以テ同條ハ勿論、第九十條、及第九十二條ヲ參酌スレハ本條ノ法意ハ容易ニ知リ

得ラル、ヲ以テ茲ニ贅辨ヲ費サヽルナリ

第九十四條　撰擧人ヲ強逼シ又ハ投票所若ハ選擧會場ヲ騷擾シ又ハ投票函ヲ抑留毀壞若ハ刼奪スルノ目的ヲ以テ多衆ヲ嘯聚シタル者ハ六月以上二年以下ノ輕禁錮ニ處シ十圓以上百圓以下ノ罰金ヲ附加ス

其ノ情ヲ知テ嘯聚ニ應ジ勢ヲ助ケタル者ハ十五日以上二月以下ノ輕禁錮ニ處シ三圓以上三十圓以下ノ罰金ヲ附加ス

犯罪者戎器又ハ兇器ヲ携帶シタルトキハ各々本刑ニ一等ヲ加フ

要領

本條第一項ハ選擧事件ニ關シテ多衆ヲ嘯聚シタル者並ニ第二項ニハ知リナガラ嘯聚ニ應シタル者第三項ニハ以上ノ罪犯ガ兇器ヲ携帶シ

タル者ニ就テノ罰則ヲ規定セリ

理由

本條第一項、第二項、第三項共ニ文意明瞭ニシテ解釋スルノ点モ無カルベキナリ而シテ本條ハ第一項ヲ標準ニシテ罰則ヲ設ケタルモノニテ則チ第二項ハ第一項ヨリ其罪輕カラザルヲ得ザルノ道理ナリ第三項ニ在テハ戎器ヲ携帶スルモノナルガイヘニ本刑ニ各々一等ヲ加フト規定シタルハ固ヨリ其所ナリ

第九十五條　撰擧ノ際管理者又ハ立會人ニ暴行ヲ加ヘ又ハ暴行ヲ以テ投票所若ハ撰擧會場ヲ騷擾シ又ハ投票函ヲ抑留毀壞若ハ刼奪シタル者ハ四月以上四年以下ノ輕禁錮ニ處シ二拾圓以上二百圓以下ノ罰金ヲ附加ス

犯罪者戎器又ハ兇器ヲ携帶シタルトキハ各本刑ニ一

等ヲ加フ

要領

本條ニハ多衆ヲ嘯聚セズシテ前條ニ規定シタル所ノ投票事件ノ騷擾ヨリ一層甚ダシキ暴行ヲ爲シタル者ニ付テノ罰則ヲ規定シタルモノナリ

理由

本條モ前條ト同樣ニテ論スル所ノ点トテモ無キヲ以テ贅論ヲ費サヽルナリ

第九十六條　多衆ヲ嘯集シテ前條ノ罪ヲ犯シタル者ハ重禁獄ニ處ス

其ノ情ヲ知テ嘯聚ニ應ジ勢ヲ助ケタル者ハ二年以上五年以下ノ輕禁錮ニ處ス

犯罪者戎器又ハ兇器ヲ携帶シタルトキハ各々本刑ニ

一等ヲ加フ

要領及理由

本條ハ前條ニ規定シタル罪質トハ一層巨大ナル質アルヲ以テ其罰スル所モ隨テ重キヲ加ヘタル迄ノコニテ別ニ解釋ニ苦シムト云フ樣ナル點モナカルベキナリ故ニ本條ハ要領ト理由トヲ混同シテ敢テ喋々ヲ爲サヾルナリ

第九十七條　演說又ハ新聞紙若ハ其ノ他ノ文書ヲ以テ人ヲ敎唆シ前三條ノ罪ヲ犯サシメタル者ハ刑法百五條ノ例ニ依ル其ノ敎唆ノ効ナキ者モ仍本刑ニ二等又ハ三等ヲ減ジ處斷ス

要　領

本條ニハ演說等ヲ以テ人ヲ敎唆シ前三條ノ罪ヲ侵シタル者ニ就テノ罰則ヲ規定セリ

理由

刑法第百五條ニ「人ヲ教唆シテ重罪輕罪ヲ犯サシメタル者ハ亦正犯ト爲ス」トアリ然レバ本條ニ規定スル所ノ教唆者ハ則チ正犯ニテ前三條ノ罪ヲ犯シタル者ト同一ナリト知ルベキナリ本條ニ於テ述ブ所モ他ニ無カルベキヲ以テ之ニテ略ス

第九十八條　戎器又ハ兇器ヲ携帶シテ投票所若ハ選擧會場ニ入リタル者ハ三圓以上三拾圓以下ノ罰金ニ處ス

要領

本條ハ兇器類ヲ携帶シテ投票所等ヘ入リタル者ヲ罰スルニ就テノ規則ナリ

理由

前第七十條ニ凡テ戎器又ハ兇器ヲ携帶スル者ハ投票所ニ入ルヿヲ許サ

ヤル旨ヲ規定セリ本條ハ則チ此第七十條ノ規定ニ基イテ罰則ヲ設ケタルモノナリ

第九十九條　當撰人ニ於テ第八十九條ヨリ第九十八條ニ至ルマデノ刑ニ處セラレタルトキハ其ノ當撰ハ無効トス

要領

本條ニハ當選人ニシテ刑ニ處セラレタル者ハ其當選ハ無効タル可キ旨ヲ規定セリ

理由

第八十九條ヨリ第九十八條迄ノ罪犯ノ性質ハ皆ナ投票事件ニ關スルモノニテ則チ不正手段ヲ以テ投票ヲ得シモノナルガ故ニ斯ヽル者ハ到底代議士タルノ性格ヲ有スベカラサルノ論理ヨリシテ本條ニ之ヲ規定シテ其當選ヲ無効トセシ所以ナリトス

第百條　他人ノ姓名ヲ詐稱シテ投票ヲ爲シタル者及第十四條ニ依リ選擧人タルコトヲ得ザル者投票ヲ爲シタルトキハ四圓以上四十圓以下ノ罰金ニ處ス

要領

本條ニハ選擧人ノ資格ヲ有セズシテ投票ヲ爲シタル者ニ就テノ罰則ヲ規定シタルナリ

理由

他人ノ姓名ヲ詐稱シテ投票ヲ爲シタル者モ又タ第十四條ニ依リ選擧人タルヿヲ得ザル者モ共ニ選擧人タル資格ヲ有セザルモノナリ、選擧資格ヲ有セザル者ニシテ選擧ヲ行フモ之ヲ其儘ニ放棄シ置カンカ不道理ナルヿ勿論ナリ故ニ本條ニ於テ之ヲ罰スルノ明文ヲ揭ゲタリ

第百一條　前數條ノ罪ヲ犯シ禁錮以上ノ刑ニ處セラレ又ハ再ビ罰金ノ刑ニ處セラレタル者ハ三年以上七

年以下撰擧權及被選權ヲ停止ス

要領

本條ニハ前數條ノ罪ヲ犯カシタル者ハ選擧權及被選擧權ヲ停止セラルベキ罰則ヲ規定セリ

理由

本條ニ記載シタル罪犯者ハ通常ノ罪犯ト其性質ヲ異ニシ殊トニ選擧ノ件ニ付テハ最モ惡ム可キノ罪犯ナルヲ以テ當ニ其刑罰ヲ處スルノミヲ以テ足レリトセズ故ニ本條ニ於テ其罪犯者ニ對シ三年以上七年以下選擧權及被選擧ヲ停止スルノ罰則ヲ規定セルハ至當ノコナリ

第百二條　立會人正當ノ事故ナクシテ此ノ法律ニ規定シタル義務ヲ缺クトキハ五圓以上五十圓以下ノ罰金ニ處ス

要領

本條ニハ投票所立會人ニ關スルノ罰則ヲ規定セルナリ

理由

前第三十三條ニ立會人ハ正當ノ事故ナクシテ其職ヲ辭スルヿヲ得ズト定アリ則チ本條ノ罰則ハ此第三十三條ノ如キ場合ニ適用スルモノナリ是レ至當ノヿタルベキナリ

第百三條　本章ニ規定シタル罰則ノ外刑法ニ正條アルモノハ各々其ノ條ニ依リ重キニ從テ處斷ス

要領

本條ニハ本章ニ規定シタル罰則ト刑法トノ關係ヲ規定シタル者ナリ

理由

選擧ニ關スル犯罪ハ本章ノミニ依テ罰セラルヽト思フベカラズ本章ニ罰則ヲ掲ゲズシテ刑法ニ正條アル以上ハ其刑法ヲ以テ之ヲ罰スルハ勿論ノヿナリ

第百四條　凡テ選擧ニ關ル犯罪ハ六箇月ヲ以テ期滿免除トス

要領

本條ハ選擧ニ關スル犯罪者ノ期滿免除ヲ規定セリ

理由

期滿免除トハ法律ニ由テ時日ヲ定メタル其時日ノ期限ガ滿チタルヲ以テ其本人ハ罪犯者トシテ裁判所ヘ訴ヘラレズ則チ時日ノ効ニ依テ罪犯ヲ免除セラレタルト云フノ義ナリ本條ニ凡テ選擧ニ關スル犯罪ハ六箇月ヲ以テ期滿免除スト規定セリ故ニ選擧ヤ投票ナドニ依テ侵シタル犯罪ハ六箇月サヘ經過スレバ免除セラレ裁判所ヘ訴フルモ其効ガ無ク語ヲ換ヘテ云ヘハ無効タル可キコナリ

第百五條　此ノ罰則ハ第十一章ノ各條ト共ニ投票所及撰擧會場ニ貼示スベシ

要領

本條ニハ此罰則並ニ投票所取締ノ各條ヲ投票所及ヒ選擧會場ニ貼付スベキ旨ヲ規定セリ

理由

第十一章ニ規定セル投票所取締ノ各條幷ニ本章ノ罰則等ハ忽チ選擧人ノ身ニ影響ヲ及ボス者ナルガ故ニ充分ニ選擧人ニ之ヲ知ラシメ置カザル可ラサル者ナリトス本章ニ之ヲ投票所及ヒ選擧會場ヘ貼付スベシト規定シタルハ固ヨリ其所ナリ

第十四章 補則

衆議院議員選擧法ハ本章ヲ以テ終局トス本章ハ第百六條ヨリ第百十一條ニ至ル其規定スル所ハ種々ノ雜則ヲ掲ゲタルモノニシテ凡テ六箇條ヲ以テ成立セリ

第百六條 市ニ於テハ一市ニ一ノ投票所ヲ設ケ此ノ

法律ニ規定シタル投票及撰擧ノ管理ハ市長兼テ之ヲ掌ルベシ

第四條ノ場合ニ於テハ一撰擧區ニ一ノ投票所ヲ設ケ此ノ法律ニ規定シタル投票及選擧ノ管理ハ區長兼テ之ヲ掌ルベシ

要領

本條第一項ニハ一市ニ於テ一ノ投票所ヲ設クルニ就テノ關係ヲ規シ第二項ニハ一選擧區ニ一ノ投票所ヲ設クルニ就テノ關件ヲ規定シタルナリ

理由

市ハ町村トハ其狀態ヲ異ニスルガイヘニ前第六章ニ規定シタル所ノ町村ニ關スル投票所ノ部ニ市ノ投票所ノ件ヲ規定セサルヲ以テ本條ニ之ヲ規定セリ又タ第二項ノ如キモ此レト同一ナルガイヘニ本條ニ

之ヲ規定セリ偖テ本條ニ就テ論スヘキノ点ハ前キニ町村投票所ノ部ニ於テ論セシ者ト異ナラサルカイヘニ略シテ之ヲ述ヘサラントス

第百七條　前條ノ場合ニ於テハ市長又ハ區長ハ其ノ管理スル撰擧區内ニ於ケル撰擧人中ヨリ立會人三名以上七名以下ヲ定メ運クトモ撰擧ノ期日ヨリ三日以前ニ之ヲ本人ニ通知シ撰擧ノ當日撰舉管理ノ市役所又ハ區役所ニ參會セシムヘシ

立會人ハ投票ニ立會ヒ併セテ投票ヲ點檢スヘシ

此ノ場合ニ於ケル撰擧明細書ハ併セテ投票ノ事項ヲ記載スヘシ

要　領

本條第一項第二項ニハ市又ハ區ノ立會人ニ關スル條件ヲ規定シ第三項ニハ選擧明細書ニ就テノ條件ヲ規定セルナリ

理由

本條ノ理由トスル所ハ前條ト同樣ニ前ニ論述セシヲ以テ本條ニ於テハ之ヲ述ベサルナリ

第百八條　島司ヲ置ク地方ニ於テハ此ノ法律ニ規定シタル選擧長ノ職務ハ島司之ヲ掌ルヘシ

要領

本條ニハ島司ヲ置ク地方ニ就テノ件ヲ規定セリ

理由

島司ヲ置ク地方トハ伊豆七島ノ如キ是ナリ斯ヽル地方ハ郡役所トテハ設置セサルガ故ニ此ノ法律ニ規定シタル選擧長ノ職務ハ是非トモ之ヲ島司ニ托セザルベカラサルナリ本條モ別段ニ論スル所ノ點トテハ無カルベキナリ

第百九條　町村制ヲ施行セザル町村ニ於テハ此ノ法

律ニ規定シタル町村長ノ職務ハ戸長之ヲ掌ルベシ

要領

本條ニハ町村制ヲ施行セザル町村ニ就テノ件ヲ規定セリ

理由

町村ノ狀態ニ依テ町村制ヲ施行シ得ベカラザル所アリ斯カル町村ハ舊制ノ儘ニテ戸長ト云ヘル名稱ニテ其町村ヲ統治シ居ル者ナリ是レ本條ニ町村制ヲ施行セサル町村ニ於テハ此法律ニ規定シタル町村長ノ職務ハ戸長之ヲ掌ルベシト規定シタル所以ナリトス

第百十條　選擧人名簿調製ノ初年ニ限リ所得稅法施行以來第六條第八條ニ規定シタル納稅額ヲ引續キ納完シタル者ハ其納稅資格ノ期限ニ充ツルモノト見做スベシ

要領

本條ニハ　舉人名簿ノ初年ニ限リテ所得税ニ關スル變則ヲ規定シタルナリ

理由

所得税ニ限リ此變則ヲ設ケタル所以ハ所得税施行以來未ダ第六條第八條ニ規定セル三年ニ滿タザルガイヘニ此變則ヲ設ケタルモノトス假令本條ハ變則ナリト雖モ實ニ至當ノコタルナリ本條ニ所得税法施行以來第六條第八條ニ規定シタル納税額ヲ引續キ納完シタル者ハ云ヤト規定シタルガイヘニ之ヲ三年間引續キ納完シタル者ト見做スモ敢テ不都合ニハ非ザルナリ

第百十一條　北海道沖繩縣及小笠原島ニ於テハ將來一般ノ地方制度ヲ準行スルノ時ニ至ルマデ此ノ法律ヲ施行セズ

要領

本條ニ北海道沖繩縣及小笠原島ニ關スルノ件ヲ規定セルナリ

理由

衆議院議員選擧法ハ本條第百十一條ヲ以テ最終ノ條項トス偖テ本條ニ規定スル所ノ北海道沖繩縣及小笠原島ノ三地方ハ土地偏避ナルノミナラズ未ダ文明ノ運ニ向ハザルガ故ニ到底內地諸國ト同一ノ法律ヲ以テ統治シ行ク可ラザルハ勿論ノコナリ是レ此ノ三地方ニ限リ內地同樣一般ノ地方制度ヲ行フ可ラザル所以ナリ然レ𪜈此地方ハ將來ニ向テ內地同樣一般ノ地方制度ヲ施行スベキノ運ニ際會スルコモアルベキナリ本條ニ北海道沖繩縣及ヒ小笠原島ニ於テハ一般ノ地方制度ヲ準行スルノ時ニ至ルマテ此法律ヲ施行セズト規定セルハ固ヨリ其所ナリ未ダ地方制度サヘ施行スベカラザルノ地方ナルヲ以テ迚テモ衆議院議員選擧法ノ制ヲ準行スベカラサル所以ナリトス

衆議院議員選擧法附錄

東京府　議員總數十二人

第一區　麴町區麻布區赤阪區一人

第二區　芝區一人

第三區　京橋區一人

第四區　日本橋區一人

第五區　本所區深川區一人

第六區　淺草區一人

第七區　神田區一人

第八區　下谷區本鄕區一人

第九區　小石川區牛込區四谷區一人

第十區　東多摩郡南豐島郡北豐島郡一人

十一區　南足立郡南葛飾郡一人

第十二區　荏原郡伊豆七島一人

京都府　議員總數七人

第一區　上京區一人
第二區　下京區一人
第三區　愛宕郡葛野郡乙訓郡紀伊郡一人
第四區　宇治郡久世郡相樂郡綴喜郡一人
第五區　南桑田郡北桑田郡船井郡天田郡何鹿郡二人
第六區　加佐郡與謝郡中郡竹野郡熊野郡一人

大阪府　議員總數十人

第一區　西區一人
第二區　東區北區一人
第三區　南區一人
第四區　西成郡東成郡住吉郡二人
第五區　島上郡島下郡豐島郡能勢郡一人
第六區　茨田郡交野郡讚良郡河内郡若江郡高安郡一人
第七區　石川郡八上郡古市郡安宿部郡錦部郡丹南郡志紀郡丹北郡大縣郡澁川郡一人

第八區　堺區大鳥郡泉郡一人
第九區　南郡日根郡一人
神奈川縣　議員總數七人
第一區　横濱區一人
第二區　久良岐郡橘樹郡都筑郡一人
第三區　南多摩郡西多摩郡北多摩郡二人
第四區　三浦郡鎌倉郡一人
第五區　高座郡愛甲郡久津井郡一人
第六區　大住郡絢綾郡足柄上郡足柄下郡一人
兵庫縣　議員總數十二人
第一區　神戸區一人
第二區　武庫郡菟原郡川邊郡有馬郡一人
第三區　多紀郡氷上郡一人
第四區　八部郡明石郡美嚢郡一人
第五區　加古郡印南郡一人

第六區　加東郡多可郡加西郡一人
第七區　飾東郡飾西郡神東郡神西郡一人
第八區　揖東郡揖西郡赤穗郡佐用郡宍粟郡二人
第九區　城崎郡美含郡氣多郡出石郡七美郡二方郡養父郡朝來郡二人
第十區　津名郡三原郡一人
長崎縣　議員總數七人
第一區　長崎區西彼杵郡二人
第二區　東彼杵郡北高來郡一人
第三區　南高來郡一人
第四區　北松浦郡壹岐郡石田郡一人
第五區　南松浦郡一人
第六區　上縣郡下縣郡一人
新潟縣　議員總數十三人
第一區　新潟區西蒲原郡一人

第二區　北蒲原郡東蒲原郡巖舩郡二人
第三區　中蒲原郡一人
第四區　南蒲原郡一人
第五區　古志郡三島郡二人
第六區　刈羽郡一人
第七區　北魚沼郡南魚沼郡中魚沼郡東頸城郡二人
第八區　中頸城郡西頸城郡二人
第九區　雜太郡加茂郡羽茂郡一人

埼玉縣　議員總數八人

第一區　北足立郡新座郡一人
第二區　入間郡高麗郡横見郡比企郡二人
第三區　南埼玉郡北葛飾郡中葛飾郡二人
第四區　北埼玉郡大里郡幡羅郡榛澤郡男衾郡二人
第五區　兒玉郡賀美郡那珂郡秩父郡一人

群馬縣　議員總數五人

第一區　東群馬郡南勢田郡利根郡北勢多郡一人
第二區　新田郡山田郡邑樂郡一人
第三區　佐位郡那波郡綠野郡多胡郡南甘樂郡一人
第四區　西群馬郡片岡郡吾妻郡一人
第五區　北甘樂郡碓氷郡一人

千葉縣　議員總數九人

第一區　千葉郡市原郡一人
第二區　東葛飾郡印旛郡下埴生郡南相馬郡二人
第三區　香取郡一人
第四區　海上郡匝瑳郡一人
第五區　山邊郡武射郡一人
第六區　夷隅郡上埴生郡長柄郡一人
第七區　望陀郡周准郡天羽郡一人
第八區　安房郡平郡朝夷郡長狹郡一人

茨城縣　議員總數八人

第一區　東茨城郡鹿島郡行方郡二人
第二區　多賀郡久慈郡那珂郡二人
第三區　西茨城郡眞壁郡一人
第四區　豐田郡結城郡岡田郡西葛飾郡猿島郡一人
第五區　筑波郡新治郡一人
第六區　信太郡河内郡北相馬郡一人

栃木縣　議員總數五人

第一區　河内郡芳賀郡一人
第二區　上都賀郡下都賀郡寒川郡二人
第三區　安蘇郡足利郡梁田郡一人
第四區　鹽谷郡那須郡一人

奈良縣　議員總數四人

第一區　添上郡添下郡山邊郡廣瀨郡平群郡一人
第二區　式上郡式下郡宇陀郡十市郡高市郡葛上郡葛下郡忍海郡二人

第三區　宇智郡吉野郡一人

三重縣　議員總數七人

第一區　安濃郡一志郡一人

第二區　三重郡鈴鹿郡奄藝郡河曲郡一人

第三區　桑名郡員辨郡朝明郡一人

第四區　飯高郡飯野郡多氣郡一人

第五區　度會郡答志郡英虞郡北牟婁郡南牟婁郡二人

第六區　阿拜郡山田郡名張郡伊賀郡一人

愛知縣　議員總數十一人

第一區　名古屋區一人

第二區　愛知郡一人

第三區　東春日井郡西春日井郡一人

第四區　丹羽郡葉栗郡一人

第五區　中島郡一人

第六區　海東郡海西郡一人

第七區　知多郡一人
第八區　碧海郡幡豆郡一人
第九區　額田郡西加茂郡東加茂郡一人
第十區　北設樂郡南設樂郡寶飯郡一人
第十一區　渥美郡八名郡一人
靜岡縣　議員總數八人
第一區　安倍郡有渡郡一人
第二區　富士郡庵原郡一人
第三區　志太郡益津郡一人
第四區　榛原郡佐野郡城東郡一人
第五區　周智郡豐田郡山名郡磐田郡一人
第六區　長上郡敷知郡濱名郡引佐郡麁玉郡一人
第七區　那賀郡加茂郡君澤郡田方郡駿東郡二人
山梨縣　議員總數三人
第一區　西山梨郡北巨摩郡中巨摩郡一人

第二區　東山梨郡南都留郡北都留郡一人
第三區　東八代郡西八代郡南巨摩郡一人
滋賀縣　議員總數五人
第一區　滋賀郡高島郡一人
第二區　甲賀郡野洲郡栗太郡一人
第三區　犬上郡愛知郡神崎郡蒲生郡二人
第四區　西淺井郡東淺井郡伊香郡阪田郡一人
岐阜縣　議員總數七人
第一區　厚見郡方縣郡各務郡一人
第二區　不破郡安八郡一人
第三區　海西郡下石津郡多藝郡上石津郡羽栗郡中島郡一人
第四區　大野郡池田郡本巣郡席田郡山縣郡一人
第五區　武儀郡郡上郡一人
第六區　加茂郡可見郡土岐郡惠那郡一人
第七區　大野郡益田郡吉城郡一人

長野縣　議員總數八人
第一區　上水內郡更級郡一人
第二區　下水內郡上高井郡下高井郡一人
第三區　小縣郡埴科郡一人
第四區　西筑摩郡東筑摩郡南安曇郡北安曇郡二人
第五區　南佐久郡北佐久郡一人
第六區　上伊那郡諏訪郡一人
第七區　下伊那郡一人
宮城縣　議員總數五人
第一區　仙臺區名取郡宮城郡一人
第二區　柴田郡刈田郡伊具郡亘理郡一人
第三區　黑川郡加美郡志田郡玉造郡遠田郡一人
第四區　栗原郡登米郡一人
第五區　桃生郡牡鹿郡本吉郡一人
福島縣　議員總數七人

第一區　信夫郡伊達郡一人
第二區　安達郡安積郡一人
第三區　田村郡巖瀨郡東白川郡西白川郡石川郡二人
第四區　南會津郡北會津郡大沼郡耶麻郡河沼郡二人
第五區　菊多郡磐前郡磐城郡楢葉郡標葉郡行方郡宇多郡一人

巖手縣　議員總數五人

第一區　南巖手郡北巖手郡紫波郡二戸郡一人
第二區　東閉伊郡中閉伊郡北閉伊郡南九戸郡北九戸郡一人
第三區　稗貫郡東和賀郡西和賀郡西閉伊郡南閉伊郡一人
第四區　江刺郡膽澤郡氣仙郡一人
第五區　西磐井郡東磐井郡一人

青森縣　議員總數四人

第一區　東津輕郡上北郡下北郡三戸郡二人
第二區　北津輕郡南津輕郡一人
第三區　中津輕郡西津輕郡一人

山形縣　議員總數六人
第一區　南村山郡東村山郡西村山郡二人
第二區　東置賜郡南置賜郡西置賜郡一人
第三區　飽海郡西田川郡東田川郡二人
第四區　最上郡北村山郡一人
秋田縣　議員總數五人
第一區　南秋田郡一人
第二區　山本郡北秋田郡鹿角郡一人
第三區　河邊郡由利郡一人
第四區　仙北郡平鹿郡雄勝郡二人
福井縣　議員總數四人
第一區　足羽郡大野郡一人
第二區　吉田郡阪井郡一人
第三區　南條郡今立郡丹生郡一人
第四區　三方郡遠敷郡大飯郡敦賀郡一人

石川縣　議員總數六人

第一區　金澤區石川郡二人

第二區　能美郡江沼郡一人

第三區　河北郡羽咋郡鹿島郡二人

第四區　鳳至郡珠洲郡一人

富山縣　議員總數五人

第一區　上新川郡婦負郡二人

第二區　下新川郡一人

第三區　射水郡一人

第四區　礪波郡一人

鳥取縣　議員總數三人

第一區　邑美郡法美郡巖井郡八上郡八東郡智頭郡一人

第二區　高草郡氣多郡河村郡久米郡八橋郡一人

第三區　汗入郡會見郡日野郡一人

島根縣　議員總數六人

第一區　島根郡秋鹿郡意宇郡一人
第二區　能義郡仁多郡大原郡飯石郡一人
第三區　出雲郡楯縫郡神門郡一人
第四區　邇摩郡安濃郡邑智郡一人
第五區　那賀郡美濃郡鹿足郡一人
第六區　周吉郡穩地郡海士郡知夫郡一人
岡山縣　議員總數八人
第一區　岡山區御野郡上道郡邑久郡兒島郡二人
第二區　津高郡赤阪郡磐梨郡和氣郡一人
第三區　都宇郡窪屋郡賀陽郡下道郡一人
第四區　淺口郡小田郡後月郡一人
第五區　上房郡川上郡哲多郡阿賀郡一人
第六區　眞島郡大庭郡西西條郡西北條郡東南條郡東北條郡一人
第七區　勝北郡勝南郡吉野郡英田郡久米北條郡久米南條郡一人
廣島縣　議員總數十人

第一區　廣島區安藝郡二人
第二區　佐伯郡一人
第三區　沼田郡高宮郡山縣郡一人
第四區　高田郡三次郡三谿郡一人
第五區　賀茂郡一人
第六區　豐田郡一人
第七區　御調郡世羅郡一人
第八區　深津郡沼隈郡安那郡一人
第九區　蘆田郡品治郡神石郡甲奴郡奴可郡三上郡惠蘇郡一人

山口縣　議員總數七人

第一區　吉敷郡美禰郡厚狹郡佐波郡二人
第二區　阿武郡見島郡大津郡一人
第三區　赤間關區豐浦郡一人
第四區　都濃郡熊毛郡大島郡二人
第五區　玖珂郡一人

和歌山縣　議員總數五人
第一區　和歌山區名草郡海部郡有田郡二人
第二區　伊都郡那賀郡一人
第三區　日高郡西牟婁郡東牟婁郡二人
德島縣　議員總數五人
第一區　名東郡勝浦郡一人
第二區　那賀郡海部郡一人
第三區　名西郡阿波郡麻植郡一人
第四區　板野郡一人
第五區　美馬郡三好郡一人
香川縣　議員總數五人
第一區　香川郡山田郡小豆郡一人
第二區　大內郡寒川郡三木郡一人
第三區　鵜足郡阿野郡一人
第四區　多度郡那珂郡二人

第五區　豐田郡三野郡一人
愛媛縣　議員總數七人
第一區　温泉郡和氣郡風早郡野間郡久米郡伊豫郡下浮穴郡二人
第二區　越智郡桑村郡周布郡一人
第三區　喜多郡上浮穴郡一人
第四區　新居郡宇摩郡一人
第五區　西宇和郡東宇和郡一人
第六區　南宇和郡北宇和郡一人
高知縣　議員總數四人
第一區　土佐郡長岡郡一人
第二區　幡多郡高岡郡吾川郡二人
第三區　香美郡安藝郡一人
福岡縣　議員總數九人
第一區　福岡區怡土郡志摩郡早良郡一人
第二區　糟屋郡宗像郡那珂郡御笠郡席田郡上座郡下座郡夜須郡二

人
第三區　遠賀郡鞍手郡嘉麻郡穂波郡一人
第四區　御井郡御原郡山本郡生葉郡竹野郡一人
第五區　三潴郡上妻郡下妻郡一人
第六區　山門郡三池郡一人
第七區　企救郡田川郡一人
第八區　京都郡仲津郡築城郡上毛郡一人
大分縣　議員總數六人
第一區　大分郡一人
第二區　北海部郡南海部郡一人
第三區　大野郡直入郡一人
第四區　速見郡玖珠郡日田郡一人
第五區　西國東郡東國東郡一人
第六區　下毛郡宇佐郡一人
佐賀縣　議員總數四人

第一區　佐賀郡神崎郡小城郡基肆郡養父郡三根郡二人
第二區　東松浦郡西松浦郡一人
第三區　杵島郡藤津郡一人
熊本縣　議員總數八人
第一區　熊本區飽田郡託麻郡宇土郡二人
第二區　玉名郡一人
第三區　山鹿郡山本郡菊池郡合志郡阿蘇郡二人
第四區　上益城郡下益城郡一人
第五區　八代郡葦北郡球磨郡一人
第六區　天草郡一人
宮崎縣　議員總數三人
第一區　宮崎郡北那珂郡南那珂郡兒湯郡一人
第二區　北諸縣郡西諸縣郡東諸縣郡一人
第三區　東臼杵郡西臼杵郡一人
鹿兒島縣　議員總數七人

第一區　鹿兒島郡谿山郡北大隅郡熊毛郡馭謨郡一人
第二區　給黎郡揖宿郡頴娃郡川邊郡一人
第三區　日置郡阿多郡一人
第四區　高城郡出水郡南伊佐郡薩摩郡甑島郡一人
第五區　菱刈郡始良郡桑原郡西囎唹郡北伊佐郡一人
第六區　南諸縣郡南大隅郡肝屬郡東囎唹郡一人
第七區　大島郡一人

會計法

政府ガ國家ノ收入支出ヲ調理スルニ就テ規定スル所ノ法之ヲ會計法ト云フ此會計法ハ帝國憲法第六章卽チ會計ノ章ニ基イテ之ヲ規定シタルモノナリ、本法ハ章數凡テ十一章、條數凡テ三十三條ヲ以テ成立シ今本法ノ目次ヲ擧ゲンニ第一章總則、第二章豫算、第三章收入、第四章支出、第五章決算、第六章期滿免除、第七章歲計剩餘定額繰越豫算外收入及定額戾入、第八章政府ノ工事及物件ノ賣買貸借、第九章出納官吏、第十章雜則、第十一章附則等是ナリ政府ハ此十一章ニ依テ國家ノ收入支出ヲ調理スルモノナルガ故ニ政府ニ於テハ本法卽チ會計法ハ最モ必要緊ノ法タルベキモノナリ

第一章　總則

總則トハ以下第二章ヨリ第十一章迄ノ條項ニ通シ用ユル所ノ總テノ規則ト云フ義ナリ本章ハ第一條ヨリ第四條ニ至ル凡テ四箇條ヲ以テ

ハ成立セリ

第一條　政府ノ會計年度ハ毎年四月一日ニ始マリ翌年三月三十一日ニ終ル

一會計年度所屬ノ歳入歳出ノ出納ニ關ル事務ハ翌年度十一月三十日マデニ悉皆完結スベシ

要領

本條第一項ニハ會計年度ハ暦年度ト異ナルベキヲ示シ第二項ニハ一會計年度所屬ノ事務ニ關スル件ヲ規定セリ

理由

會計年度ト暦年度トノ異ナル所以ノ者ハ彼レハ天地自然ニ運行スル學理上ヨリ之レヲ定メタルモノナレ𪜈此レハ政治經濟ニ適用スルノ實際上ヨリ規定シタルモノトス本條第一項ニ政府ノ會計年度ハ毎年

四月一日ニ始リ翌年三月三十一日ニ終ルト規定シタルハ郎チ帝國議會開會ノ年月ヲ標準ニ立テ語ヲ換ヘテ云ヘバ政治經濟ニ適用スル實際上ノ點ヲ推シ量カリテ之ヲ規定シタルモノナリ會計年度ト曆年度ト異ナル所以ハ右ノ理由ニ基ツキタルモノト知ルベシ本條第二項ニ一會計年度ノ歳入歳出ノ出納ニ關ル事務ハ翌年度十一月卅日マテニ悉皆完結スヘシ」ト規定シタルモ矢張リ議會開會ノ年月ヲ標準ニシテ之ヲ規定シタル者ニテ、是非トモ翌年度十一月卅日迄ニ悉皆之ヲ完結セズンバ實際上ニ於テ大ナル不都合アルヲ以テ斯ク規定シタルナリ

第二條　租稅及其ノ他一切ノ收納ヲ歳入トシ一切ノ經費ヲ歳出トシ歳入歳出ハ總豫算ニ編入スヘシ

要　領

本條ニハ歳入歳出ノ區別ヲ明ニシ尙ホ歳入歳出ハ總豫算ニ編入スベキ旨ヲ示セリ

理由

俗ニ蔭ノ金蔭ノ使ヒト云ヘルガ如キ隱シ金隱シ使ハ隨分一家內ニハ行ナハルレ氏政府ノ經濟ニハ毫モ斯カルコハナカルベキナリ本條ニ「租稅及其他一切ノ收入ヲ歲入トシ一切ノ經費ヲ歲出トシ」トアル此內ノ「一切」ト云ヘルハ則チ「隱シ金隱シ使ヒ」ノ無カルベキヲ示シタルノ語ナリ故ニ前段ニ「歲入歲出ハ總豫算ニ編入スヘシ」トアルハ前段ニ規定シタル此ノ一切ノ歲入一切ノ歲出ヲ總豫算案ニ編入スベシト云フノ意ナリト知ルベキナリ

第三條　各年度ニ於テ決定シタル經費ノ定額ヲ以テ他ノ年度ニ屬スベキ經費ニ充ツルコトヲ得ズ

要領

本條ニハ各年度ノ經費定額ハ他ノ年度ト流用シ得ベカラサル旨ヲ規定セリ

理　由

毎年ニ帝國議會ノ開會アルベキヲ以テ本條ニ規定シタルカ如ク各年度ノ經費定額金ヲ以テ他ノ年度ニ充テザルモ實際上ニ差シ支ヘ無キノミナラズ年度ノ經費ニ混同錯雜ヲ生セザルガイヘニ政府ニ於テ之ヲ調理スルモ甚ダ便益ニシテ議會カ之ヲ議スルモ萬事皆便益タルベキナリ

第四條　各官廳ニ於テハ法律勅令ヲ以テ規定シタルモノヽ外特別ノ資金ヲ有スルコトヲ得ズ

要　領

本條ニハ各官廳ニ於テ特別資金ニ關スル件ヲ規定シタルナリ

理　由

各官廳ニ於テモ常ニ資金ハ無カルベカラズ故ニ政府ハ法律勅令ヲ以テ必要ナル丈ケノ資金ヲ備ヘ置クベキヲ規定セリ然レハ各官廳ハ此

他ニ於テハ別段ニ資金ヲ要セザルモ決シテ不都合ハ無カルベキナリ故ニ本條ニ各官廳ニ於テハ法律勅令ヲ以テ規定シタルモノヽ外特別ノ資金ヲ有スルヿヲ得ズト之ヲ禁シタル所以ナリトス

第二章　豫算

本章ハ歳入歳出ノ總豫算ニ關スル條件ヲ規定シタルモノニシテ第五條ヨリ第九條ニ至ル凡テ五箇條ヲ以テ成立セリ

第五條　歳入歳出ノ總豫算ハ前年ノ帝國議會集會ノ始ニ於テ之ヲ提出スベシ

要　領

本條ニハ總豫算ハ之ヲ帝國議會ヘ提出スベキ旨ヲ規定セリ

理　由

帝國憲法第六十四條ニ國家ノ歳出歳入ハ毎年豫算ヲ以テ帝國議會ノ協贊ヲ經ヘシ」トアリ本條ハ右ノ憲法ニ基ヒテ規定シタル迄ノヿナリ

別ニ論スルノ点トテハ無カルベシ

第六條　歳入歳出ノ總額豫算ハ之ヲ經常臨時ノ二部ニ大別シ各部中ニ於テ之ヲ款項ニ區分スベシ

總豫算ニハ帝國議會參考ノ爲ニ左ノ文書ヲ添附スベシ

第一　各省ノ豫定經費要求書但シ各項中各目ノ明細ヲ記入スベシ

第二　其ノ年三月三十一日ニ終リタル會計年度ノ歳入歳出現計書

要領

本條第一項ニハ總豫算ハ之ヲ臨時經常ノ二部ニ大別スベキヲ定メ第二項ニハ豫算ヲ帝國議會ヘ提出スルニ就キ之レニ添附シテ提出スベキ二種ノ文書アルベキヲ規定セリ

理由

本條ニ歳入歳出ノ總豫算ハ之ヲ經常臨時ノ二部ニ大別シ云々トアリ此經常ト臨時トノ區別ハ佛國政典大井憲太郎氏譯第六章ニ其性質ヲ明ニシタルヲ以テ今之ヲ轉載セン其文ニ曰ク通常費用ノ定額金ハ永續ニシテ止ム能ハサル用度ニ供給スルニアリ即チ國債ノ償濟、律法ノ執行、訴訟ノ審理、貢税ノ取立、國境ノ防禦ニ用ユヘシ右各種ノ用度ハ成丈ケ節儉ヲ以テ之ヲ定ム可シト雖氏、會計ヲ良ク調理セントスルニハ諸拂方ニ滿足ス可キ丈ケノ定額金ヲ供給スルハ勿論一大要事タルベシ又臨時入費トハ大工業新建築類ノ入費並ニ外國ニ對シテ我國ノ權利ヲ保護スル爲メ止ムヲ得サル出兵ノ費用等一時ノ費用ニ在リ之ヲ要スルニ畢竟一時偶生ノ諸求需ニ屬シ國家永久ノ義務外ニ屬スル者トス斯ノ如クナルヲ以テ通常出納見積リ書ニハ缺ク可ラサル持久ノ入費ヲ記シ其定額金トシテ十分不足ナキ高ヲ供ス可ク又臨時出納見積書ニハ定費ニ比スレバ稍々切要ナラザル入費ヲ記シ其供給金ノ高ハ國ノ財原ニ釣合フ可シ云々トアリ斯ク叙シ來レバ經常臨時ノ區別モ明白ナルヲ以テ他ニ喋々ヲ爲サヽルナリ而シテ本項ノ末段ニハ各部中ニ於テ之ヲ款項ニ區分スベシトアルハ則チ之ヲ款ト項トニ分チ明細ニ豫算案ヲ作ルベシト云フノ義ナリ又タ本條第二項ニ規定シタル所ノ文書ハ之ヲ豫算案ニ添附シ議會ニ提出シテ議會ノ參考ニ供スル迄ノコナリトス

第七條　豫算中ニ設クベキ豫備費ハ左ノ二項ニ分ツ

第一豫備金

第二豫備金

第一豫備金ハ避クベカラザル豫算ノ不足ヲ補フモノトス

第二豫備金ハ豫算外ニ生ジタル必要ノ費用ニ充ツル

モノトス

要領

本條第一項ニハ豫算中ニ二種ノ豫備金アルヘキヲ示シ第二項ニハ二種ノ豫備金ノ性質ヲ明カニ規定セリ

理由

本條豫備金ノ項ハ憲法第六十九條ニ據テ規定シタルモノナリ其六十九條ニ避クヘカラサル豫算ノ不足ヲ補フ爲メニ又ハ豫算外ノ外ニ生シタル必要ノ費用ニ充ル爲メニ豫備費ヲ設クベシトアリ即チ是ナリ而シテ豫備金ヲ二種ニ區別セシモ又タ此憲法ノ中ニ明文ノアルヿニテ總テ皆ナ本條ハ右憲法ニ基ツキタルモノト知ルヘキナリ

第八條　豫備金ヲ以テ支辨シタルモノハ年度經過後帝國議會ニ提出シ其ノ承諾ヲ求ムルヲ要ス

要領

本條ニハ豫備金ヲ以テ支辨シタルニ就テハ其結局ハ之ヲ如何ニスルカヲ規定シタルナリ

理由

本條モ憲法第六十四條ニ國家ノ歳出歳入ハ毎年豫算ヲ以テ帝國議會ノ協賛ヲ經ヘシ豫算ノ欵項ニ超過シ又ハ豫算ノ外ニ生シタル支出アル時ハ後日帝國議會ノ承諾ヲ求ムルヲ要スト規定シタル所ニ基イテ之ヲ規定シタル者テルヲ以テ本條ニ於テ論スル所モナカルベキナリ

第九條　毎年度大藏省證劵發行ノ最高額ハ帝國議會ノ協賛ヲ經テ之ヲ定ム

要領

本條ニハ大藏省發行ノ証劵印紙ニ關スルノ件ヲ規定シタル者ナリ

理由

證劵發行ノコモ之ヲ政府ノ自由ニ放任スベカラザルコハ他ノ歳出歳

入ノ豫算ヲ獨リ政府ノ自由ニ放任スベカラザルト同一ニテ決シテ彼レ此レ差異ナキモノナリ是レ本條ニ毎年度大藏省證劵發行ノ最高額ハ帝國議會ノ協賛ヲ經テ之ヲ定ムト規定シタル所以ナリ

第三章　收入

本章ハ歳收入ノ要件ニ關スル者ヲ規定シタレ𪜈僅カニ一箇條ヲ以テ成立セルモノト云フベキナリ

第十條　租税及其ノ他ノ歳入ハ法律命令ノ規程ニ從ヒ之ヲ徴收スベシ

法律命令ニ依リ當該官吏ノ資格アルモノニ非ラザレバ租税ヲ徴收シ又ハ其ノ他ノ歳入ヲ收納スルコトヲ得ス

要領

本條第一項ニハ租税等ヲ徴收スルハ法律命令ニ從フベキヲ示シ第二

項ニハ之ヲ徴收スルハ當該官吏ノ資格アル者ヲ要スル旨ヲ規定セリ

理由

租稅及其他ノ歲入ヲ妄リニ徴收スベカラザルハ勿論ノコニテ敢テ多辨ヲ要セザルナリ本條ニ法律命令ノ規程ニ從ヒ之ヲ徴收スベシト規定セルハ固ヨリ其所ナリ又タ第二項ニ當該官吏ノ資格アル者ニ非サレハ收納スルコヲ得ストト規定セルモ至當ノコナリ

第四章　支出

本章ハ歲支出ノ要件ニ關スル者ヲ規定シ第十一條ヨリ第十五條ニ至ル凡テ五箇條ヲ以テ成立セリ

第十一條　每會計年度ニ於テ政府ノ經費ニ充ツル所ノ定額ハ其ノ年度ノ歲入ヲ以テ之ヲ支辨スベシ

要領

本條ニハ政府ノ經費ニ充ツル所ノ定額ニ關セル要件ヲ規定セリ

理由

前第三條ニ各年度ニ於テ決定シタル經費ノ定額ヲ以テ他ノ年度ニ屬スヘキ經費ニ充ツルコヲ得ズト規定セリ此第三條ト本條トヲ參照スレバ其法意ノ在ル所ヲ見ルニ若シマサルナリ則チ本條ハ其年度ノ定額ニ依テ支辨スルモノニテ他ノ年度ノ經費ヲ仰カザルト云ノ意ナリ

第十二條　國務大臣ハ豫算ニ定メタル目的ノ外ニ定額ヲ使用シ又ハ各項ノ金額ヲ彼此流用スルコトヲ得ズ國務大臣ハ其ノ所管ニ屬スル收入ヲ國庫ニ納ムベシ直ニ之ヲ使用スルコトヲ得

要領

本條第一項ニハ豫算ノ目的外ニ定額ヲ使用スベカラザルト又タ其各項ノ間彼此互ニ金額ヲ流用スベカラザル旨ヲ示シ第二項ニハ收入金ハ之ヲ國庫ニ納ムベキ旨ヲ規定セリ

理由

若シ夫レ國務大臣ガ妄リニ豫算ノ目的外ニ定額金ヲ使用シ又ハ妄リニ各項ノ金額ヲ彼此流用スルトセンカ國家ノ經濟ハ錯難紛亂シテ其全キヲ得ズ折角ニ議會ガ之ヲ議決セシモ何ノ用ヲモ爲サヽルナリ是レ本條第一項ニ之ヲ禁シタル所以ナリ又タ第二項ニ國務大臣ハ其所管ニ屬スル収入ヲ國庫ニ納ムベシ直チニ之ヲ使用スルヿヲ得ス卜規定シタルモ前項ト同一ノ理由ニテ國務大臣ノ妄リニ之ヲ使用シテ其經濟ヲ錯亂セシムルヲ恐ルレバナリ此項ニ國庫トアルハ日本銀行ト見傚シテ善カルベシ第三十一條政府ハ國庫金ノ取扱ヲ日本銀行ニ命ズルヿヲ得トアリ是ナリ

第十三條　國務大臣ハ其ノ所管定額ヲ使用スル爲ニ國庫ニ向ヒテ仕拂命令ヲ發スベシ但シ別ニ定ムル所ノ規程ニ從ヒ他ノ官吏ニ委任シテ仕拂命令ヲ發セシ

ムルコトヲ得

要領

本條ニハ國務大臣ガ其所管定額金ヲ使用スルニ就テノ手續ヲ規定セルナリ

要領

國務大臣ガ定額金ヲ使用センニハ國庫即チ日本銀行ニ向ヒテ仕拂命令ヲ發ス是レハ日本銀行ハ國庫金ヲ取扱フ所ノ場所ナルガ故ナリ而シテ此仕拂命令ヲ發スルハ國務大臣ノミニ限ラズ本條ノ末段ニ但シ別ニ定ムル所ノ規程ニ從ヒ他ノ官吏ニ委任シテ仕拂命令ヲ發セシムルヿヲ得ト定メアリ然レバ他ノ官吏モ其規程ニ從フテ仕拂命令ヲ發スルノ權ヲ有スルナリ併シ他ノ官吏ハ始ヨリ其權ヲ有スルト云フニ非ス國務大臣ノ委任ヲ受ケタル代理人ト云フ迄ノヿナリ

第十四條　國庫ハ法律命令ニ反スル仕拂命令ニ對シ

テ仕拂ヲ爲スコトヲ得ズ

要領

本條ニハ國庫ガ仕拂ヲ爲スニ付テノ手順ヲ規定セリ

理由

國庫ガ仕拂ヲ爲スニ妄リニ之ヲ仕拂フテハ是レ亦タ不都合ナルヲ以テ之ヲ仕拂フニハ嚴重ナル規則ヲ定メ置カザルベカラズ本條ニ國庫ハ法律命令ニ反スル仕拂命令ニ對シテ仕拂ヲ爲スヿヲ得スト規定シタルハ則チ右ノ理由ニ基キタルモノナリ故ニ國務大臣ト國庫トノ關係ハ法律命令ニ依ルニ非ザレバ國庫ハ之ヲ仕拂フノ義務ナキモノナリ

第十五條　國務大臣ハ政府ニ對シ正當ナル債主若ハ其ノ代理人ノ爲ニスルニ非ザレバ仕拂命令ヲ發スルコトヲ得ズ

左ノ諸項ノ經費ニ限リ國務大臣ハ主任ノ官吏ニ委任シ又政府ノ命シタル銀行ニ委任シテ現金支拂ヲ爲サシムル爲ニ現金前渡ノ仕拂命令ヲ發スルコトヲ得

第一　國債ノ元利拂

第二　軍隊軍艦及官船ニ屬スル經費

第三　在外各廳ノ經費

第四　前項ノ外總テ外國ニ於テ仕拂ヲ爲ス經費

第五　運輸通信ノ不便ナル內國ノ地方ニ於テ仕拂ヲ爲ス經費

第六　廳中常用雜費ニシテ一箇年ノ總費額五百圓ニ滿タザルモノ

第七　場所ノ一定セザル事務所ノ經費

第八　各廳ニ於テ直接ニ從事スル工事ノ經費但シ一

主任官ニ付三千圓マデヲ限ル

要領

本條第一項ニハ國務大臣ガ仕拂命令ヲ發スルハ正當ナル債主アル可キヲ要スル旨ヲ示シ、又タ第二項ニハ國務大臣ガ現金前渡ノ仕拂命令ヲ發スル場合其數八個アルベキ旨ヲ規定セリ

理由

政府ニ對シテ正當ナル債主權ヲ有スル以上ハ本人ナルト代理人タルトヲ問ハズ政府ヨリ其金額ヲ受取ル可キノ權利アリ故ニ國務大臣ハ此債主ニ對シテ仕拂命令ヲ發セシムルハ勿論ノコトナレモ其他ノ者ニ對シテ仕拂命令ヲ發セシメサルハ是レ國務大臣ヲシテ妄リニ仕拂命令ヲ發セシムルコノ無カラシメンガ爲ナリ、然ルニ第二項ニ現金前渡ノ仕拂命令ヲ發スルコヲ許シタルハ其仕拂命令ヲ發スルモ害ナキノミナラズ斯ク規定シ置カサレハ實地政務ヲ執行スル上ニ於テ甚タ害

アルヲ以テ現金前拂ヲ許シタルモノナリ第一國債ノ元利拂ハ素ヨリ拂ハサルヘカラサルモノナルガイヘニ之ヲ拂ヲモ經濟ヲ乱スノ恐レハ毫モ無キ〻ナリ、第二軍隊軍艦及官船ニ属スル經費ノ如キハ實際ヲ見ルニ往々現金前拂ヲ爲スニ非サレハ之ヲ成効シ難キノ場合アレハナリ、第三在外各廳ノ經費ハ前拂ヲ爲スニ非ザレハ迚モ外國ニ於テ其官廳ヲ維持シ得ヘカラザレハナリ、第四前項ノ外凡テ外國ニ於テ仕拂ヲ爲ス經費モ前項ト同樣ニテ外國ヘ旅行スル者ノ如キニハ是非トモ前金ヲ與ヘ置カザレハ不都合ナレバナリ、第五運輸通信ノ不便ナル内國ノ地方ニ於テ仕拂ヲ爲ス經費トハ例ヘハ北海道、沖繩縣ノ如キ是ナリ此等ノ地方ハ外國ト同一樣ノ不都合アルヲ以テ前金ヲ仕拂フナリ第六廳中常用雜費ニシテ一箇年ノ總費額五百圓ニ滿タサルモノヽ如キハ畢竟常用ノ雜費ナルヲ以テ之ヲ前拂ヒナシ置カズンバ萬事日用ニ差支ヘヲ生スレバナリ、第七場所ノ一定セサル事務所ノ經費トハ例セバ徴兵檢査ノ爲メニ假ニ出張事務所ヲ設ケ或ヒハ臨時ニ事務所ヲ設クルガ如キ是ナリ此場合ニハ前金ヲ要スルハ勿論ノコナリ、第八各廳ニ於テ直接ニ從事スル工事ノ經費モ前金ヲ與ヘサレバ其工事ヲ成効シ能ハザルニ由ル殊トニ一主任官ニ付三千圓マテヲ限ルト規定シタルヲ以テ多額ノ金ヲ使用スルニハ非サルガ故ニ甚タシキ害トテハ無カルヘキナリ

第五章　決算

本章ハ歳入歳出ノ總豫算ヲ實地ニ收入支出セシ所ノ者ヲ決算シ之ヲ帝國議會ニ提出スルノ手順ヲ規定シタル者ニテ第十六條第十七條ノ二箇條ヲ以テ成立セリ

第十六條　會計檢査院ノ檢査ヲ經テ政府ヨリ帝國議會ニ提出スル總決算ハ總豫算ト同一ノ樣式ヲ用ヰ左ノ事項ノ計算ヲ明記スヘシ

歳入ノ部
歳入豫算額
調定濟歳入額
收入濟歳入額
收入未濟歳入額
歳出ノ部
歳出豫算額
豫算決定後增加歳出額
仕拂命令濟歳出額
翌年度繰越額

要領

本章ニハ總決算ハ總豫算ト同一ノ樣式ヲ用ヒ且ツ歳入ノ部ト歳出ノ部トヲ區別シテ之ヲ帝國議會ニ提出スヘキ旨ヲ規定セリ

理由

歳入ノ部第一歳入豫算額トハ帝國議會ニテ議決セシ所ノ豫算額ヲ云フ、(第二)調定濟歳入額トハ實地ヲ調定シテ濟ミタル所ノ歳入額ヲ云フ(第三)收入濟歳入額トハ既ニ收入シ濟ミタル歳入額ヲ云フ、第四收入未濟歳入額トハ收入スヘキ分ガ未タ收入シ濟ザルヲ云フ、歳出ノ部(第一)歳出豫算額トハ議會ニテ議決セシ所ノ豫算額ヲ云フ、(第二)豫算決定後增加歳出額トハ豫算決定後ニ於テ實地ニ定額金ガ增加セシ時ノ歳出額ヲ云フ、(第三)仕拂命令濟歳出額トハ仕拂命令ヲ受テ仕拂濟ミニナリシ歳出額ヲ云フ、第四翌年度繰越額トハ本年度ノ定額ヲ翌年度ヘ繰リ越シタルノ額ヲ云フ以上ハ歳入ノ部ト歳出ノ部ノ目次ヲ略解シタルモノナルガ則チ政府ハ以上ノ件ヲ會計撿査院ノ撿査ヲ經テ之ヲ帝國議會ニ提出スルモノナリトス

第十七條　前條ノ總決算ニハ會計撿査院ノ撿査報告

ト倶ニ左ノ文書ヲ添附スヘシ

第一　各省決算報告書

第二　國債計算書

第三　特別會計計算書

要領

本條ニハ總決算ヲ議會ニ提出スルニ就テハ本條ニ規定シタル會計檢査院ノ報告幷ニ他ノ三個ノ文書ヲ之ニ添附シテ提出スヘキ旨ヲ規定セリ

理由

(第一)各省決算報告書トハ各省ニテ年度中ノ決算ヲ調成セシ其報告書ヲ云フ、(第二)國債計算書トハ國家ガ借財セシ所ノ總テノ計算書ヲ云フ(第三)特別會計計算書トハ此會計法ニ準據セズシテ特別ニ設ケシ所ノ會計法ニ依テ計算セシモノヲ云フ、以上三種ノ文書ト尙ホ會計檢査院ノ檢査報告ヲ添ヘテ前條ノ總決算ト共ニ帝國議會ニ提出スルモノナリ何ニカ故ニ之ヲ議會ヘ提出スルモノナルヤ議會ニ於テ總豫算ヲ議スルニ付テノ參考書ノ爲メニ之ヲ提出スル者ナリ他ニ理由トテハ無カルベキナリ

第六章　期滿免除

本章ハ期滿免除ノ件ヲ規定セルナリ期滿免除トハ法律ニ定メタル所ノ期限ヲ經過セシヲ負債主タルノ義務ヲ免ルヽヲ云フ或ハ之ヲ經時効トモ云ヘリ本章ハ第十八條第十九條ノ二箇條ヲ以テ成立セリ

第十八條　政府ノ負債ニシテ其ノ仕拂フベキ年度經過後滿五箇年内ニ債主ヨリ支出ノ請求若ハ仕拂ノ請求ヲ爲サヾルモノハ期滿免除トシテ政府ハ其ノ義務ヲ免ルヽモノトス但シ特別ノ法律ヲ以テ期滿免除ノ期限ヲ定メタルモノハ各々其ノ定ムル所ニ依ル

要領

本條ハ政府ガ期滿免除ノ効ニ依テ債主ニ對シ負債者タルノ義務ヲ免ルベキノ手續ヲ規定セリ

理由

期滿免除ノコハ通常民事ニモ之ヲ定メ又ハ刑事ニモ定メアルコニテ本條ノミニ之ヲ定メタルト云フ可キ次第ニ非ス何レモ皆ナ之ヲ定メタルモノト知ルベキナリ本條ハ其仕拂フヘキ年度經過後滿五箇年内ニ債主ヨリ請求ヲ受ケサレバ政府ハ期滿免除トシテ其負債義務ヲ免ルベキヲ定メタルモノニテ至當ノコト云フベキナリ本條ノ末段ニ但シ特別ノ法律ヲ以テ期滿免除ノ期限ヲ定メタルモノハ各々其定ムル所ニ依ルトアリ此ノ内ノ特別ノ法律ト云ヘルコハ前條ニ特別會計ト云ヘルト同一ノコナリト知ルヘシ尙ホ本條第三十條ヲ參照スレハ明白ナリ

第十九條　政府ニ納ムベキ金額ニシテ其ノ納ムベキ年度經過後滿五箇年内ニ上納ノ告知ヲ受ケザルモノハ其ノ義務ヲ免ルヽモノトス但シ特別ノ法律ヲ以テ期滿免除ノ期限ヲ定メタルモノハ各々其ノ定ムル所ニ依ル

要領

本條ハ負債者タル人民ガ期滿免除ノ效ニ由テ債主タル政府ニ對シ其負債ノ義務ヲ免ルベキノ手續ヲ規定セリ

理由

本條ノ理由トスル所ハ前條ト同一ノ理由ナリト知ルベシ其異ナル所ハ前條ハ政府ガ負債者ニテ人民ガ債主タルノ位地ニ居レドモ本條ハ之レニ反シ人民ガ負債者ニテ政府ガ債主タルノ位地ニ居ル迄ノ差別ナリ故ニ本條ニ於テハ別段論スベキ要點モ無カルベキナリ

第七章　歳計剰餘定額繰越豫算外收入及定額戻入

本章ハ歳計剰餘ノ塲合、定額繰越ノ塲合、幷ニ豫算外收入及ヒ定額戻入等ノ塲合ハ之ヲ如何ニスルカヲ規定シタルモノナリ本章ハ第二十條ヨリ第二十三條ニ至ル凡テ四箇條ヲ以テ成立セリ

第二十條　各年度ニ於テ歳計ニ剰餘アルトキハ其ノ翌年度ノ歳入ニ繰入ルヘシ

要領

本條ハ歳計ニ剰餘アリシ塲合ハ之ヲ如何ニスヘカヲ規定シタルナリ

理由

歳計ニ剰餘アル片ハ其翌年度ノ歳入ニ繰入ルヘシトノ本條ニ於テ定ムル所ニテ斯ク定メ置クコハ固ヨリ至當ノヿタルヘキナリ

第二十一條　豫算ニ於テ特ニ明許シタルモノ及一年

度内ニ終ルヘキ工事又ハ製造ニシテ避クヘカラサル事故ノ爲ニ事業ヲ遲延シ年度内ニ其ノ經費ノ支出ヲ終ヲサリシモノハ之ヲ翌年度ニ繰越シ使用スルコトヲ得

要領

本條ハ定額金ヲ翌年度へ繰越シ使用スルコノ出來得ル場合ヲ規定セリ

理由

定額金ヲ翌年度ニ繰越シ使用シ得ラルヽ場合二個アリ第一豫算ニ於テ特ニ明許シタル場合第二一年度内ニ終ルヘキ工事又ハ製造ニシテ避クヘカラサル事故ノ爲メニ事業ヲ遲延シ年度内ニ其經費ノ支出ヲ終ラザリシ場合即チ足ナリ此場合ニ之ヲ翌年度ニ繰越シ使用スルコヲ得ルハ固ヨリ至當ノコニテ論スヘキ限リニ非サルナリ

第二十二條　數年ヲ期シテ竣功スヘキ工事製造及其ノ他ノ事業ニシテ繼續費トシテ總額ヲ定メタルモノハ毎年度ノ仕拂殘額ヲ竣功年度マデ遞次繰越使用スルコトヲ得

要領

本條ニハ繼續費トシテ總額ヲ定メタルモノニ付其年度ニ殘額金アリシ場合ニハ之ヲ如何ニスヘキ乎ヲ規定セリ

理由

其年度ニ殘額金アリシ場合ニハ竣切年度マテ遞次繰越シテ使用シ得ラルヽナリ本條ハ憲法第六十八條ニ特別ノ須要ニ依リ政府ハ豫メ年限ヲ定メ繼續費トシテ帝國議會ノ協贊ヲ求ムルコヲ得ト云ヘル條項ニ基キテ規定シタルモノナリ故ニ本條モ至當ノ條項ユシテ別段ニ贅論ヲ費サヽルモ善カルヘキナリ

第二十三條　誤拂過渡トナリタル金額ノ返納出納ノ完結シタル年度ニ屬スル收入及其ノ他一切豫算外ノ收入ハ總テ現年度ノ歳入ニ組入ルヘシ但シ法律勅令ニ依リ前金渡概算渡繰替拂ヲ爲シタル場合ニ於ケル返納金ハ各々之ヲ仕拂ヒタル經費ノ定額ニ戻入ルヽコトヲ得

要領

本條ハ豫算外ニ收入アリシ場合ハ如何ニナスベキヤ又タ他ノ年度ノ定額ニ戻シ入ルヽ場合ハ如何ナル时ニ爲スヘキ乎等ノ手順ヲ規定セリ

理由

豫算外ニ收入アリシ場合ハ之ヲ現年度ノ歳入ニ組入ルヘキモノトス此收入分別シテ三種ト爲ス、第一誤拂、過渡トナリタル金額ノ返納アリシ場合、第二ニ出納事務ノ完結シタル年度ニ屬スル收入アリシ場合第三前二個ノ外ニ一切豫算外ノ收入アリシ場合等卽チ是ナリ然ルニ亦タ現年度ニ組入レサル場合アリ法律勅令ニ依リ前金渡シ又ハ概算渡シ若クハ繰替拂ヒ等ヲ爲シ置キタル場合ニ就テノ返納金ハ各々之ヲ仕拂ヒタル經費ノ定額ニ戻シ入ルヽコヲ得ト定メアルモ至當ニシテ双方共ニ間然スル所ハナカルベキナリ

第八章　政府ノ工事及物件ノ賣買貸借

本條ハ政府ノ工事及ヒ物件ノ賣買貸借ニ關スルノ手續ヲ規定シタルモノニシテ第二十四條及第二十五條ノ二箇條ヲ以テ成立セリ

第二十四條　法律勅令ヲ以テ定メタル場合ノ外政府ノ工事又ハ物件ノ賣買貸借ハ總テ公告シテ競爭ニ付スベシ但シ左ノ場合ニ於テハ競爭ニ付セズ隨意ノ約定ニ依ルコトヲ得ベシ

第一　一人又ハ一會社ニテ專有スル物品ヲ買入レ又ハ借入ルヽトキ

第二　政府ノ所爲ヲ秘密ニスベキ場合ニ於テ命ズル工事又ハ物品ノ賣買貸借ヲ爲ストキ

第三　非常急遽ノ際工事又ハ物品ノ買入借入ヲ爲スニ競爭ニ付スル暇ナキトキ

第四　特種ノ物質又ハ特別使用ノ目的アルニ由リ生產製造ノ場所又ハ生產者製造者ヨリ直接ニ物品ノ買入ヲ要スルトキ

第五　特別ノ技術家ニ命ズルニ非ザレバ製造シ得ベカラザル製造品及機械ヲ買入ルヽトキ

第六　土地家屋ノ買入又ハ借入ヲ爲スニ當リ其ノ位置又ハ構造等ニ限アル場合

第七　五百圓ヲ超エザル工事又ハ物品ノ買入借入ノ契約ヲ爲ストキ
第八　見積價格二百圓ヲ超エザル動産ヲ賣拂フトキ
第九　軍艦ヲ買入ルヽトキ
第十　軍馬ヲ買入ルヽトキ
第十一　試驗ノ爲ニ工作製造ヲ命シ又ハ物品ヲ買入ルヽトキ
第十二　慈惠ノ爲ニ設立セル救育所ノ貧民ヲ傭役シ及其ノ生産又ハ製造物品ヲ直接ニ買入ルヽトキ
第十三　囚徒ヲ傭役シ又ハ囚徒ノ製造物品ヲ直接ニ買入ルヽトキ及政府ノ設立ニ係ル農工業場ヨリ直接ニ其ノ生産又ハ製造物品ヲ買入ル

トキ

第十四　政府ノ設立シタル農工業場又ハ慈惠教育ニ係ル各所ノ生産製造物品及囚徒ノ製造物品ヲ賣拂フトキ

本條ニハ政府ノ工事又ハ物件ノ賣買貸借ハ之ヲ公告シテ競爭ニ付スベキヲ原則トスレ氏變則トシ之ヲ競爭ニ付セサル場合ノ數十四個アルベキヲ規定セルナリ

理由

（第一）ノ場合ニ於テ之ヲ競爭ニ付スベカラザルハ此ノ物品ハ一人又ハ一會社ノ專有物ニシテ他ニ之ヲ賣買スル者ナケレバナリ、（第二）ノ場合ハ固ヨリ政府ノ秘密ナルカ故ニ之ヲ公告シテ競爭ニ付スヘカラサレバナリ、（第三）ノ場合ハ本文ニ有ル通非常急遽ノ時ニ要スルノ工事ナルヲ以テ之ヲ競爭ニ付スベカラサルハ勿論ノコナリ、（第四）ノ場合ハ特種ノ物質又ハ特別使用ノ目的アリテ之ヲ買入ルヽ者ナルガ爲ヘニ競爭ニ付スベカラサレバナリ、（第五）ノ場合モ前同樣ニテ他ヨリ之ヲ買ヒ入ルベカラサレバナリ。（第六）ノ場合ハ鐵道ノ工事或ハ官舍新築等ニテ他ノ位置ヨリ之ヲ買入ル可ラサル事情アレバナリ、（第七）ノ場合ノ如キハ僅々五百圓ノ金額ナルヲ以テ之ヲ競爭ニ付スルノ必要ナケレハナリ（第八）ノ場合モ前同樣僅々二百圓位ノ賣却品ナルヲ以テ之ヲ競爭ニ付セザルナリ、（第九）（第十）ノ場合ハ軍事ニ關スルモノナルヲ以テナリ凡ソ競爭ナルモノハ之ヲ尋常ノ事物ニ用ユルハ最モ望ム所ナレ圧軍事ノ如キ大切ナル者ニハ之ヲ用ユヘカラサルナリ、（第十一）ノ場合ハ政府ヨリ之ヲ買ハント欲シテ買フニ非ズ試驗ノ爲メニ之ヲ買入ルヽ物ナルヲ以テ競爭ニ付スヘカラザルノ事情アレハナリ、（第十二）ノ場合ノ如キモ畢竟慈愛慈惠等ヨリ之ヲ買入ルヽ者ナルヲ以テ尋常ノ事ト同一視スベカラザルナリ、（第十三）ノ場合ノ如キハ政府ガ之ヲ傭役シ又ハ買入ルモ普通ノ直段ニテ彼ノ人民ヨリ買ヒ入、ガ如キ無方ノ直段ヲ以テ之ヲ賣リ込マザレバナリ故ニ之ヲ傭役シ又ハ買ヒ入ル、モ政府ハ安心ナルベキナリ、(第十四)ノ場合ハ前第十二及ヒ第十三ノ部ニ記セル買入品ヲ賣却スルモノナルヲ以テ之ヲ公衆ニ公告シ競爭ニ付スベカラザルノ事情アルカイヘナリ以上第一ヨリ第十四マデニ列記セルモノハ之ヲ競爭ニ付セザルノ變則ヲ設ケタルモノニテ固ヨリ其他ノコハ總テ皆ナ競爭ニ付シテ政府自身ニ於テ之ヲ私スベカラザルヲ本條ノ正則トスルモノナリ

第二十五條　軍艦兵器彈藥ヲ除ク外工事製造又ハ物件買入ノ爲ニ前金拂ヲ爲スコトヲ得ズ

要領

本條ニハ軍艦兵器彈藥等ヲ除クノ外ハ前金ヲ拂フコヲ得サル旨ヲ規定セリ

理由

軍艦兵器彈藥等ノコハ最モ堅牢確實ナルヲ要スルモノナルヲ以テ尋常品ト同一視スベカラザルハ勿論ノコナリ故ニ軍艦等ニ限リテ前金ヲ拂ヒテ其堅牢確實ナルヲ求メザルベカラサルナリ然レ𪜈他ノ物品ノ如キハ前金コ拂ハザルモ之ヲ買ヒ入ルヽニ差シ支ヘ無キヲ以テ妄リニ前金ヲ仕拂ハサル方法ヲ規定セルナリ是レ時ニ或ハ損耗ヲ生スルヲ恐ルヽガ故ナリトス

第九章　出納官吏

出納官吏ノ如キハ他ノ諸官吏ト同一ニ見ルベカラズ故ニ別ニ法律ヲ規定シテ嚴重ニ其取締リヲ爲シ置カザルヘカラズ是レ本章ニ於テ特ニ出納官吏ノ條項ヲ設ケタル所以ナリ本章ハ第二十六條ヨリ第一十九條ニ至ル凡テ四箇條ヲ以テ成立セリ

第二十六條　政府ニ屬スル現金若ハ物品ノ出納ヲ掌

ル所ノ官吏ハ其ノ現金若ハ物品ニ付一切ノ責任ヲ負ヒ會計檢査院ノ檢査判決ヲ受クヘシ

要領

本條ニハ出納官吏ハ其現金若ハ物品ニ付キ一切ノ責任ヲ有スベキ旨ヲ規定セリ

理由

凡ソ委托ヲ受ケシ者ハ委托ヲ爲セシ本人ニ對シテ總テノ責任ヲ有スルハ法律上ニ於テノ原則ナリ本條ニ掲ケアル官吏トハ委托ヲ受ケシ者ニテ政府ハ委托ヲ爲セシ本人ト云フヲ得ヘキ位置ニ居ルモノナリ是レ本條ニ官吏ハ其現金若ハ物品ニ一切責任ヲ負フベシト規定シタル所以ニテ右ノ原則ニ基キタルモノナリ又タ本條ノ末段ニ會計檢査院ノ檢査判決ヲ受クヘシト規定シタルハ總テ政府ノ出納事務ハ會計檢査官之ヲ檢査判決スルノ職務ヲ帶ブレバナリ

第二十七條　前條ノ官吏水火盜難又ハ其ノ他ノ事故ニ由リ其ノ保管スル所ノ現金若ハ物品ヲ紛失毀損シタル場合ニ於テハ其ノ保管上避ケ得ベカラザリシ事實ヲ會計檢査院ニ證明シ責任解除ノ判決ヲ受クルニ非ザレバ其ノ負擔ノ責ヲ免ルヽコトヲ得ズ

要領

本條ニハ出納官吏ガ其現金其物品ニ對シテ負擔ノ義務ヲ免ルヽ場合ヲ規定シタルナリ

理由

避クヘカラザルノ事變ニ遭遇シテ他人ノ物品ヲ喪失セシムルモ其本人ニ對シテ義務ヲ負擔セズトハ之レモ法律ノ原則ナリトス故ニ本條ハ此原則ニ基ツキテ規定シタルモノナルヲ以テ至當ノ法則ナリト云フヲ得ヘシ其會計檢査院ニ事實ヲ證明シ責任解除ノ判決ヲ受クルニ

非サレハ其負擔ノ責ヲ免ルヽヿヲ得スト規定シタルハ前條ト參照スレハ其理由明瞭タルベキナリ

第二十八條　現金又ハ物品ノ出納ヲ掌ルニ付身元保證金ヲ納メシムルコトヲ要スルモノハ勅令ヲ以テ之ヲ定ムベシ

要領

本條ハ出納官吏ニ身元保證金ヲ要スルニ就テノ手續ヲ規定セリ

理由

出納官吏ハ其物品其現金ニ就テ一劉責任ヲ有スルモノタル以上ハ茲ニ身元保證金ヲ納メ置カシムルノ必要ヲ生スルナリ是レ本條ニ規定シタル所ナレドモ其詳細ナルヿニ付テハ別ニ勅令ヲ以テ發布アルニ依リ今之ヲ論述セザルナリ

第二十九條　仕拂命令ノ職務ハ現金出納ノ職務ト相

兼ヌルコトヲ得ズ

要領

本條ハ仕拂命令ノ職務ト現金出納ノ職務トノ關係ヲ規定セリ

理由

是レ害ヲ防クナリ若シ夫レ仕拂命令ノ職務ト現金出納ノ職務トヲ相兼子シメン乎命令ト現金トノ實權ヲ有スルヲ以テ已レ之ヲ自由ニ費消シ去ラントスレバ自在ニ費消シ去ラルヽナリ然ラハ其害タル實ニ甚タシキモノト云フベキナリ本條ニ仕拂命令ノ職務ト現金出納ノ職務トノ關係ヲシテ隔離セシメ相兼ヌルヿヲ得サラシムルハ實ニ至當ノヿタルベキナリ

第十章　雜則

本章ハ會計法ニ就テノ雜則ヲ規定シタルモノニシテ第三十條及ヒ第三十一條ノ二箇條ヲ以テ成立セリ

第三十條　特別ノ須要ニ因リ本法ニ準據シ難キモノアルトキハ特別會計ヲ設置スルコトヲ得

特別會計ヲ設置スルハ法律ヲ以テ之ヲ定ムベシ

要領

本條第一項ハ特別會計法ヲ設クルノ素因ヲ示シ第二項ニハ法律ヲ以テ之ヲ定ム可キヲ規定セリ

理由

政治上ノヿハ或ハ一規律ニテ之ヲ處置スベカラサルモノアルナリ會計法ノヿモ亦タ然ルナリ外交政畧上又或ハ軍務上若クハ帝室財産等ノヿハ之ヲ尋常ノ會計法ニテ處置シ得ヘカラザルノ場合ナシトセズ是レ本條第一項ニ特別ノ須要ニ因リ本法ニ準據シ難キモノアルトキハ特別會計ヲ設置スルヿヲ得ト規定シタル所以ナリ左リナガラ亦此特別會計モ帝國議會ノ議決ヲ經ルモノタルカイヘニ別ニ法律ヲ以テ

之レカ取扱ノ手順ヲ規定シ置カザル可ラザルノ必要アルナリ是レ本條第二項ニ特別會計ヲ設置スルハ法律ヲ以テ之ヲ定ム可シト規定シタル所以ナリ

第三十一條　政府ハ國庫金ノ取扱ヲ日本銀行ニ命ズルコトヲ得

要領

本條ハ日本銀行ノ資格ヲ規定セリ

理由

日本銀行ハ政府ヨリ國庫金ノ取扱ヲ命セラルヽ資格アルモノト定ル所以ノ者ハ日本銀行ハ巨大ノ資本ヲ有スルノ銀行ナルガイヘニ之レニ國庫金ノ取扱ヲ爲サシムルモ別段ニ不都合ハナキノミナラズ政府自身ニ之ヲ取扱ヨリモ輕便ニシテ錯雜ナラザルト且ツ許多ノ官吏ヲモ要セズシテ充分ニ會計事務ヲ調査シ得ラレ殊トニ盜難其他ノコニ

依リテ損耗ヲ生スルモ日本銀行之ヲ引受クル等ノ便益アルトニ由レバナリ是レ本條ニ政府ハ國庫金ノ取扱ヲ日本銀行ニ命スルコヲ得ト規定シタル所以ナリ

第十一章　附則

本章ハ會計法最終ノ法ニシテ此會計法ニ就テノ附則ノ條項ヲ規定シタルモノナリ本章ハ第三十二條及第三十三條ノ二箇條ヲ以テ成立セリ

第三十二條　本法ノ條項帝國議會ニ關渉セザルモノハ明治二十三年四月一日ヨリ施行シ其ノ關渉スルモノハ帝國議會開會ノ時ヨリ施行ス

決算ニ係ル條項ハ帝國議會ノ議定ヲ經タル年度ノ歳計ヨリ施行ス

要　領

本條第一項ニハ本法即チ會計法施行ノ時日ハ何時ナル乎ヲ示シ第二項ニハ本法中ノ決算ニ係ル條項ニ限リ之ヲ議會ノ議決ヲ經タル年度ヨリ實行スベキ旨ヲ規定セリ

理由

本條ハ此會計法ヲ實施スルニ就テノ手順迄ノ者ニテ別段喋々ヲ要セサルモ文意明瞭ナルガイヘニ筆ヲ贅辨ニ投ズルヲ爲サザルナリ

第三十三條　本法ノ條項ト牴觸スル法令ハ各其ノ條項施行ノ日ヨリ廢止ス

要領及理由

本條モ前同樣文意明瞭ナルヲ以テ贅辨ヲ費サザルナリ乃チ會計法ハ此ニテ講述ノ終局ヲ結ブコトナレリ

貴族院令

我帝國議院ハ貴族院、衆議院ノ両院ヲ以テ成立スル者ナルガ故ニ貴族院ハ帝國議院ヲ組織スルニ付テハ必要ナル一要素ナリトス是レ貴族院令ノ在ル所ニシテ既ニ帝國憲法第三十四條ニ貴族院ハ貴族院令ノ定ムル所ニ依リ皇族華族及ヒ勅任セラルタル議員ヲ以テ組織スト規定セリ此ノ貴族院令ハ右ノ憲法ニ基ツキテ規定セルモノナリ本令ハ第一條ヨリ第十三條ニ至ル凡テ十三箇條ヲ以テ成立セリ

第一條　貴族院ハ左ノ議員ヲ以テ組織ス

一　皇族
二　公侯爵
三　伯子男爵各々其ノ同爵中ヨリ撰擧セラレタル者
四　國家ニ勳勞アリ又ハ學識アル者ヨリ特ニ勅任セラレタル者

五　各府縣ニ於テ土地或ハ工業商業ニ付多額ノ直接國稅ヲ納ムル者ノ中ヨリ一人ヲ互選シテ勅任セラレタル者

要　領

本條ニハ貴族院ハ皇族公侯爵外ニ三種ヲ以テ組織スル旨ヲ規定セリ

理　由

第一皇族ヲ議員トスルハ固ヨリ至當ノヿニテ立憲君主國ニ在テハ是非トモ之ヲ組織中ノ一ニ加ヘザルベカラズ、第二公侯爵ヲ有スルモノヲ議員トスルモ皇族ヲ議員トスルト同一ノ理由ニテ敢テ異論ハ無カルヘキナリ、第三伯子男爵ヲ有スルモノヲ議員トスルモ前ト同一ノ理由タリ然ルニ此ノ伯子男爵ヲ有スルモノハ多數ナルヲ以テ之ヲ皆ナ議員ト爲スモ不都合タルナリ故ニ此ノ同爵中ヨリ選擧セラレタル者ヲ以テ議員トナスハ正當ナリトス、第四皇族及ヒ華族等ノ種類ノミヲ以テ貴族院ヲ組織スルガ如キハ實ニ僻事タルナリ是レ本項ニ國家ニ勳勞アリ又ハ學識アル者ヨリ特ニ勅任セラレタルモノヲ以テ議員トナセシ所以ナリ、第五皇族華族ノ如キ又ハ國家ニ勳勞アリ學識アルモノヽ如キ未タ以テ社會ノ實業即チ農工商等ノ事情ヲ知リ得タリト云フヲ得ズ是レ本項ニ各府縣ニ於テ土地或ハ工業商業ニ付多額ノ直接國稅ヲ納ムル者ノ中ヨリ一人ヲ互選シテ勅任セラレタルモノヲ議員トナシ以テ貴族院場裡ニ農工商等ノ事情ヲ瀰滿セシムル所以ナリトス

第二條　皇族ノ男子成年ニ達シタルトキハ議席ニ列ス

要領

本條ニハ皇族ガ議席ニ列スルノ要件ヲ規定セリ

理由

皇族ガ議席ニ列スルノ要件二個アリ曰ク男子曰ク成年是ナリ皇族ニ

シテ此二要件ヲ備フル以上ハ誰レ彼レノ別ナク議席ニ列スルヲ得ラルヽモノトス誠ニ至當ノコト云フベキナリ

第三條　公侯爵ヲ有スル者滿二十五歳ニ達シタルトキハ議員タルベシ

要領

本條ニハ公侯ノ爵位ヲ有スル者ニ乄議員トナルベキ要件ヲ規定セリ

理由

年齢滿二十五歳以上ニ達スレバ公侯爵ヲ有スルノ華族ハ議員ト成ルヲ得ヘキナリ而シテ皇族及ヒ本條ノ公侯爵ハ其要件ヲ備フレバ議員ト成ルヲ得ベキモノニテ勅任ヤ選擧等ニハ毫モ關係ナク只皇族公侯爵ト云ヘル種族ニ由テ議員トナルヲ得ヘキガ故ニ之ヲ世襲議員ト名ツク可キモ敢テ不可ナル無キガ如シ

第四條　伯子男爵ヲ有スル者ニシテ滿二十五歳ニ達

シ各々其ノ同爵ノ選ニ當リタル者ハ七箇年ノ任期ヲ以テ議員タルヘシ其ノ選擧ニ關ル規則ハ別ニ勅令ヲ以テ之ヲ定ム

前項議員ノ數ハ伯子男爵各々總數ノ五分ノ一ヲ超過スヘカラズ

要領

本條第一項ニハ伯子男爵ヲ有スルモノニシテ議員トナル要件又タハ其任期ヲ規定シ第二項ニハ其議員ノ人數ヲ制限スルノ點ヲ示セリ

理由

第一項ハ別ニ論スルヲ要セズ其理由トスル所ハ前條ト大同小異ナリトス只此議員ノ任期ヲ七箇年トスルハ或ヒハ長キニ失スルノ思ヒナキニ非スト雖モ貴族院ハ衆議院ト同一視スヘカラザルヲ以テ或ハ又タ此ノ七年ヲ正當ナリトモ思ハルヽナリ併シ此等ノコヲ喋々スルモ

餘リ緊要ノコニハアラザルナリ又タ第二項ニハ議員人數ノ制限ヲ規定セリ是レ至當ノコナリ殊ニ各々總數ノ五分ノ一ヲ超過スベカラスト制限セルガ如キハ甚タ至當ノコタルヘキナリ

第五條　國家ニ勳勞アリ又ハ學識アル滿三十歳以上ノ男子ニシテ勅任セラレタル者ハ終身議員タルヘシ

要領

本條ニハ國家ニ勳勞アリ又ハ學識アルモノニシテ議員トナルベキ要件並ニ其任期ヲ規定セリ

理由

第一滿三十歳以上、第二男子、第三勅任セラル等ノ三要件ヲ備ヘテ國家ニ勳勞アリ又ハ學識アル者ハ則チ議員タルヲ得ヘシトハ本條ニ規定スル所ニシテ至當ノコタルベキナリ然ルニ其任期ヲ終身議員トセルハ如何ン其理由ヲ見ルニ苦シムナリ今日ハ國家ニ勳勞アリ又ハ學識アリトテ世ニ稱道セラルヽモ明日ハ之レヨリ一層大ナル勳勞アルモノ又ハ學識アルモノヽ輩出スルハ活社會ノ常態ニシテ怪シムニ足ラザルナリ然ルニ本條ニ依テ考フレハ前キナルモノハ既ニ勅任セラレテ終身議員トナルヲ以テ後チナル者ハ終ニ其議員席ヲ占ムルヲ得サルガ如キノ不都合ナシトセス是レ余輩カ其理由ヲ見ルニ苦シムト云ヒシ所以ナリトス去リナガラ深ク考レバ皇族及ヒ公侯爵ハ則チ終身議員タルヲ以テ之レニ對センガ爲メニ本條ニ之レヲ終身議員トナセシモノナル歟尙ホ再考ヲ要シ他日ヲ竢ツテ論スル所ノ者アラントスルナリ

第六條　各府縣ニ於テ滿三十歳以上ノ男子ニシテ土地或ハ工業商業ニ付多額ノ直接國税ヲ納ムル者十五人ノ中ヨリ一人ヲ互撰シ其ノ撰ニ當リ勅任セラレタル者ハ七箇年ノ任期ヲ以テ議員タルヘシ其ノ撰擧ニ

關ル規則ハ別ニ勅令ヲ以テ之ヲ定ム

要領

本條ニハ實業家ニシテ多額ノ直接國税ヲ納ムルモノヽ內ヨリ議員トナル可キモノヽ要件幷ニ其任期ヲ規定セルナリ

理由

本條モ別ニ論スルヲ要セザルモノヽ如シ其ノ任期七箇年トナセルハ第四條ニ規定セル伯子男爵ノ任期ヲ七年トスルヲ以テ之レニ對センガ爲メニ本條ノ議員任期モ亦タ七年トナセルモノタルナリ

第七條　國家ニ勳勞アリ又ハ學識アル者及各府縣ニ於テ土地或ハ工業商業ニ付多額ノ直接國税ヲ納ムル者ヨリ勅任セラレタル議員ハ有爵議員ノ數ニ超過スルコトヲ得ズ

要領

本條ニハ第四條及第五條ノ勅任セラレタル議員ノ人數ヲ規定セルナリ

理由

貴族院ノ組織順序ハ鎖固族卽チ公侯伯子男ノ爵位ヲ有スルモノヲ第一位ニ置キ自由族卽チ平民ヨリ勅任セラレタルモノヲ第二位ニ置ク可キヲ順序トセリ本條ニ此等ノ議員ハ有爵議員ノ數ニ超過スルヿヲ得スト規定シタルハ右ノ理由ニ基ツキタルモノニテ立憲君主國ニ在テハ實ニ之ヲ正當トセザルヲ得サルナリ

第八條　貴族院ハ天皇ノ諮詢ニ應ヘ華族ノ特權ニ關ル條規ヲ議決ス

要領

本條ニハ衆議院ニナキ所ノ議權ニシテ特リ貴族院ニ有スル所ノ議權ヲ規定セルナリ

理由

貴族院ハ特別ニ天皇ニ親密近邇セルノ議院ナルヲ以テ天皇ノ諮詢ニ應答スルハ固ヨリ其所ナリ又タ貴族院ハ國家ノ代議院タルニハ相違ナカルヘキモ之ヲ一部ヨリ見レハ華族ノ代議院トモ名ツク可キガ如キノ實ナシトセザルナリ故ニ貴族院ニ於テ華族ノ特權ニ關スル條規ヲ議決スルハ固ヨリ至當ノヿタルベキナリ以上ノ二者ハ衆議院ノ議權ニ無キモノニシテ特リ貴族院ノ有スル所ノ議權ナリトス

第九條　貴族院ハ其議員ノ資格及撰擧ニ關ル爭訟ヲ判決ス其ノ判決ニ關ル規則ハ貴族院ニ於テ之ヲ議定シ上奏シテ裁可ヲ請フベキモノトス

要領

本條ニハ貴族院ニ一部ノ裁判權アルヘキヲ示シ並ニ其裁判權ニ關スル規則ヲ編製スルノ手續ヲ規定セリ

理由

一般ノ裁判權ハ固ヨリ司法權ノ掌握ニ屬スルモノナレ𪜈貴族院內ノコニ關スル議員ノ資格及ヒ選擧ノ件ノ如キハ言ハバ內輪ノコナルヲ以テ此レニ付キテ爭訟ノ生セシ場合ニハ一般ノ司法權ニ屬セシメズシテ特ニ之ヲ貴族院ニテ判決セシムルハ實ニ至當ノコタルナリ並ニ之レニ關スル規則ヲ議定シ上奏シテ其裁可ヲ請フハ固ヨリ其所ニテ更ニ難スルノ点ハ無カルベキナリ

第十條　議員ニシテ禁錮以上ノ刑ニ處セラレ又ハ身代限ノ處分ヲ受ケタル者アルトキ勅命ヲ以テ之ヲ除名スベシ

貴族院ニ於テ懲罰ニ由リ除名スベキ者ハ議長ヨリ上奏シテ勅裁ヲ請フベシ

除名セラレタル議員更ニ勅許アルニ非ザレバ再ビ議

員トナルコトヲ得ズ

要領

本條第一項第二項ニハ貴族院議員ヲ除名スルニ就テノ要件ヲ規定シ第三項ニハ除名者ガ再タヒ議員トナルヲ得ヘキ要件ヲ規定セルナリ

理由

平民中ヨリ勅任セラレテ議員トナリシモノハ勿論爵位ヲ有セルモノニテ終身議員タルベキモノト雖モ禁錮以上ノ刑ニ處セラレ又ハ身代限ヲ受ケシ者ノ如キハ實ニ貴族院ノ体面ヲ汚ガシ其院ヲシテ之ヲ不信用ノ院トナラシムル者ナルガ故ニ彼レ輩ハ速カニ除名シテ議會ノ地位ヲ高メサルベカラズ是レ本條第一項ニ規定シタル所以ナリ第二項モ前項ト同一ノ理由ナレモ其罰スル點ニ至テハ前項ヨリ一段輕微ナルヲ以テ之ヲ除名スルノ手順ハ議長ヨリ上奏シテ勅裁ヲ請フベシト規定シタルハ能ク其權衡ヲ得タルモノト云フベキナリ、第三項ニ除名セラレタル議員ハ更ニ勅許アルニ非サレハ再ヒ議員トナルヿヲ得スト規定シタルモ至當ノヿニテ文意明瞭別ニ論スルヲ要セサルナリ

第十一條　議長副議長ハ議員中ヨリ七箇年ノ任期ヲ以テ勅任セラルヘシ

被選議員ニシテ議長又ハ副議長ノ任命ヲ受ケタルトキハ議員ノ任期間其ノ職ニ就クヘシ

要領

本條ニハ議長副議長ノ任期ヲ定メタルナリ

理由

議長副議長ノ任期ヲ七箇年トスルハ之ヲ貴族院ノ性質ヨリ考ヘ又タハ議員ノ任期等ヨリ觀察スレハ此ノ七箇年實ニ至當タルベキナリ此ノ任期ヲ終身トスルガ如キハ固ヨリ不當ナリ又タ之ヲ四年ノ任期ニ縮メシ平衆議院ノ議長ト同一ナルヲ以テ是レ又タ不都合ナリ殊ニ貴

族院ハ伯子男爵幷ニ農商工ノ平民ヨリ出ヅル議員ハ七箇年ナルヲ以テ今コノ議長副議長ノ任期ヲ七箇年トスルハ彼レ此レ撞着セザルヲ以テ甚タ都合善カルベキナリ第二項ノ如キハ其任期ヲ議員ノ任期ト同一ニセルモノタルヲ以テ此レモ至當ノヿタルベキナリ

第十二條　此ノ勅令ニ定ムルモノヽ外ハ總テ議院法ノ條規ニ依ル

要領

本條ニハ此貴族院令ニ定ムルモノヽ外ハ總テ議院法ノ條規ニ依ルト規定シタルモノナルガ固ヨリ當然ノヿニシ非難スベキノ點ハナカルヘキナリ殊トニ文意明瞭ナルヲ以テ贅辨ヲ費スノ要ハ無カルベシ

第十三條　將來此ノ勅令ノ條項ヲ改正シ又ハ增補スルトキハ貴族院ノ議決ヲ經ヘシ

要領

本條ニハ貴族院令ヲ改正增補スルニ付テノ手順ヲ規定セルナリ

理由

貴族院令ノ改正增補ヲ帝國議會卽チ貴族院ト衆議院トノ兩院ノ議決ヲ要セズシテ獨リ之ヲ貴族院ノ議決ノミニ付スルハ貴族院令ノ性格ニ依テ然ルモノナリ凡ソ帝國議會ナルモノハ法律ヲ議スルノ場所ナレモ勅令ヲ議スルノ場所ニ非ス而シテ此貴族院令ハ法律ニ非ズシテ勅令タルヽナリ是レ勅令ハ帝國議院ノ議決ヲ要セズシテ獨リ貴族院ノミニテ之ヲ議スル所以ナリトス殊トニ之ヲ勅令トシテ法律トナサヽルモ立憲君主國ニ在テハ普通ノヿニテ之ヲ法律トナシ衆議院ノ議決ヲ旅ツ等ノヿアレハ衆議院ノ權力ヲ以テ貴族院ヲ壓倒スルガ如キノ恐レナシトセズ且ツ貴族院令ノ性格トシテ之ヲ衆議院ニ議セシムベカラサルモノアレバナリ

皇室典範ハ當該官廳ヘ伺濟ノ上登錄ス

天佑ヲ享有シタル我ガ日本帝國ノ寶祚ハ万世一系歷代繼承シ以テ朕ガ躬ニ至ル惟フニ祖宗肇國ノ初大憲一タビ定マリ昭ナルコト日星ノ如シ今ノ時ニ當リ宜ク遺訓ヲ明徵ニシ皇家ノ成典ヲ制立シ以テ丕基ヲ永遠ニ鞏固ニスベシ茲ニ樞密顧問ノ諮詢ヲ經皇室典範ヲ裁定シ朕ガ後嗣及子孫ヲシテ遵守スル所アラシム

御名　御璽

明治廿二年二月十一日

皇室典範

第一章　皇位繼承

第一條　大日本國皇位ハ祖宗ノ皇統ニシテ男系ノ男子之ヲ繼承ス

第二條　皇位ハ皇長子ニ傳フ
第三條　皇長子在ラサルトキハ皇長孫ニ傳フ皇長子及其ノ子孫皆在ラサルトキハ皇次子及其ノ子孫ニ傳フ以下皆之ニ例ス
第四條　皇子孫ノ皇位ヲ繼承スルハ嫡出ヲ先ニス皇庶子孫ノ皇位ヲ繼承スルハ皇嫡子孫皆在ラサルトキニ限ル
第五條　皇子孫皆在ラサルトキハ皇兄弟及其ノ子孫ニ傳フ
第六條　皇兄弟及其ノ子孫皆在ラサルトキハ皇伯叔父及其ノ子孫ニ傳フ
第七條　皇伯叔父及其ノ子孫皆在ラサルトキハ其ノ以上ニ於テ最近親ノ皇族ニ傳フ

第八條　皇兄弟以上ハ同等內ニ於テ嫡ヲ先ニシ庶ヲ後ニシ長ヲ先ニシ幼ヲ後ニス
第九條　皇嗣精神若クハ身體ノ不治ノ重患アリ又ハ重大ノ事故アルトキハ皇族會議及樞密顧問ニ諮詢シ前數條ニ依リ繼承ノ順序ヲ換フルコトヲ得

第二章　踐祚即位

第十條　天皇崩スルトキハ皇嗣即チ踐祚シ祖宗ノ神器ヲ承ク
第十一條　即位ノ禮及大嘗祭ハ京都ニ於テ之ヲ行フ
第十二條　踐祚ノ後元號ヲ建テ一世ノ間ニ再ヒ改メサルコト明治元年ノ定制ニ從フ

第三章　成年立后立太子

第十三條　天皇及皇太子皇太孫ハ滿十八年ヲ以テ成年

トス

第十四條　前條ノ外ノ皇族ハ滿二十年ヲ以テ成年トス

第十五條　儲嗣タル皇子ヲ皇太子トス皇太子在ラサルトキハ儲嗣タル皇孫ヲ皇太孫トス

第十六條　皇后皇太子皇太孫ヲ立ツルトキハ詔書ヲ以テ之ヲ公布ス

第四章　敬稱

第十七條　天皇太皇太后皇太后皇后ノ敬稱ハ陛下トス

第十八條　皇太子皇太子妃皇太孫皇太孫妃親王親王妃內親王王王妃女王ノ敬稱ハ殿下トス

第五章　攝政

第十九條　天皇未タ成年ニ達セサルトキハ攝政ヲ置ク
天皇久キニ亘ルノ故障ニ由リ大政ヲ親ラスルコト能

ハザルトキハ皇族會議及樞密顧問ノ議ヲ經テ攝政ヲ置ク
第二十條　攝政ハ成年ニ達シタル皇太子又ハ皇太孫之ニ任ズ
第二十一條　皇太子皇太孫アラザルカ又ハ未ダ成年ニ達セザルトキハ左ノ順序ニ依リ攝政ニ任ズ
第一　親王及王　第二　皇后　第三　皇太后
第四　太皇太后　第五　內親王及女王
第二十二條　皇族男子ノ攝政ニ任ズルハ皇位繼承ノ順序ニ從フ其ノ女子ニ於ケルモ亦之ニ準ズ
第二十三條　皇族女子ノ攝政ニ任ズルハ其ノ配偶アラザル者ニ限ル
第二十四條　最近親ノ皇族未ダ成年ニ達セザルカ又ハ

其ノ他ノ事故ニ由リ他ノ皇族攝政ニ任シタルトキハ後來最近親ノ皇族成年ニ達シ又ハ其ノ事故既ニ除クト雖皇太子及皇太孫ニ對スルノ外其任ヲ讓ルコトナシ

第二拾五條　攝政又ハ攝政タルヘキ者精神若クハ身體ノ重患アリ又ハ重大ノ事故アルトキハ皇族會議及樞密顧問ノ議ヲ經テ其ノ順序ヲ換フルコトヲ得

第六章　大傅

第二拾六條　天皇未ダ成年ニ達セザルトキハ太傅ヲ置キ保育ヲ掌ラシム

第二拾七條　先帝遺命ヲ以テ太傅ヲ任ゼザリシトキハ攝政ヨリ皇族會議及樞密顧問ニ諮詢シ之ヲ選任ス

第二拾八條　太傅ハ攝政及其ノ子孫之ニ任ズルコトヲ得ス

第二十九條　攝政ハ皇族會議及樞密顧問ニ諮詢シタル後ニ非ザレバ太傅ヲ退職セシムルコトヲ得ズ

第七章　皇族

第三十條　皇族ト稱フルハ太皇太后皇太后皇后皇太子皇太子妃皇太孫皇太孫妃親王親王妃内親王王王妃女王ヲ謂フ

第三十一條　皇子ヨリ皇玄孫ニ至ルマデハ男ヲ親王女ヲ内親王トシ五世以下ハ男ヲ王女ヲ女王トス

第三十二條　天皇支系ヨリ入テ大統ヲ承クルトキハ皇兄弟姉妹ノ王女王タル者ニ特ニ親王内親王ノ號ヲ宣賜ス

第三十三條　皇族ノ誕生命名婚嫁薨去ハ宮内大臣之ヲ公告ス

第三拾四條　皇統譜及前條ニ關ル記錄ハ圖書寮ニ於テ尙藏ス
第三拾五條　皇族ハ天皇之ヲ監督ス
第三拾六條　攝政在任ノ時ハ前條ノ事ヲ攝行ス
第三拾七條　皇族男女幼年ニシテ父ナキ者ハ宮內ノ官寮ニ命シ保育ヲ掌ラシム事宜ニ依リ天皇ハ其ノ父母ノ撰擧セル後見人ヲ認可シ又ハ之ヲ勅選スヘシ
第三拾八條　皇族ノ後見人ハ成年以上ノ皇族ニ限ル
第三拾九條　皇族ノ婚嫁ハ同族又ハ勅旨ニ由リ特ニ認許セラレタル華族ニ限ル
第四拾條　皇族ノ婚嫁ハ勅許ニ由ル
第四拾一條　皇族ノ婚嫁ヲ許可スルノ勅書ハ宮內大臣之ニ副署ス

第四拾二條　皇族ハ養子ヲ爲スコトヲ得ズ
第四拾三條　皇族國疆ノ外ニ旅行セントスルトキハ勅許ヲ請フベシ
第四拾四條　皇族女子ノ臣籍ニ嫁シタル者ハ皇族ノ列ニ在ラズ但シ特旨ニ依リ仍内親王女王ノ稱ヲ有セシムルコトアルベシ

第八章　世傳御料

第四拾五條　土地物件ノ世傳御料ト定メタルモノハ分割讓與スルコトヲ得ズ
第四拾六條　世傳御料ニ編入スル土地物件ハ樞密顧問ニ諮詢シ勅書ヲ以テ之ヲ定メ宮内大臣之ヲ公告ス

第九章　皇室經費

第四拾七條　皇室諸般ノ經費ハ特ニ常額ヲ定メ國庫ヨ

リ支出セシム

第四拾八條　皇室費經費ノ豫算決算撿査及其ノ他ノ規則ハ皇室會計法ノ定ムル所ニ依ル

第拾章　皇族訴訟及懲戒

第四拾九條　皇族相互ノ民事ノ訴訟ハ勅旨ニ依リ宮内省ニ於テ裁判員ヲ命シ裁判セシメ勅裁ヲ經テ之ヲ執行ス

第五拾條　人民ヨリ皇族ニ對スル民事ノ訴訟ハ東京控訴院ニ於テ之ヲ裁判ス但シ皇族ハ代人ヲ以テ訴訟ニ當ラシメ自ラ訟廷ニ出ルヲ要セズ

第五拾一條　皇族ハ勅許ヲ得ルニ非ザレバ勾引シ又ハ裁判所ニ召喚スルコトヲ得ズ

第五拾二條　皇族其ノ品位ヲ辱ムルノ所行アリ又ハ皇室

ニ對シ忠順ヲ缺クトキハ勅旨ヲ以テ之ヲ懲戒シ其ノ重キ者ハ皇族特權ノ一部又ハ全部ヲ停止シ若ハ剝奪スベシ

第五拾三條　皇族蕩產ノ所行アルトキハ勅旨ヲ以テ治產ノ禁ヲ宣告シ其ノ管財者ヲ任ズベシ

第五拾四條　前二條ハ皇族會議ニ諮詢シタル後之ヲ勅裁ス

第拾一章　皇族會議

第五拾五條　皇族會議ハ成年以上ノ皇族男子ヲ以テ組織シ內大臣樞密院議長宮內大臣司法大臣大審院長ヲ以テ參列セシム

第五拾六條　天皇ハ皇族會議ニ親臨シ又ハ皇族中ノ一員ニ命シ議長タラシム

第十二章　補則

第五拾七條　現在ノ皇族五世以下親王ノ號ヲ宣賜シタル者ハ舊ニ依ル

第五拾八條　皇位繼承ノ順序ハ總テ實系ニ依ル現在皇養子皇猶子又ハ他ノ繼嗣タルノ故ヲ以テ之ヲ混スルコトナシ

第五拾九條　親王內親王王女王ノ品位ハ之ヲ廢ス

第六拾條　親王ノ家格及其ノ他此ノ典範ニ抵觸スル例規ハ總テ之ヲ廢ス

第六拾一條　皇族ノ財產歲費及諸規則ハ別ニ之ヲ定ムヘシ

第六拾二條　將來此ノ典範ノ條項ヲ改正シ又ハ增補スヘキノ必要アルニ當テハ皇族會議及樞密顧問ニ諮詢

シテ之ヲ勅定スヘシ

帝國憲法正解終

明治廿二年三月十一日印刷
明治廿二年三月十二日出版

定價八十錢

著作者　滋賀縣滋賀郡中庄村二百十三番邸　水野正香

發行者　大坂府南區末吉橋通三丁目十五番地　大淵濤

印刷者　大坂府東區伏見町二丁目十九番地　內外新報社主　青山大太郎

發賣所　大坂心齋橋北詰四番地　駸々堂本店

帝國憲法正解　全　　別巻 1236

2019(令和元)年8月20日　　復刻版第1刷発行

著　者　水　野　正　香

発行者　今　井　　貴
　　　　渡　辺　左　近

発行所　信　山　社　出　版
〒113-0033　東京都文京区本郷6-2-9-102
モンテベルデ第2東大正門前
電　話　03（3818）1019
FAX　03（3818）0344
郵便振替　00140-2-367777(信山社販売)

Printed in Japan.

制作／(株)信山社，印刷・製本／松澤印刷・日進堂

ISBN 978-4-7972-7355-7 C3332

別巻　巻数順一覧【950～981巻】

巻数	書　名	編・著者	ISBN	本体価格
950	実地応用町村制質疑録	野田藤吉郎、國吉拓郎	ISBN978-4-7972-6656-6	22,000円
951	市町村議員必携	川瀬周次、田中迪三	ISBN978-4-7972-6657-3	40,000円
952	増補 町村制執務備考 全	増澤鐵、飯島篤雄	ISBN978-4-7972-6658-0	46,000円
953	郡区町村編制法 府県会規則 地方税規則 三法綱論	小笠原美治	ISBN978-4-7972-6659-7	28,000円
954	郡区町村編制 府県会規則 地方税規則 新法例纂 追加地方諸要則	柳澤武運三	ISBN978-4-7972-6660-3	21,000円
955	地方革新講話	西内天行	ISBN978-4-7972-6921-5	40,000円
956	市町村名辞典	杉野耕三郎	ISBN978-4-7972-6922-2	38,000円
957	市町村吏員提要〔第三版〕	田邊好一	ISBN978-4-7972-6923-9	60,000円
958	帝国市町村便覧	大西林五郎	ISBN978-4-7972-6924-6	57,000円
959	最近検定 市町村名鑑 附 官国幣社 及 諸学校所在地一覧	藤澤衛彦、伊東順彦、増田穆、関惣右衛門	ISBN978-4-7972-6925-3	64,000円
960	鼇頭対照 市町村制解釈 附 理由書 及 参考諸布達	伊藤寿	ISBN978-4-7972-6926-0	40,000円
961	市町村制釈義 完　附 市町村制理由	水越成章	ISBN978-4-7972-6927-7	36,000円
962	府県郡市町村 模範治績　附 耕地整理法 産業組合法 附属法令	荻野千之助	ISBN978-4-7972-6928-4	74,000円
963	市町村大字読方名彙〔大正十四年度版〕	小川琢治	ISBN978-4-7972-6929-1	60,000円
964	町村会議員選挙要覧	津田東璋	ISBN978-4-7972-6930-7	34,000円
965	市制町村制 及 府県制　附 普通選挙法	法律研究会	ISBN978-4-7972-6931-4	30,000円
966	市制町村制註釈 完　附 市制町村制理由〔明治21年初版〕	角田真平、山田正賢	ISBN978-4-7972-6932-1	46,000円
967	市町村制詳解 全　附 市町村制理由	元田肇、加藤政之助、日鼻豊作	ISBN978-4-7972-6933-8	47,000円
968	区町村会議要覧 全	阪田辨之助	ISBN978-4-7972-6934-5	28,000円
969	実用 町村制市制事務提要	河邨貞山、島村文耕	ISBN978-4-7972-6935-2	46,000円
970	新旧対照 市制町村制正文〔第三版〕	自治館編輯局	ISBN978-4-7972-6936-9	28,000円
971	細密調査 市町村便覧（三府四十三県 北海道 樺太 台湾 朝鮮 関東州）附 分類官公衙公私学校銀行所在地一覧表	白山榮一郎、森田公美	ISBN978-4-7972-6937-6	88,000円
972	正文 市制町村制 並 附属法規	法曹閣	ISBN978-4-7972-6938-3	21,000円
973	台湾朝鮮関東州 全国市町村便覧 各学校所在地〔第一分冊〕	長谷川好太郎	ISBN978-4-7972-6939-0	58,000円
974	台湾朝鮮関東州 全国市町村便覧 各学校所在地〔第二分冊〕	長谷川好太郎	ISBN978-4-7972-6940-6	58,000円
975	合巻 佛蘭西邑法・和蘭邑法・皇国郡区町村編成法	箕作麟祥、大井憲太郎、神田孝平	ISBN978-4-7972-6941-3	28,000円
976	自治之模範	江木翼	ISBN978-4-7972-6942-0	60,000円
977	地方制度実例総覧〔明治36年初版〕	金田謙	ISBN978-4-7972-6943-7	48,000円
978	市町村民 自治読本	武藤榮治郎	ISBN978-4-7972-6944-4	22,000円
979	町村制詳解　附 市制及町村制理由	相澤富蔵	ISBN978-4-7972-6945-1	28,000円
980	改正 市町村制 並 附属法規	楠綾雄	ISBN978-4-7972-6946-8	28,000円
981	改正 市制 及 町村制〔訂正10版〕	山野金蔵	ISBN978-4-7972-6947-5	28,000円

巻数	書　名	編・著者	ISBN	本体価格
915	改正 新旧対照市町村一覧	鍾美堂	ISBN978-4-7972-6621-4	78,000 円
916	東京市会先例彙輯	後藤新平、桐島像一、八田五三	ISBN978-4-7972-6622-1	65,000 円
917	改正 地方制度解説〔第六版〕	狭間茂	ISBN978-4-7972-6623-8	67,000 円
918	改正 地方制度通義	荒川五郎	ISBN978-4-7972-6624-5	75,000 円
919	町村制市制全書 完	中嶋廣蔵	ISBN978-4-7972-6625-2	80,000 円
920	自治新制 市町村会法要談 全	田中重策	ISBN978-4-7972-6626-9	22,000 円
921	郡市町村吏員 収税実務要書	荻野千之助	ISBN978-4-7972-6627-6	21,000 円
922	町村至宝	桂虎次郎	ISBN978-4-7972-6628-3	36,000 円
923	地方制度通 全	上山満之進	ISBN978-4-7972-6629-0	60,000 円
924	帝国議会府県会郡会市町村会議員必携 附関係法規 第1分冊	太田峯三郎、林田亀太郎、小原新三	ISBN978-4-7972-6630-6	46,000 円
925	帝国議会府県会郡会市町村会議員必携 附関係法規 第2分冊	太田峯三郎、林田亀太郎、小原新三	ISBN978-4-7972-6631-3	62,000 円
926	市町村是	野田千太郎	ISBN978-4-7972-6632-0	21,000 円
927	市町村執務要覧 全 第1分冊	大成館編輯局	ISBN978-4-7972-6633-7	60,000 円
928	市町村執務要覧 全 第2分冊	大成館編輯局	ISBN978-4-7972-6634-4	58,000 円
929	府県会規則大全　附 裁定録	朝倉達三、若林友之	ISBN978-4-7972-6635-1	28,000 円
930	地方自治の手引	前田宇治郎	ISBN978-4-7972-6636-8	28,000 円
931	改正 市制町村制と衆議院議員選挙法	服部喜太郎	ISBN978-4-7972-6637-5	28,000 円
932	市町村国税事務取扱手続	広島財務研究会	ISBN978-4-7972-6638-2	34,000 円
933	地方自治制要義 全	末松偕一郎	ISBN978-4-7972-6639-9	57,000 円
934	市町村特別税之栞	三邊長治、水谷平吉	ISBN978-4-7972-6640-5	24,000 円
935	英国地方制度 及 税法	良保両氏、水野遵	ISBN978-4-7972-6641-2	34,000 円
936	英国地方制度 及 税法	髙橋達	ISBN978-4-7972-6642-9	20,000 円
937	日本法典全書 第一編 府県制郡制註釈	上條慎蔵、坪谷善四郎	ISBN978-4-7972-6643-6	58,000 円
938	判例挿入 自治法規全集 全	池田繁太郎	ISBN978-4-7972-6644-3	82,000 円
939	比較研究 自治之精髄	水野錬太郎	ISBN978-4-7972-6645-0	22,000 円
940	傍訓註釈 市制町村制 並ニ 理由書〔第三版〕	筒井時治	ISBN978-4-7972-6646-7	46,000 円
941	以呂波引町村便覧	田山宗堯	ISBN978-4-7972-6647-4	37,000 円
942	町村制執務要録 全	鷹巣清二郎	ISBN978-4-7972-6648-1	46,000 円
943	地方自治 及 振興策	床次竹二郎	ISBN978-4-7972-6649-8	30,000 円
944	地方自治講話	田中四郎左衛門	ISBN978-4-7972-6650-4	36,000 円
945	地方施設改良 訓論演説集〔第六版〕	鹽川玉江	ISBN978-4-7972-6651-1	40,000 円
946	帝国地方自治団体発達史〔第三版〕	佐藤亀齢	ISBN978-4-7972-6652-8	48,000 円
947	農村自治	小橋一太	ISBN978-4-7972-6653-5	34,000 円
948	国税 地方税 市町村税 滞納処分法問答	竹尾高堅	ISBN978-4-7972-6654-2	28,000 円
949	市町村役場実用 完	福井淳	ISBN978-4-7972-6655-9	40,000 円

別巻　巻数順一覧【878 ～ 914 巻】

巻数	書　名	編・著者	ISBN	本体価格
878	明治史第六編 政黨史	博文館編輯局	ISBN978-4-7972-7180-5	42,000 円
879	日本政黨發達史 全〔第一分冊〕	上野熊藏	ISBN978-4-7972-7181-2	50,000 円
880	日本政黨發達史 全〔第二分冊〕	上野熊藏	ISBN978-4-7972-7182-9	50,000 円
881	政党論	梶原保人	ISBN978-4-7972-7184-3	30,000 円
882	獨逸新民法商法正文	古川五郎、山口弘一	ISBN978-4-7972-7185-0	90,000 円
883	日本民法鼇頭對比獨逸民法	荒波正隆	ISBN978-4-7972-7186-7	40,000 円
884	泰西立憲國政治攬要	荒井泰治	ISBN978-4-7972-7187-4	30,000 円
885	改正衆議院議員選擧法釋義 全	福岡伯、横田左仲	ISBN978-4-7972-7188-1	42,000 円
886	改正衆議院議員選擧法釋義 附 改正貴族院令,治安維持法	犀川長作、犀川久平	ISBN978-4-7972-7189-8	33,000 円
887	公民必携 選擧法規ト判決例	大浦兼武、平沼騏一郎、木下友三郎、清水澄、三浦數平	ISBN978-4-7972-7190-4	96,000 円
888	衆議院議員選擧法輯覽	司法省刑事局	ISBN978-4-7972-7191-1	53,000 円
889	行政司法選擧判例總覽―行政救濟と其手續―	澤田竹治郎・川崎秀男	ISBN978-4-7972-7192-8	72,000 円
890	日本親族相續法義解 全	髙橋捨六・堀田馬三	ISBN978-4-7972-7193-5	45,000 円
891	普通選擧文書集成	山中秀男・岩本溫良	ISBN978-4-7972-7194-2	85,000 円
892	普選の勝者 代議士月旦	大石末吉	ISBN978-4-7972-7195-9	60,000 円
893	刑法註釋 卷一～卷四(上卷)	村田保	ISBN978-4-7972-7196-6	58,000 円
894	刑法註釋 卷五～卷八(下卷)	村田保	ISBN978-4-7972-7197-3	50,000 円
895	治罪法註釋 卷一～卷四(上卷)	村田保	ISBN978-4-7972-7198-0	50,000 円
896	治罪法註釋 卷五～卷八(下卷)	村田保	ISBN978-4-7972-7198-0	50,000 円
897	議會選擧法	カール・ブラウニアス、國政研究科會	ISBN978-4-7972-7201-7	42,000 円
901	鼇頭註釈 町村制　附 理由 全	八乙女盛次、片野続	ISBN978-4-7972-6607-8	28,000 円
902	改正 市制町村制　附 改正要義	田山宗堯	ISBN978-4-7972-6608-5	28,000 円
903	増補訂正 町村制詳解〔第十五版〕	長峰安三郎、三浦通太、野田千太郎	ISBN978-4-7972-6609-2	52,000 円
904	市制町村制 並 理由書　附 直接間接税類別及実施手続	高崎修助	ISBN978-4-7972-6610-8	20,000 円
905	町村制要義	河野正義	ISBN978-4-7972-6611-5	28,000 円
906	改正 市制町村制義解〔帝國地方行政学会〕	川村芳次	ISBN978-4-7972-6612-2	60,000 円
907	市制町村制 及 関係法令〔第三版〕	野田千太郎	ISBN978-4-7972-6613-9	35,000 円
908	市町村新旧対照一覧	中村芳松	ISBN978-4-7972-6614-6	38,000 円
909	改正 府県郡制問答講義	木内英雄	ISBN978-4-7972-6615-3	28,000 円
910	地方自治提要 全　附 諸届願書式 日用規則抄録	木村時義、吉武則久	ISBN978-4-7972-6616-0	56,000 円
911	訂正増補 市町村制問答詳解　附 理由及追輯	福井淳	ISBN978-4-7972-6617-7	70,000 円
912	改正 府県制郡制註釈〔第三版〕	福井淳	ISBN978-4-7972-6618-4	34,000 円
913	地方制度実例総覧〔第七版〕	自治館編輯局	ISBN978-4-7972-6619-1	78,000 円
914	英国地方政治論	ジョージ・チャールズ・ブロドリック、久米金彌	ISBN978-4-7972-6620-7	30,000 円